GW01607513

COLLECTION TEL

Philippe Muray

Désaccord parfait

Gallimard

AVERTISSEMENT

Des cent onze textes rassemblés dans *Exorcismes spirituels I* et *Exorcismes spirituels II*, publiés en 1997 et 1998 aux éditions Les Belles Lettres, ce recueil en réunit cinquante-huit. Pour la plupart consacrés à l'examen concret de la vie quotidienne et à la critique de l'évolution des mœurs, ils composent un nouveau volume auquel il a dès lors paru justifié de donner le titre, lui aussi nouveau, de *Désaccord parfait.*

L'Éditeur

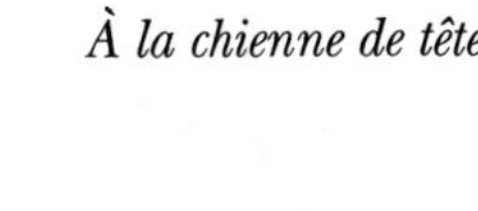

À la chienne de tête

Préface

Nous allons vous faire aimer l'an 2000

France Télécom

La perspective de pouvoir me désolidariser encore de quelques-unes des valeurs qui prétendent unir tant bien que mal cette humanité en déroute est l'un des plaisirs qui me tiennent en vie. Aucun monde n'a jamais été plus détestable que le monde présent. Les publicitaires ne l'ignorent pas : ce ne sont même plus des ordres ni des supplications, qu'ils mettent en scène, mais des menaces. Ils ne prétendent plus que ce qu'ils veulent nous faire aimer est aimable, ils savent pertinemment que c'est l'exact contraire. Ils proclament donc que ce qui ne pourra plus jamais être aimé est inéluctable.

Défendre la littérature comme la seule liberté précaire encore plus ou moins en circulation, implique que l'on sache exactement ce qui la menace de partout. Même s'ils sont légion, les ennemis de la littérature sont également nommables et concrets. Les pires, bien sûr, logent aujourd'hui dans le cœur de la littérature, où ils sont massivement infiltrés, corrompant celle-ci de leur pharisaïsme besogneux, de leur lyrisme verdâtre, de leurs bonnes intentions gangstériques et de leur scoutisme collectiviste en prolégomènes à la tyrannie qu'ils entendent exercer sur tout ce qui, d'aventure, ne consentirait pas encore à s'agenouiller devant leurs mots d'ordre, ni à partager leur credo d'hypocrites. Sous leur influence, l'écrit lui-même est devenu une prison. Ils contrôlent jour et nuit les barreaux de la taule. Ils dénoncent sur-le-champ les plus petites velléités de rébellion ou seulement d'indépendance. Ces surveillants nuisent en troupeau : ce sont les matons de Panurge.

La découverte progressive de plusieurs réalités de cet acabit constitue le décor sur lequel mes *Exorcismes spirituels* ont été écrits. La quinzaine d'années pendant laquelle ils se succèdent leur assure sa cohérence à elle, faite de calamités multipliées à un rythme de plus en plus vif, tandis que l'humanité elle-même, transformée, rééduquée, réadaptée de fond en comble, devenait tout à fait nouvelle, au point de baigner de gré ou de force, dans cette époque inadmissible, comme un poisson crevé dans des eaux de vaisselle.

Aucun des textes qui suivent n'a été composé en vue d'amorcer un dialogue avec qui que ce soit, ni d'« échanger des idées », encore moins de « débattre ». Tous ont été envisagés, strictement et coup par coup, comme des moyens parmi bien d'autres de restaurer un peu de distance. Il n'y a pas de lucidité sans séparation. Il n'y a pas non plus de littérature sans conflit et sans aggravation de conflit. Les imbéciles croient le contraire : ils ne veulent rien savoir du négatif (si ce n'est pour le « combattre » quand ils le confondent avec le tabagisme ou la pédophilie). Hegel le disait sobrement : « L'opinion privée de pensée considère les choses déterminées comme seulement positives. »

Les changements de plus en plus rapides affectant la société, ses façons de voir, ses motifs de s'indigner, ses raisons d'aimer ou de haïr, composent, avec le recul, une espèce de révolution qui n'a même pas eu besoin d'éclater ouvertement pour produire ses pires effets. Certaines des réflexions qui suivent offrent l'intérêt de manifester l'intuition de ce danger galopant. *Circulez, y a rien à croire*, par exemple, en 1987, et *Outrage aux bonnes mœurs* en 1988, témoignent d'une découverte : celle de la mise à mort progressive et quotidienne, sous nos yeux, de tout ce qui prétendait encore jouir de soi-même (par la divergence, la singularité, la désobéissance, le désaccord, etc.). Ces articles m'ont conduit, en 1991, à *L'Empire du Bien*. Ce sont des frissons sur la peau du cheval quelques secondes avant l'orage ; des impressions avant-coureuses. C'est de la *littérature de pressentiment*. Il y a beaucoup de littérature de ressentiment, encore plus de littérature de sentiment, mais la littérature de pressentiment se fait plutôt rare. Dans *L'Empire du Bien*, j'avais baptisé Cordicopolis (de *cor, cordis*, cœur) le nouveau monde dans lequel nous entrions alors. J'écrirai peut-être, un de ces jours, un *Retour à Cordicopolis*. J'y observerai à loisir les immenses bouleversements et les détériorations accélérées qui se sont manifestées, depuis, dans cette mégapole burlesque de toutes les perditions. Comme à la faveur d'un vaste changement de régime, tout a continué à s'y transformer, et ces transformations sont si profondes que plus rien ou presque ne peut être jugé, désormais, avec le vocabulaire et les références du monde d'« avant ». Il faudrait mettre des guillemets à chaque mot, comme on prend des pincettes.

On a pu voir, à Cordicopolis, le passé, tout le passé criminalisé au nom du plus intolérant des catéchismes universalistes qui aient jamais vu le jour, et les grandes figures de ce passé faire l'objet d'une dégradation systématique, d'un révisionnisme lyncheur aussi féroce qu'indénonçable puisque censé s'exercer dans le but de l'amélioration enthousiaste de l'humanité. On a pu voir une nouvelle « classe d'âge » (les vingt-cinq/trente-cinq ans) supplanter en vertuisme épidémique toutes les générations, pourtant douées sur ce plan, qui l'avaient précédée, et parodier les guerres d'antan par la litanie de leurs épopées minuscules comme par leur verbiage épurateur où le mot *lutte* réapparaît dans chaque phrase comme le masque même de ce qui a disparu à jamais. On a pu voir, à Cordicopolis, les dernières capacités critiques du genre humain se réduire à un perpétuel jugement de moralité. On a pu voir l'Histoire y devenir un préjugé à liquider pour passer victorieusement l'examen de l'an 2000. On a pu voir s'y multiplier les caricatures des anciennes batailles historiques, sans que ces caricatures puissent être connues comme telles puisqu'il ne reste plus qu'elles. On a pu y assister à la croissance irrésistible des guerres de procédure et à l'extension des droits particuliers. On a pu voir le chantage au cœur s'étendre aux arts plastiques, et les artistes contemporains s'affirmer intouchables puisque s'efforçant, comme tout le monde, de réduire la « fracture sociale » (de sorte que le plus grand penseur de la désolation *culturelle*, ou du moins celui qui l'aura le mieux prévue, pourrait bien être Alphonse Allais, qui proposait qu'on organise des représentations au bénéfice des rimes pauvres, et méditait de fonder une Société protectrice des minéraux en vue d'assurer une petite situation aux cailloux qui sont malheureux comme les pierres). On a pu voir surtout, à Cordicopolis, les modernistes prêts aux plus ignobles délations dans le but d'empêcher que l'art ne soit aimé, désormais, que pour ce qu'il est : une très grande chose *du passé*. On a pu voir les « écrivains » aspirer à devenir des travailleurs sociaux, et la littérature encouragée à rentrer dans la catégorie de la *bonne cause*. On a pu voir la politique du corso fleuri et de la course en sac remplacer les antiques méthodes de gouvernement ou de surveillance des peuples. On a pu voir, à Cordicopolis, s'étendre la Fête comme idéologie et la Bienfaisance comme mode de contrôle. On a pu y voir le vacarme de la musique (ce mercenaire de la Fête) s'abattre comme un bras immense sur n'importe qui, à travers n'importe quel mur, n'importe quel blindage, et fracasser toute existence privée, et vous recruter de force pour vous précipiter dans l'unanime Kermesse. On a pu voir, à Cordicopolis, réapparaître flatteusement la notion de « citoyen », traduction *new age* du communautarisme des époques révolues à l'usage des enfants de chœur de maintenant et de demain. On a pu voir tout ce qui avait été *libéré* de ses anciens maîtres se retrouver aussitôt précipité dans le néant (le sexe libéré des « tabous » et des « interdits moraux » explosant dans la pornographie comme une étoile qui meurt;

le prolétariat libéré de son servage et cessant d'exister comme classe ; le temps lui-même « délivré » catastrophiquement par le loisir généralisé de l'antique fardeau de la chronologie). On a pu voir, à Cordicopolis, la demande d'infantilisation croître et embellir sans que personne ne puisse prédire à quelle *tranche d'âge* elle s'arrêtera. On a pu voir s'étendre à l'infini l'éloge de tous les *décloisonnements* (sexuel, cognitif, ethnique, etc.) comme facteurs d'un progrès si délicieux qu'il faudrait mettre nos forces en commun pour l'amplifier sans cesse. On a pu voir, à Cordicopolis, le meurtre psychique (par découragement de penser, de désirer, de sentir, d'aimer, de juger, de vouloir, d'exister *pour son compte*) prendre des dimensions industrielles aux applaudissements de ceux qui en sont les victimes. On a pu voir se rénover l'Opinion, en même temps que les organes chargés de l'exprimer. On a pu voir, à Cordicopolis, le Bien désormais sans autre, sans Mal, sans antonyme, se révéler aussi écœurant que la poésie et le sucre lorsqu'ils ne sont pas mêlés à d'autres éléments (qui aurait envie de se voir offrir une assiette de sucre ? demandait Gombrowicz ; et qui a envie, aujourd'hui, de se voir offrir une assiette de Bien ?).

On a pu voir régner, à Cordicopolis, la bouffonnerie irréfutable.

On a pu aussi commencer à y apprendre que, dans une civilisation dominée obsessionnellement par la passion de la reconnaissance indifférenciée, et où toute distinction individuelle est devenue une sorte d'insolence, il n'était plus possible d'écrire quoi que ce soit sans offenser au moins un, sinon plusieurs groupements d'intérêts.

Cette marche, imperceptible d'abord, puis de plus en plus foudroyante, a été commentée par moi aussi attentivement que je l'ai pu à travers les symptômes qui me tombaient sous la main. L'analyse des progrès de Cordicopolis a dû être improvisée de toutes pièces, au fur et à mesure que ce nouveau monde poussait en avant ses phénomènes difformes, ses promesses affligeantes et ses représentations honteuses. Quelques textes de ce recueil concernent une actualité vite ternie (la vie puis la mort de Mitterrand, Disneyland, le Bicentenaire de la Révolution ou encore l'éphémère tentative de prise de pouvoir des « jeunes » politiciens à la fin des années 80), ce qui pourrait constituer une difficulté si des notes systématiquement *datées* ne venaient, en bas de page, et chaque fois qu'il le faut, apporter la quatrième dimension de leur commentaire *actuel*. À cela, on doit ajouter que l'univers contemporain n'a cessé de rattraper (de récupérer) tout ce qui, à chaque instant, ne demandait qu'à le honnir. Ainsi trouvera-t-on utilisées les expressions de *consensus*, par exemple, ou de *political correctness* : c'était avant qu'elles ne deviennent, sous des formes pseudo-répulsives, les signes de ralliement des pires grenouilles de bénitier de la correction cordicolienne, lesquelles devaient très vite en faire leurs bêtes noires postiches, alors qu'elles-mêmes en étaient les incarnations pures. Car c'est chaque jour, désormais, que le voleur crie au voleur. C'est quotidiennement que l'on peut voir Tartuffe s'indigner de la tartufferie ambiante. La récupération devenue la mesure de tout est aussi la seule activité spécialisée en accroissement perpétuel. Il est vain de se rêver plus « révolutionnaire » qu'une époque dont les maîtres ne se nourrissent que de ce qui « change », et qui y trouvent leur survie permanente, ainsi que l'apparence de leur notoriété. Grâce à eux, la « révolution » ne sera plus jamais une critique de ce qui est, mais un éloge du monde tel qu'ils le possèdent et tel qu'ils s'y étalent. La « communication réelle directe », dont rêvaient les meilleurs penseurs négatifs d'il y a trente ou quarante ans, et dont ils s'imaginaient qu'elle dévasterait le monde en train de se mettre en place, a été réalisée dans toutes les formes de participation ou d'interactivité d'aujourd'hui, et par la communication même, laquelle n'y a pas trouvé sa mort, mais son nouvel élan irrésistible. À Cordicopolis, cela va sans dire, il n'y a plus rien à *dépasser* dans la mesure où les pouvoirs y sont, depuis longtemps déjà, aux mains de la mafia des Dépasseurs. De ce dépassement, ils nous montrent la parade foraine indéfiniment multipliée, et cette multiplication se veut la preuve euphorique qu'il n'y a pas d'autre vie à désirer.

Toutes les bêtes à Bon Dieu du *dérangeant*, du *subversif*, de l'*anticonsensuel* et du *politiquement incorrect* sont aux postes de commande pour imposer la Culture comme consensus anticonsensuel, le dérangement comme routine artistique, la subversion sous subventions, et la provocation en paquet-cadeau dans lequel toutes les bonnes causes médiatiques sont présentées comme des conquêtes radieuses *mais aussi* dangereuses de l'esprit. À chaque heure du jour et de la nuit, les plus prosternés des employés de la Machine cordicolienne font, de leur élocution vitrifiée, l'apologie de la marginalité. Fonctionnaires de la récupération, rentiers de l'indignation démagogue, pamphlétaires salariés, imprécateurs dans le sens du vent, flagellateurs homologués, mutins en chambre, espions en pantoufles : ces forces d'occupation du centre adorent la marge comme leur miroir sans tain ; et ne cessent d'offrir à l'admiration du public des panégyriques de la marge qui sont essentiellement, bien sûr, des panégyriques du centre plein de marges. Occupant le centre, ils tiennent à faire croire que l'insubordination y réside aussi. Sous cette couverture « frondeuse », ils peuvent continuer tranquillement leurs exactions mafieuses. Les bouffons les plus consentants se disent révolutionnaires sans être réfutés. Les plus sombres calotins de l'intelligentsia peuvent sans risque se prétendre les adversaires de ce « clergé intellectuel » dont ils tiennent leur peu d'apparence. Toutes les souris rugissent dans le soir de l'Histoire. À Cordicopolis, il est devenu banal de voir s'autoproclamer politiquement incorrect n'importe quel plumitif d'influence plus engoncé dans sa renommée de courtisan en papier mâché que les apparatchiks soviétiques dans leurs pardessus lors des défilés de 1er Mai de la grande époque. C'est à l'abri de ce label qu'ils continuent à s'occuper du marché et qu'ils calculent leurs intérêts.

L'histoire de ces quinze ou vingt dernières années, à Cordicopolis, est celle de l'éradication, plus ou moins consciente et violente, du principe de contradiction (alternative, pouvoir des oppositions, prestige des antithèses, choix des possibles), plus largement de toute négativité et de toute possibilité d'exprimer cette négativité, au profit (et parce qu'il faut bien, comme disait Kojève, que l'homme puisse faire semblant de continuer à s'opposer à lui-même et aux autres) d'une sorte d'« autonégativité intersubjective » qui est la négativité de remplacement d'une période béate, par ailleurs, de sentir s'effacer les « identités ». D'où cette *pléonasmisation généralisée* dont il est possible, aujourd'hui, d'admirer tant d'exemples. Trivialement, cette pléonasmisation s'illustre dans des myriades de spectacles télévisés, plus farcesques les uns que les autres, et supposés mettre en scène des opinions antagonistes sur telle ou telle « question de société » qui ne se pose qu'à ceux qui ont tout abdiqué (Faut-il lutter contre la drogue ou se battre contre elle ? Comment en finir avec la haine ?). Deux « camps » s'affrontent. Des sondages sont réalisés. On fait semblant de retenir son souffle. Mais on discerne tout de suite ce qui manque, dans de telles « discussions », on reconnaît sans peine le « courant de pensée » qui en est d'office éliminé : celui qui ne relèverait pas du *ou bien/ou bien* pré-imposé ; qui serait en dehors de l'engluante comédie des échanges de vues ; le tiers exclu, en somme, qui, insoucieux criminellement des grandes espérances de l'espèce, s'en battrait l'œil, pour dire le vrai, de ces belles controverses. La télévision a mené avec pétulance, durant cette époque, sa guerre chimique et bactériologique contre l'esprit. L'objectif était que l'homme ne puisse plus imaginer d'autres réponses que celles qu'elle apporte, ni d'autres réalités que celles qu'elle présente, ni d'autres plaisirs que ceux qu'elle indique pour une période donnée. Il ne peut exister de contradictions au Pays du cliché réconfortant. L'acquiescement y est donc la condition d'accession aux sphères supérieures. Il est aussi le plus sûr vecteur de la nouvelle ignorance. Car (et c'est ma première bonne nouvelle) le renoncement à la connaissance suit l'approbation comme son ombre.

Le comique réellement moderne est d'autant plus interdit d'accès que l'on ne voit plus que lui si on a de bons yeux. Pour tous les cordicocrates et cordicophiles qui souhaitaient la disparition du monde sans bien le savoir (leur discours « métisseur » procède déjà d'une ère où l'opposition du sujet et de l'objet est devenue obsolète), l'adversaire simple (le « fascisme » par exemple) a une utilité fondamentale : celle d'obliger tous ceux qui le refusent à *vouloir* la fin de l'Histoire, et à la vouloir avec eux, et à la *vouloir comme un combat contre*, donc à s'en masquer l'effondrante réalité tandis qu'elle s'accomplit. Il leur faut, à tous ces petits penseurs à la Croix de bois, des ennemis assez grossiers (assez archaïques) qui permettent de les méconnaître, *eux*, et en bloc, comme Ennemi. Ces gens qui ont absorbé le négatif à si haute dose qu'ils en sont mithridatisés ont besoin d'épouvantails chargés de représenter le négatif haïssable sous forme d'ersatz. Les totalitarismes soviétique ou maoïste avaient inventé la fable de l'intensification des résistances et de l'augmentation de la lutte des classes en régime socialiste : ainsi pouvait-on appeler des peuples entiers à lutter imaginairement (et de façon sanglante) contre les complots d'adversaires redoutables et imaginaires, tandis que ceux qui les appelaient à lutter combattaient tout aussi oniriquement (et sanguinairement) entre eux. Notre totalitarisme à nous, souple, complexe, inconscient, puisant sa dynamique dans la décomposition des anciens totalitarismes (la « chute du Mur » et la fin de l'URSS sont les cellules neuves de l'Empire du Bien), a repris ce procédé à son compte. Il l'a repris en désordre, parce qu'il n'a pas de programme (c'est d'ailleurs l'absence de programme qui constitue la puissance, et assure la pérennité, de ce totalitarisme-là), mais il l'a repris. La subversion est au pouvoir et radote dans le subversif. Mais tout ce qui est au pouvoir doit simultanément être cru et dit marginal, donc aussi perpétuellement menacé. Ainsi le féminisme et l'homosexualité ont-ils gagné ; cependant, même leur victoire doit continuer à être proclamée en tant que semi-échec, racontée jusqu'à la fin des temps sur le mode de la lutte toujours à recommencer d'une pathétique minorité contre une majorité répugnante (les machos, les pères, les homophobes) dont il n'existe plus, à Cordicopolis, aucun exemplaire en circulation. De même faut-il sans cesse pousser des cris d'alarme contre la prolifération des forces politiques les plus régressives, prolifération qui a pourtant le même caractère d'évidence, à peu de chose près, que la célèbre *recrudescence des vols de sacs à main* dans les salles de cinéma.

L'unification du concret jusque-là divisé, l'évanouissement du « monde » (qui ne tenait sa fragile existence que de ce qu'il apparaissait comme une énigme) par destruction des alternatives ont quelque chose de monstrueux que très peu reconnaissent. La divergence et le désaccord ont été liquidés. Le Collectif ne badine pas ; ses exigences sont sans appel. L'Univers veille au grain. Tout ce qui s'en écarte est d'office suspecté. Le sol se dérobe donc aussi sous les pas de l'écrivain, et notamment du romancier ; à moins qu'il n'ait le courage de repérer la nouvelle guerre des alternatives qui n'en sont plus, l'épopée de la Transparence succédant aux contradictions défuntes, l'absence d'énigme comme énigme ultime et définitive ; et de raconter en détail la misère vertigineuse de tous les cordicoles, occupés à imposer une version unilatérale des choses à travers laquelle l'individu comme support de la négativité historique, l'homme comme action négatrice du donné passent à l'as.

Quand l'ensemble des confiscateurs de toute parole répète qu'il est merveilleusement incorrect d'être artiste, tout en faisant l'éloge émerveillé de la « création contemporaine », c'est-à-dire de la plus flagrante des soumissions, il faut savoir tirer les conséquences de ce gâtisme rhétorique ; et en déduire, pour commencer, qu'il n'y a plus de réalité. Les utopies avaient toujours échoué, tant que le monde concret pouvait leur apporter son démenti systématique. Mais si ce monde concret succombe sous les coups de l'Universel, l'utopie n'est plus l'utopie, il n'y a plus rien pour la distinguer de rien d'autre, elle peut régner seule. À la lettre, et de la manière la plus sinistrement clownesque, le « Prenez vos désirs pour la réalité » de 68 est accompli. Le programme de Chigaliov aussi : partis de la liberté illimitée, les larbins qui tiennent le monde débouchent sur le despotisme illimité. La rééducation des neuf dixièmes de l'humanité en vue de lui rendre son innocence originelle n'a plus rien d'un rêve ; et l'idée de liberté personnelle n'est aujourd'hui, à Cordicopolis, qu'un souvenir dérisoire.

Voilà donc ce qui se passait tandis que j'écrivais les textes qui suivent. L'ordre cataclysmique des choses présentes, l'approbation que reçoit cet ordre (même et surtout décorée de *critique constructive*), le spectacle des Acceptants débiles de la planète reformatée, la réduction à l'impuissance des derniers individus capables encore de rire, donnent le sentiment répulsif qu'une expérience de métamorphose de l'être humain, pièce par pièce, a été tentée, que des opérations globales de *transplants* ont été entreprises ; et qu'elles sont couronnées de succès. Ici commence le temps des mutés de Panurge.

Tout est-il perdu alors ? Non (et c'est ma seconde bonne nouvelle). Car la littérature, au moins, n'a plus le choix : les menaces mortelles qui pèsent sur elle l'obligent à se transformer en immunologie sauvage. Les romans de l'avenir seront des rejets de greffe, des levées de boucliers, des émeutes d'anticorps. Cet univers ne peut plus se concevoir clairement sans être recraché. « Les histoires vraisemblables ne méritent plus d'être racontées », disait déjà Bloy. Même les interprétations vraisemblantes du monde ne sont plus à la hauteur de la situation. Le vraisemblable est une récompense que notre non-réel ne mérite pas. Déconner plus haut que cette époque sera une tâche de longue haleine. Et vomir sera penser. Rien n'est terminé. Les choses amusantes ne font que commencer. Il y a de nouveau du pain sur la planche. *Nous allons vous faire détester l'an 3000.*

Juin 1997

Le propre de la critique

> *Le paradoxe n'est pas de mise aux enterrements, ni du reste aux mariages ou aux naissances. Les événements sinistres — ou grotesques — exigent le lieu commun, le terrible, comme le pénible, ne s'accommodent que du cliché.*
>
> Cioran

Entre les deux nihilismes galopants qui ont envahi la critique, celui d'« en haut », l'universitaire (particulièrement sa variante « déconstructionniste »), et celui d'« en bas », le médiatique, le grégaire (les émissions « culturelles » galvaudantes), entre ces deux charlatanismes dévalorisateurs, entre ces deux destructions, la question qui se pose, c'est celle de la constitution d'une *aristocratie* de la pensée critique, ou de la vision critique de la littérature. J'emploie le mot « aristocratie » faute de mieux. Faute d'en avoir un pire sous la main, un plus antipathique pour le conformisme de la fin de notre siècle (il existe sûrement). Par aristocratie, je ne veux surtout pas suggérer l'idée d'un groupe, mais celle d'individus isolés dont l'expérience critique présenterait le moins d'affinités possibles avec la désastreuse petite congrégation éditorialo-journalistico-intellectuelle d'aujourd'hui, et qui se sentirait aussi très peu de complicité avec tout ce que raconte notre société, tout ce qu'elle prétend aimer, tout ce qu'elle jette comme

« valeurs » congelées sur le marché, tout ce qu'elle est en train d'imposer comme uniformisation terrorisante sous le pathos de son discours de solidarité et d'humanitarisme.

N'avoir aucun point commun avec ce pathos, c'est aussi être capable de le voir comme pathos. C'est être en mesure de repérer, dans la montagne de romans qui paraissent, ceux qui participent de la conspiration uniformisante (solidariste, humanitaire), et les autres, beaucoup plus rares, ceux qui parlent des êtres humains à travers la manière dont le Programme est en train de les *rééduquer*, et de la façon dont ils accueillent massivement cette rééducation, quand ils ne la devancent pas. La critique, c'est le jugement. C'est l'appréciation, c'est la détermination des propriétés de quelque chose. C'est la possibilité de dégager un critérium amenant à porter un jugement. Une bonne connaissance de la réalité d'aujourd'hui, de l'état dans lequel elle se trouve, me semble requise pour apprécier les romans, dans la mesure où ils ont à faire avec cette réalité, mélange de dissolvant néo-évangélique, d'effacement ludique des « différences », d'oppression informationnelle, etc. Un véritable critique devrait être amené, par nécessité interne pour ainsi dire, non seulement bien sûr à dévoiler sa pensée sur le livre qu'il est en train de critiquer, mais aussi, *via* cette critique, à livrer ce qu'il pense lui-même du monde, des choses de la vie, de l'univers qui l'entoure, ou de ce qu'il en reste. J'ai autant de mal à me figurer un roman intéressant qui ne parlerait pas, d'une façon ou d'une autre, de la comédie contemporaine, qu'à m'imaginer un critique dont je ne pourrais pas lire, dans le filigrane de son commentaire, ce qu'il a compris du temps présent, ce qu'il sait de notre monde en liquidation et de ceux qui l'habitent.

Quel est le *propre* du roman ? Quelle est l'*affaire* du roman ? Toute la question littéraire, sous son angle critique, consiste à tenter de le redéfinir, ce *propre* du roman. Avant d'être « de la littérature », avant de dialoguer avec le reste de la littérature (catéchisme du vieux modernisme, liturgie des avant-gardes), un roman parle du monde. Et l'invente. Et le combat. Et s'en moque. Et le questionne. Et le montre. Et l'interprète. Et (aujourd'hui plus que jamais) interprète un monde toujours déjà surinterprété, détruit, arraisonné, recréé de toutes pièces. Ce n'est plus le monde, comme autrefois, qui se présente aux romanciers, *c'est une version du monde.* L'« observation » du réel, comme on disait jadis, redevient d'autant plus justifiée qu'il s'agit d'un réel reconstruit par les fictions que proposent quotidiennement les médias, et qu'ils imposent comme réel sans alternative. La propagande quasi naturelle et spontanée de l'« information » passe elle aussi par le récit, par une certaine forme de roman qu'il conviendrait de dégager, dont il conviendrait de voir comment elle s'en sert, à propos de n'importe quel événement. La télévision utilise un type de *roman* qui lui permet d'orchestrer la disparition du monde et de l'Histoire. Les médias se sont admirablement organisés de façon à n'avoir pas besoin du roman puisque c'est eux qui le font.

Aux applaudissements de la plupart, il y a trente ou quarante ans, les grands principes romanesques ont été virés à la poubelle par les « nouveaux romanciers ». L'« héritage » de Balzac et des autres a été abandonné. Presque aussitôt, le journalisme planétaire s'en est emparé. Il a repris tout, tout le romanesque retombé en jachère : l'intrigue, les rebondissements, les dialogues, la reconstruction du réel, les personnages, mais dans un but d'efficacité publicitaire et de manipulation optimum, et il le traduit quotidiennement dans son esthétique à lui, son esthétique de supermarché. Les médias sont de grands fabricants de personnages. Comme la pensée mythique dont ils héritent, ils ne supportent pas l'imprécision, le flou, les responsabilités collectives, le hasard, la culpabilité indivise. Il leur faut QUELQU'UN. Un nom. Une personne. Sinon, *il n'y a pas d'affaire*! Une bonne histoire spectaculaire réclame un héros typé : sans le docteur Garretta, ses moustaches et son nœud papillon, est-ce que le scandale du sang contaminé aurait trouvé ses véritables dimensions ? Un bon événement est un événement personnalisé : sans Nick

Leeson, sans le *conte de fées moderne* de ce petit génie de la finance né dans un faubourg misérable de Londres, devenu « gourou des produits dérivés » à Singapour, et levant le pied, à vingt-huit ans, après avoir creusé un trou d'un milliard de dollars, l'histoire de la chute de la banque Barings (où entrent des notions aussi attrayantes pour les spectateurs que le Nikkei 225, les opérations sur obligations et les marchés à terme) aurait-elle connu un si rapide, et bien sûr éphémère, succès médiatique ? Les intrigues les plus embrouillées se démêlent très bien quand on trouve quelqu'un pour les incarner. La plupart du temps, évidemment, le quelqu'un en question incarne très peu et n'éclaire rien du tout, mais ça n'a aucune importance, ce n'est pas la compréhension du monde que poursuit le journalisme planétaire, c'est l'effet. Il ne s'adresse pas à la raison, il parle au cerveau reptilien.

Le résultat, c'est que la réalité, ou ce qu'il en reste, est de plus en plus inconnaissable, perpétuellement précédée qu'elle est par l'« information ». Plus personne ne sait *ce qui arrive réellement.* Ni même si quoi que ce soit *est arrivé.* Ni si le mot *arriver* a encore le sens qu'on lui donnait autrefois. Le développement infini de la construction quotidienne de la réalité par le journalisme planétaire, la refabrication infatigable de tout, depuis le tri entre ce qui est digne d'être « événement » et ce qui ne l'est pas jusqu'à l'*angle* sous lequel l'« événement » élu sera traité et vendu, c'est ça la réalité. On s'indigne à côté de la plaque quand on attaque les médias : c'est toujours des « dérapages » précis qu'on monte en épingle, on reproche aux journalistes leur goût du « sensationnel », quand ce n'est pas leur dépendance vis-à-vis de tel groupe industriel ou financier. Personne n'est capable d'envisager globalement l'activité de cette gigantesque usine de création de contes de fées destinés à se substituer, vingt-quatre heures sur vingt-quatre, à la réalité. Et bien sûr à la littérature. Et aux individus en général. Aux gens. Tandis que l'uniformisation du monde, sous forme de « marché », se poursuit.

Le *propre* du roman, ça devrait être de s'acharner à dévoiler, dans cette néo-réalité, tout ce qui tend maintenant à rendre les romans impossibles. Le roman ne peut réussir à « incarner » le présent caché par les médias qu'au prix d'une hostilité aussi ferme que constante et sereine. En discernant, pour commencer, à travers le rideau de brouillard des entreprises poétisantes, à travers la mystification lyrique de l'« information », la prose qui y est désormais bien escamotée ou refoulée. Questionner la poétification de la réalité pour lui faire avouer son secret de prose, son refoulé de prose. L'*affaire* du roman a toujours consisté à voir la prose là où n'importe qui voit la poésie (c'est ça, la révélation balzacienne de la *Comédie*). Dans la mesure où il y a de plus en plus de poésie, de mauvaise poésie (les écrivains-poètes exercent chez nous un ministère sacré, c'est le nouveau clergé destiné à éclairer et réconforter la paroisse planétaire, tout à fait comme dans les anciens régimes soviétoïdes), il devrait y avoir de plus en plus de bons romans. En tout cas, un bon critique, c'est-à-dire quelqu'un qui ne se considérerait pas comme un *agent culturel* destiné à signaler au public des *produits culturels* (les livres), quelqu'un qui serait donc également un bon critique de la société, pourrait lui aussi devenir un spécialiste de toute la consternante fantasmagorie qui tend socialement à rendre le roman impossible.

Ça pourrait être cela, en fin de compte, le *propre* de la critique : *repérer ce qui tend à rendre le roman impossible.* Il y a donc la poétification de la réalité. Et aussi, en vrac : l'interdiction de se moquer ou de caricaturer (tout le monde est respectable) ; la victimocratie ; le primat des larmes et de l'émotion, mélange radioactif de résidus de gauchisme et de puritanisme ; le terrorisme du cœur ; le chantage au moi comme authenticité, comme preuve (et finalement comme œuvre : « Il me suffit d'exhiber mes blessures et d'appeler ça de l'art. Reconnaissez mes blessures comme de l'art et taisez-vous ! ») ; le rôle épurateur des émissions dites littéraires du type « Apostrophes », leur longue mission de nettoyage éthique et de formation de nouvelles générations d'« auteurs » consensuels ; la confusion organi-

ne sont plus que les symptômes de l'intégration des peuples dans l'Ordre mondial[1]). Il s'agit de tout mettre en harmonie. De tout asservir à ce principe des *critères de convergence* auxquels doivent se soumettre les États d'Europe désireux d'entrer dans la « zone euro ». Depuis les objets de consommation courante jusqu'aux pays eux-mêmes, en passant par les œuvres d'art. S'il y a aujourd'hui un grand récit possible (au sens du roman à la Balzac ou à la Tolstoï, développant une idée globale de l'époque dans laquelle se résumeraient toutes les complexités de la réalité), il est là, dans cette sinistre épopée de l'éradication systématique, par la corruption émotionnelle ou par la force, des dernières diversités, des dernières singularités, des dernières divergences, des dernières « dissidences », des derniers *accidents*, aussi bien humains (les peuples qui ne pensent pas, qui ne vivent pas *encore* comme nous) que naturels (les grandes catastrophes, les grands fléaux regardés et traités comme des impolitesses archaïques, des insultes, des injustices, des affronts au Nouvel Ordre). Dans cette voie de l'abomination intégratrice, les « codes de bonne conduite » des universités américaines nous

1. Note à l'usage des tristes sires qui tremblent de perdre leur place et le « pouvoir » miséreux qu'ils possèdent (mais qu'aucun individu digne de ce nom ne saurait leur envier), si par malheur cette fin de l'Histoire venait à être réellement divulguée. La charité commande de leur offrir à méditer ce passage de Hegel : « Si l'homme n'est pas autre chose que son devenir, si son être humain dans l'espace est son être dans le temps ou en tant que temps, si la réalité humaine révélée n'est rien d'autre que l'histoire universelle, cette histoire doit être l'histoire de l'interaction entre Maîtrise et Servitude : la "dialectique" historique est la "dialectique" du Maître et de l'Esclave. Mais si l'opposition de la "thèse" et de l'"antithèse" n'a un sens qu'à l'intérieur de la conciliation par la "synthèse", si l'histoire au sens fort du mot a nécessairement un terme final, si l'homme qui devient doit culminer en l'homme devenu, si le Désir doit aboutir à la satisfaction, si la science de l'homme doit avoir la valeur d'une vérité définitivement et universellement valable, l'interaction du Maître et de l'Esclave doit finalement aboutir à leur "suppression dialectique". » Voici venu le temps de la *synthèse*, c'est-à-dire de la fin de l'Histoire « au sens fort du mot ». Elle n'est pas belle à voir ? Qu'importe : *elle est à voir*. Ceux qui ne veulent pas la contempler ne seront plus désormais que des aveugles — des dénégateurs — volontaires (*mars 1997*).

montrent l'avenir, ces codes où la liste de ce qu'il n'est plus permis d'évoquer (couleur de la peau, origine ethnique, sexe, penchants sexuels, âge, religion, état civil, culture, séropositivité, sympathies politiques, état de grossesse ou d'invalidité) rappelle, charge humoristique en moins, la tirade de Figaro dans *Le Mariage* : « On me dit que, pendant ma retraite économique, il s'est établi dans Madrid un système de liberté sur la vente des productions, qui s'étend même à celles de la presse ; et que, pourvu que je ne parle en mes écrits ni de l'autorité, ni du culte, ni de la politique, ni de la morale, ni des gens en place, ni des corps en crédit, ni de l'opéra, ni des autres spectacles, ni de personne qui tienne à quelque chose, je puis tout imprimer librement, sous l'inspection de deux ou trois censeurs. »

Tout doit être mis en œuvre pour que le monde soit au plus vite, et définitivement, visitable sans risques, nurserisé et perclus d'attractions. Il n'y a pas d'autre moyen de recréer des distances, de reconstituer des écarts, de rééclairer tout ce qui a été obscurci par la communication contemporaine que de regarder ce qui nous environne sous l'angle de sa destruction organisée par les tour-opérateurs (presque tous les métiers actuels relèvent du tour-opératorisme) aux applaudissements du commun des mortels. L'« alignement des provinces », c'est Disneyland, mais Disneyland n'est que la partie la mieux émergée de la catastrophe. Il y a bien d'autres souris émissaires. Pour prendre un exemple modeste, j'ai rapporté il n'y a pas longtemps quelques prospectus du Périgord, une région qui me semble avoir été particulièrement bien mise en harmonie à coups de préhisto-parcs (avec scènes de la vie quotidienne des Néanderthaliens, chasse au mégacéros de l'époque moustérienne, dépeçage du renne et du rhinocéros laineux, graveurs magdaléniens, possibilité de pique-nique, parking gratuit), à coups d'« animations à l'ancienne », d'expositions de vieux outils, d'abris moyenâgeux couverts de brandes, genêts et bardeaux, de démonstrations de traite des vaches comme si on y était, de folklore musical (avec les Pastoureaux du pays de

Brive) et de « musées vivants de plein air » (présentation des animaux de la ferme, scènes paysannes et artisanales d'antan, rencontres périgourdines d'orgue de Barbarie « à la lueur des éclairages d'autrefois au pied du château illuminé »). Voilà donc un pays bien *aligné*. Sympathiquement intégré. Et voilà la néo-Fête, voilà le carnaval reconstitué en studio qui nous crève les yeux et que si peu de romanciers osent voir, de crainte sans doute de dégoûter la clientèle ; ou parce qu'on ne peut pas déclarer mauvais ce que tout un chacun a l'air de trouver délectable. Plutôt se replier sur l'exotisme, le roman historique, les cités grandioses et chargées de vestiges, la visite du musée vénitien, la poésie.

Au cours de ces vingt ou trente dernières années, toutes les fixations de la critique littéraire sur le langage, sur la forme, sur le signifiant, ont eu lieu pendant que le monde, justement, se transformait de façon extravagante. Et presque, pourrait-on dire, pour détourner l'attention de cette transformation. Sous prétexte qu'un Céline avait trouvé un style pour exprimer la vérité de son époque, tout le monde s'est cru autorisé à avoir un style (une « écriture ») pour ne rien dire d'autre que la prétendue vérité irradiant de ce style, en oubliant que le style de Céline avait été élaboré pour renvoyer sans cesse à la réalité : Céline ne s'est posé si puissamment la question du « comment écrire » que parce qu'il avait besoin d'un instrument qui le surprendrait lui-même pour dire à quel point le monde le surprenait. Ce qui a dominé la littérature et la critique littéraire « avancées », c'est l'horreur du référent, de la chose concrète, palpable, directement perceptible, au profit de la représentation (les choses concrètes, le référent, on n'avait pas besoin de s'en occuper, on allait changer tout ça un de ces jours, il y aurait la révolution). Toute la philosophie de la « différance », de Platon à Derrida, toute la pensée du diffèrement ou de la négation du réel, de la présence réelle, ont été la grande épopée intellectuelle de ceux qui récusaient le monde réel pour vulgarité. L'amusant, c'est que pendant ce temps-là le monde réel, les choses concrètes, les phénomènes se sont transformés à toute vitesse. Sous l'effet des mass media, le référent délaissé par la littérature subissait une mutation inouïe, et disparaissait effectivement, même si ce n'est pas tout à fait comme les intellectuels l'avaient prévu. La « mort du sujet » ? L'Histoire comme « procès sans sujet » ? Mais ça y est ! C'est réalisé ! C'est l'audimat ! C'est nous ! C'est la bestialité de la féerie communicationnelle, c'est l'égalisation, le mimétisme, c'est l'ordre nouveau humanitaire, sentimental et sans diversité !

Quel est le *propre* du roman aujourd'hui ? Quelle est l'*affaire* du roman ? Dans le premier numéro de la revue *L'Atelier du roman*, Lakis Proguidis a montré que le geste romanesque par excellence, c'était toujours, d'une façon ou d'une autre, une défection par rapport à la communauté, par rapport à ses intérêts les plus chers. Une interruption dans le flot indifférencié, une désobéissance par rapport à la collectivité, au *chœur*, à ses processions éternelles, ses fêtes, ses vénérations et ses terreurs. Il a mis en relief l'épisode où Gargantua grimpe à Notre-Dame, pisse sur le peuple de Paris et noie plus de deux cent mille personnes, « sans compter les femmes et les petits enfants ». On peut imaginer ce qu'une pareille mauvaise action, ce qu'un pareil méfait déclencherait aujourd'hui. D'abord l'arrestation du coupable, bien sûr. Puis des kilomètres d'articles dans les journaux (où non seulement on compterait les femmes et les enfants, mais on ne compterait qu'eux, comme on ne compte plus maintenant que les femmes entrantes ou sortantes dans les gouvernements, quand il y a un remaniement ministériel[1]). Des plateaux

1. Ou lorsqu'un nouveau gouvernement arrive. Dans le contexte de l'époque (automne 1995), cette allusion visait le quota de femmes introduites dans le premier gouvernement Juppé. Deux ans plus tard, avec l'arrivée au pouvoir de Jospin et de son *équipe féminisée*, comme s'expriment euphoriquement les employés de la presse, ma remarque est plus que jamais d'actualité. Le concept d'*événement* ayant changé de nature, le comptage des femmes est lui-même un événement. Dans l'espoir de se réveiller, le dernier homme (ou la dernière femme) compte les femmes, comme on compte les moutons dans le but de s'endormir *(juin 1997)*.

de télé aussi. Des foules d'émissions où comparaîtraient les victimes. Et les familles des victimes. Et les représentants des victimes. Et les fédérations et associations de parents ou descendants de victimes. Et les spécialistes du suivi médical des victimes d'attentats et de catastrophes. Et les experts du stress post-traumatique. On monterait l'affaire en neige journalistique. À intervalles réguliers, les médiateurs intervieweraient des gens de la rue payés pour faire mine de désapprouver tout ce battage médiatique. On multiplierait les scoops en même temps que les articles critiques sur la manière dont la presse et la télé recherchent indécemment les scoops. Outre l'accusé lui-même (déjà condamné dans l'esprit du public, mais dont on n'arrêterait pas de rappeler qu'il a droit, comme tout accusé, à la présomption d'innocence), on rechercherait les autres coupables. Les responsables de négligence. De failles dans la sécurité. Ceux de la préfecture, de la mairie, les directeurs de cabinet, les délégués à l'Équipement, à la Protection du public, à la Disparition du risque. On se demanderait si les systèmes d'alarme étaient bien en état de marche. Si les visites obligatoires de la commission de sécurité avaient eu lieu aux dates prévues. Et ainsi de suite, de commissions d'enquête en batailles de procédure, jusqu'à l'*épilogue judiciaire*.

De nos jours, il faudrait à Rabelais au moins cent pages de plus pour démêler la suite de l'épisode de Gargantua, c'est-à-dire la prise de parole de la victime, l'épopée de la victime (qui a succédé, depuis quelque temps, au prolétaire), le roman de la Justice et de la Recherche des causes, la grande bataille des volontés punitives déchaînées. C'est cela sans doute que Rabelais ferait aujourd'hui. Il détaillerait tout le processus avec un détachement et un rire qui passeraient pour cyniques, voire insupportables. Il désobéirait au pathos endémique, à la vision progressiste de notre temps plein de bonnes intentions, de morale, de solidarité avec les souffrances. Bref, il ne se conduirait pas du tout comme un intellectuel de notre époque, je veux dire comme un médecin du monde, je veux dire comme l'abbé

Pierre ou comme Mère Teresa. Il n'essaierait pas de prouver, en luttant contre toutes les méchancetés, contre toutes les discriminations, contre le sexisme, contre l'« exclusion », l'effet de serre, etc., qu'il est encore utile à quelque chose, donc qu'il appartient à la catégorie des *produits culturels consommables*. Il ne ferait pas d'*art officiel*.

Il y a quelques années, alors qu'on s'inquiétait encore de la *crise de l'édition*, je me souviens des propos d'une sommité éditoriale française : « Si l'édition va mal, avait révélé cette sommité, c'est qu'on publie encore beaucoup trop de livres non attendus. » Phrase curieuse, reniement exemplaire du métier d'éditeur (un grand livre n'est jamais « attendu », il est aussi imprévisible que ce qu'il contient), proposition témoignant d'une confiance dans les études de marché ou dans les sondages (supposés déterminer ce que le public « attend ») comparable à celle des hommes politiques qui confondent les électeurs et leur représentation en pourcentages d'intentions de vote, ce qui les conduit de plus en plus souvent, d'ailleurs, à de cruels déboires. Qu'est-ce que c'est un livre « attendu » ? À quoi ça ressemble ? Comment ça se calcule ? Et où est-ce que ça se rencontre, un lecteur en train d'attendre un livre ? Au coin des rues ? Aux arrêts d'autobus ? Et quel lecteur ? Est-ce qu'on peut nous en montrer un *échantillon représentatif* ?

Évidemment, il n'y a d'intéressants que les romans non attendus, parce qu'ils se mettent en travers de l'époque comme des bâtons dans les roues. Les romans attendus, on sait où les trouver. Il suffit de prendre des listes de meilleures ventes dans les magazines. Bien sûr, tous les ouvrages qui y figurent n'en font pas partie. Et ceux qui en font partie peuvent ne pas manquer de savoir-faire ni de talent. Mais le moins qu'on puisse dire, c'est que la plupart ne prennent pas avec des pincettes le catéchisme de notre époque. La sélection du *Nouvel Observateur*, par exemple, celle des « livres stars », peut elle-même se lire comme la table des matières d'un livre. Le livre de notre temps. Le livre des lectures de livres. Le livre des lecteurs de romans. Le livre des livres idéaux de la classe moyenne.

La bibliothèque édifiante des lapalissades humanitaires et compassionnelles diffusées par les médias pour la rééducation du goût des lecteurs. On y trouve toutes les informations souhaitables sur l'état mental du public français d'aujourd'hui, sur ses rêves, ses manies et ses aspirations. Ainsi, cette semaine, on rencontre Picouly, son *Champ de personne.* Puis Coelho : *L'Alchimiste.* Puis un roman « égyptien » : *Ramsès.* Puis Gaarder : *Le Monde de Sophie.* Puis Le Clézio : *La Quarantaine.* Plus bas, il y a Pennac : *Monsieur Malaussène.* Et encore Coelho : *Sur le bord de la rivière Piedra.* Et encore Bobin : *La Folle Allure.* Pour les essais, le tableau est moins cohérent, mais on peut considérer Comte-Sponville, avec son *Petit Traité des grandes vertus,* comme celui qui se charge de penser magistralement cette insurrection des bénitiers romanesques, ce triomphe de la bonne parole caoutchouteuse, cet impérialisme sucré de la vision « United colors », et qui lui bricole sa théorie faite de moralisme artisanal, de fondamentalisme doux, de fanatisme exquis de la Transparence. La bondieuserie manquait de bras, elle en a trouvé.

Ce devant quoi une société se prosterne nous dit ce qu'elle est. Je me demande si une liste de best-sellers a jamais aussi bien que celle-ci reflété la situation pathétique de la société. En l'occurrence, sa coloration *new age* mâtinée de similicatharisme pour midinette, de prédication écologiste, de vaticination émotive, de tourisme fraternitaire, bref d'interdiction de toute pensée libre, sceptique ou seulement ironique, la moindre ironie ou le moindre scepticisme étant désormais assimilables aux atrocités montrées quotidiennement par les médias aux quatre coins du globe (de même que les massacres du cirque furent assimilables au paganisme et déterminèrent sa perte : si nous sommes dans une ambiance de néo-christianisme, avec remplacement de la réalité par l'émotion et le surnaturel, c'est sans doute là qu'est le point commun). Avec les Bobin, Picouly, Coelho, Pennac, avec le moralisme nécrophage qu'ils distillent, tout se passe comme si le roman, pressentant sa fin prochaine et tentant de l'éviter, protestait de son innocence, affichait en vitrine les plus belles vertus dont il est capable, toute sa bonté, sa gentillesse, son abnégation insoupçonnée, sa chasteté, son sens de la pudeur, son infinie niaiserie et sa dévotion à la communauté, enfin la panoplie au complet de l'anti-romanesque en soi, comme autant de parades supposées retarder le moment du départ pour le cimetière des dinosaures.

Un critique, plutôt que de perdre son temps à analyser tous ces romans de néo-sacristains, tous ces livres rédigés avec un stylo directement trempé dans le préservatif, pourrait s'amuser à les rapprocher de slogans publicitaires connus, montrer qu'ils se ramènent tous à l'une ou l'autre des injonctions récentes de la pub. Que méritent-ils d'autre que ce genre de traitement ? Le *Champ de personne* de Picouly, ce chef-d'œuvre de la *cocoon story*, c'est « Paris aime les familles nombreuses ». Bobin en général, tout Bobin, tout l'inénarrable fond de terroir bobinesque : « Aidez-le à devenir quelqu'un de bien » (une pub pour les chiens d'aveugles). Le *Petit Traité des grandes vertus* de Comte-Sponville, c'est l'encouragement anti-tabac lancé, il y a quelques années, aux Tarzan de la survie en phase terminale : « Libre et fort, je ne fume plus ! »

Et tous ensemble, toute la confrérie des pénitents blancs du roman, on croirait les entendre chanter en chœur ce programme d'une grande marque de dentifrice que j'aimerais voir graver au fronton des monuments publics : « Pour un monde sans caries ! »

Certes, on peut objecter que les romans vertueux, nostalgiques ou familiaux ne datent pas d'hier. On peut faire de Coelho, de Gaarder ou de Pennac les héritiers de Cesbron, Cronin, Henry Bordeaux ou Saint-Exupéry. En réalité, il n'y a aucune continuité entre ces derniers, encore connectés à la réalité, et les romanciers-« stars » que je viens d'énumérer, qui recyclent le moralisme de leurs devanciers mais pas leur solide efficacité narrative. Ce ne sont pas à proprement parler des romanciers, ce sont des hybrides consolateurs. Des produits de synthèse poésie-roman, à l'image de l'énorme classe moyenne, elle-même inédite et hybride, où doit forcément se recruter leur public. Le lecteur n'est plus un individu, c'est une « ressource humaine » et Bobin est son prêtre. Ses phrases tièdes, rabotées, aromatisées, sont destinées à réchauffer les cyberneurones de l'attaché commercial. Grâce à elles, grâce à Coelho, grâce à Picouly, grâce à Pennac et aux autres, l'attaché commercial, le « rurbain » de maintenant, s'endort tranquillisé, en croyant que le monde ne lui ressemble pas. J'ai même entendu raconter que certains soirs, après le couvre-feu, dans des arrière-boutiques de librairies militantes des provinces françaises, des gens se réunissent pour lire du Bobin à la lueur d'une chandelle. On rêve d'un La Tour interactif qui nous peindrait une toile sur ce sujet.

Le projet d'abolition de la différence entre roman et soumission au monde est donc en train de s'accomplir, et je crois, pour conclure, qu'un des buts essentiels du critique de romans devrait consister à se créer un bagage de connaissances de plus en plus précises concernant ce qui est bon, et plus encore ce qui est mauvais, pour l'art romanesque. La connaissance de l'ennemi, la science de l'ennemi des romans, c'est-à-dire de presque tout ce qui se met en place, aujourd'hui, sous nos yeux (y compris dans certains romans, dans ceux que je viens d'évoquer par exemple, les livres de la nouvelle Bibliothèque rose universelle, les romans de l'École des sacristains), voilà ce qui pourrait être le *propre* de la critique, d'une critique faite dans l'intérêt de l'art romanesque, et non dans le dessein de s'auto-célébrer, de justifier sa propre existence ou carrément de nuire, comme les deux charlatanismes critiques, l'universitaire et le médiatique, dont je parlais en commençant.

Le roman était un beau bateau qui, après avoir navigué quatre siècles sur l'océan de toutes les divergences, de tous les paradoxes, de toutes les disparités, rentre aujourd'hui de force au port de l'indifférencié et du programmé. L'aider à ne pas accoster trop vite est la seule chose que nous puissions faire.

Propos recueillis par Gloria Süspidik, 1996

L'époque et son roman

Vous n'avez pas remarqué comme presque tous les romans, de nos jours, ont tendance à se ressembler ? On les dirait sortis du même traitement de texte, conditionnés et emballés par un créateur unique, un seul écrivain fantôme au courant des roueries. Le plus troublant, ce sont les « jeunes auteurs ». Ah là ! Mettez-en plusieurs à la suite, faites-les défiler en extraits, en morceaux choisis, en anthologie, et vous ne les identifiez plus qu'à tâtons.

Les « jeunes auteurs » de « la génération montante » ressemblent aux voitures modernes : il faut être vraiment très près, ou très au courant, pour en distinguer la marque ou le type, et tous ces petits détails qui font la différence. Oh, bien entendu, il reste des nuances, dans les romans comme dans les voitures, une confession autobiographique fiévreuse ne se présentera pas exactement sous le même habillage qu'un néo-roman d'aventures subtilement perverti de l'intérieur ; la poétique relation d'une impossible passion entre deux êtres que rien ne sépare n'aura pas tout à fait les mêmes sonorités qu'un récit de souvenirs d'enfance trempé de nostalgie déchirante.

Je simplifie parce qu'il faut aller vite, il y aurait bien d'autres catégories à répertorier, mais peu importe, ce qui compte c'est cette musique d'ambiance des productions d'aujourd'hui ; un bruitage pas désagréable d'ailleurs, un enveloppement sonore sans danger, plutôt confortable,

pourquoi cette exaltation des animaux sur les écrans, alors que par ailleurs nous nous éloignons à tout jamais (notamment dans le domaine de la procréation) de nos origines de mammifères ? Pourquoi cette propagande sur la pseudo-renaissance de « la famille », comme si nous devions nous mettre à *croire* d'urgence à quelque chose qui justement s'est évanoui ? Pourquoi tant de bavardages sur tant d'enjeux à jamais perdus (la politique, la nature, les bons sentiments, etc.) ? Pourquoi cette montée, rampante ou violente, comique ou dramatique, des puritanismes (comique lorsqu'il s'agit d'un ministre, aux États-Unis ou en Australie, en train de confesser ses péchés sexuels à la télévision et jurer que c'est fini, il ne recommencera plus : tragique s'il s'agit de Khomeiny lançant ses tueurs à travers la planète ?).

Elias Canetti suggérait qu'à partir d'un certain point du temps l'Histoire n'a plus été « réelle » et que le genre humain, du même coup, a soudain quitté la réalité. Dans ces conditions, le destin de la littérature romanesque ne serait-il pas de rechercher ce point, cette frontière, et surtout de raconter ce qui se passe *après*, c'est-à-dire maintenant ? Sérieusement, comment écrire aujourd'hui un roman sans raconter, d'une façon ou d'une autre, la métamorphose des moindres événements en *sitcom* ou en *soap* ? En soap populaire ! Comment ne pas s'intéresser à la façon dont n'importe quelle nouveauté (surtout les scientifiques) devient instantanément objet de sinistres discussions éthiques, et de commissions de réflexion destinées à accoucher de nouvelles *lois* ? Exemple, pas plus tard que la semaine dernière, ce gros titre de magazine : « Bébés congelés ou faits à la maison ? Les Français demandent une loi ! » (c'est La Fontaine trois siècles après : *Les Grenouilles qui demandent une loi*).

Comment ignorer, à travers la fiction elle-même, la façon dont les médias vous prennent en otage avec de l'aide humanitaire ? Comment ne pas succomber à l'envie de raconter l'infatigable terrorisme du *charity-business*, la prolifération enfin d'une vertu de façade partout, et *jusque dans les romans*? Comment ne pas être sensible au néo-philanthropisme saturant les romans dans l'espoir de répondre à l'attente d'un public qui n'a jusqu'à présent que trop toléré qu'on lui dise ce qui est, et qui veut maintenant qu'on lui danse le menuet de ce qui devrait être ?

Une histoire de la littérature en fonction des consensus qu'elle désespère à travers les âges serait à faire. On y croiserait les niaiseries de chevalerie (le kitsch du XVIe siècle, ce que lisaient les midinettes de l'époque) mises à mal par Cervantès, ou encore l'obscénité sulpicienne parvenue à son plus haut degré et démolie par Sade. On y trouverait Molière en train d'affliger le parti dévot. Et aujourd'hui quoi ? Quelles images « fédérantes » et intimidantes ? Notre Télébazar de la charité, probablement, avec sa légitimité quotidiennement renouvelée par l'audimat. Notre parti dévot à nous.

Mais qui, *en face*, pour le désorganiser en le racontant?

La fiction est le diable de la réalité : qui le sait encore? Nous sommes désarmés en face du Bien, c'est logique : on ne nous a appris à lutter que contre le Mal. Il faut reconnaître que la bagarre a été chaude et que le négatif, ou la « part maudite », ont été pratiquement éradiqués, au moins sous leurs formes les plus spectaculaires, de ce côté-ci du monde. Le Mal à grand spectacle est dorénavant exotique : c'était l'URSS, il y a quelques années, mais voilà Gorbatchev, démocrate et sympathique, aussi ouvert, aussi souriant et communiquant qu'un meneur de jeu d'émission *prime-time* occidental; restent heureusement l'Iran et son ayatollah (est-il trop cynique d'entendre comme un cri de soulagement camouflé l'indignation universelle qui a accompagné la *fatwa* de l'imam : enfin du Mal ! enfin du vrai Mal ! enfin quelqu'un qui, en proférant l'anti-vérité, nous tire pour quelques instants de notre coma avancé et nous rend un peu de réalité !). Nous n'avons aucun argument contre le Bien, contre l'innocence, contre le sentimentalisme de la moralité, de la vertu, de la volonté de transparence partout, des bonnes intentions, de la téléchariteé.

Et voilà pourquoi vos romans sont muets.

La littérature « tuée » par les médias ? Mais qu'est-ce que les médias, sinon la vie quotidienne d'aujourd'hui, les mœurs, les *autres* ? En somme, la forme contemporaine de la Rumeur ? Et par quel miracle la littérature aurait-elle à attendre des autres une bienveillance qu'ils ne lui ont jamais manifestée ? Croit-on que les romans, au siècle dernier, aient été plus appréciés qu'aujourd'hui ? « Monsieur, qu'est-ce que le roman ? — Madame, c'est ce qu'en ce moment vous avez dans l'esprit. Car comme vous ne vous souciez ni de patrie, ni de science, ni même de religion, vous couvez ce que Sterne appelle un *dada* et que j'appelle : une jolie petite poupée. » Cet édifiant dialogue est de Michelet, dans sa *Bible de l'humanité*. Et il n'y a aucune raison pour qu'intervienne jamais le moindre cessez-le-feu.

Que les romanciers conçoivent leurs œuvres comme des « feuilles de température » de l'époque (Morand). Qu'ils apprennent à regarder la façon dont leurs produits sont traités, jusques et y compris à l'intérieur de la machine éditoriale. C'est l'un des projets de mon roman *Postérité*, où j'ai inventé une maison d'édition dont la particularité est de ne jamais publier de livres qui n'aient été au préalable réécrits, refaçonnés en coulisses par des techniciens éprouvés du succès. Il s'agissait d'installer, dans la fiction même, cette idée que tout ce qui paraît « premier », aujourd'hui, tout ce qui paraît « spontané », « naturel », est en réalité *second. Toujours déjà second.* Plus de hasard, plus de surprises, les produits industriels apparaissent avec la même régularité obtuse, la même fatalité que les saisons. Une sorte d'« hyperlittérature » (au sens de l'hyperréalisme), une littérature plus « vraie » que la vraie (comme un trompe-l'œil peut être plus convaincant que la réalité) se substitue peu à peu aux « originaux » d'autrefois.

Bien sûr, les événements continuent à avoir lieu, mais on se situe perpétuellement *après*. Les héros agissent, mais c'est pour répéter ces événements par une réécriture qui les parodie en même temps qu'elle les efface. Il n'y a plus d'« auteurs », ou presque plus ; ceux qui réécrivent ne sont pas ceux qui signent. La fiction se développe, comme toujours, mais dans ce *no man's land* frénétique, dans cet espace véhément et sans nom qui est à proprement parler le nouvel ordre du monde.

Bien. J'espère m'être fait comprendre. La première évidence, à mon avis, est que le roman a toujours été en crise (les discussions à propos de cette « crise » n'émanent jamais des romanciers eux-mêmes, mais de ceux qui, de l'extérieur, se penchent avec sollicitude sur leur avenir). La deuxième évidence est que les débats concernant le roman ont toujours tourné, et tourneront éternellement, autour de la question du « réalisme ». La troisième évidence est qu'à chaque fois que la réalité a changé, autour de nous, le romanesque y a répondu par les métamorphoses appropriées.

Encore faut-il, de cette réalité modifiée d'aujourd'hui, peut-être disparue, ou en cours de disparition, être capable de déduire la comédie globale, la bouffonnerie généralisée ; cet ensemble, comme disait Proust, de « vérités que l'intelligence dégage directement de la réalité ». Il n'existe pas de grand roman dont un recueil d'aphorismes éblouissants ne pourrait être automatiquement, instantanément tiré.

C'est même peut-être par là (par là d'abord) que les grands romans se distinguent des autres : par là qu'ils prouvent qu'ils sont la vie, la seule qui reste sans doute : la négativité en action du donné[1].

1989

1. La défaite du roman, marginalisé par la métamorphose accélérée de la société, est annoncée périodiquement. Ceux qui annoncent cette défaite oublient que le roman a les capacités d'en parler et de l'englober. Dostoïevski, prétend un critique, n'aurait pas écrit de roman-cycle à la Balzac parce que son époque, déjà, changeait trop vite. Mais Balzac lui-même, dans un article de 1833, constatait : « Nous sommes dans un âge où toute forme est transitoire : or, aux époques de transition, espèce de *sauve qui peut* général, l'intérêt personnel domine : l'intérêt personnel ne peint point de fresques, n'élève ni cathédrales ni monuments. » Pour une fois, et son œuvre le prouve, Balzac se trompait. Le roman ne peut pas mourir : sa propre mort est intégrable à lui-même. Le roman n'est jamais renouvelé par la littérature, mais par la réalité qu'il sait romanesquement démantibuler *(avril 1997)*.

Outrage aux bonnes mœurs ou comment l'esprit vient aux romans

> *C'est l'homme de génie que je veux dans l'écrivain, quels que puissent être ses mœurs et son caractère, parce que ce n'est pas avec lui que je veux vivre, mais avec ses ouvrages, et je n'ai besoin que de vérité dans ce qu'il me fournit ; le reste est pour la société et il y a longtemps que l'on sait que l'homme de société est rarement un bon écrivain.*
>
> D. A. F. de Sade

Comment ne pas être moral ? Ou plutôt, comment ne pas faire de la morale à tout bout de champ, dans n'importe quelle occasion, sous n'importe quel prétexte ? Est-ce seulement possible ? Comment, non pas même se situer par-delà le bien et le mal, mais s'abstenir sans ostentation, d'instinct pour ainsi dire, de cette vieille habitude du genre humain qui se ramène, comme on sait, à juger, à trancher, à discriminer, enfin à savoir de toute éternité qui est bon et qui est méchant. C'est précisément un titre de Diderot : *Est-il bon ? Est-il méchant ?*, et on pourrait dire que c'est toujours la question que pose la littérature — pour ne pas y répondre, bien entendu, à la façon réductrice de tout un chacun. D'ailleurs, sur la fin de la pièce de Diderot, on dit qu'on ne sait pas, et puis est-ce si important ? Bon ? Méchant ? Les deux probablement. « L'un après l'autre », conclut l'un des personnages. Comme si le problème n'était posé que pour démontrer à quel point on peut facilement et désinvoltement s'en débarrasser. À condition, bien sûr, d'en avoir envie.

Mais justement : personne ou presque n'en a envie. Jamais. Donc, le problème est toujours là, et bien là, au point que la question de savoir s'il est seulement possible d'exister en dehors de cet espace communautaire par excellence du jugement moral apparaît folle *a priori*, inutile au moins, futile. Un peu, n'est-ce pas, comme si on se demandait s'il est possible de vivre sans respirer, ou de se déplacer à travers le temps, bref de renverser les lois sur lesquelles repose notre existence à perpétuité.

Est-ce que la morale est indispensable ? Est-ce qu'on peut vivre sans ? Est-il possible de ne pas l'avoir sans cesse à la bouche ou au poing sans sombrer pour autant dans l'ignominie, le crime, la canaillerie, ou encore l'évanouissement de tout sens, le monde immanent de l'animalité ?

Pour dire les choses autrement, d'où vient que nous nous raccrochions si facilement à nos interdits, comme si leur effondrement risquait de nous faire disparaître corps et biens, nous aussi ? Avons-nous besoin, vraiment, de ce frein pour *être* ? Existe-t-il un temps, même fugace, un espace, même fragile et secret, où l'on cesserait d'avoir peur, au moins quelques instants ? Peur de quoi ? Que le manque nous manque ? Nous savons bien, comme disait Freud, qu'il n'est point entré dans le plan de la « Création » que l'homme soit heureux. D'où la dynamique cachée mais universelle de la pulsion de mort, à l'œuvre à travers toutes les formes du nihilisme, désespoir, goût du malheur, « idéal ascétique », mortification, deuil, errance, appels lancés pathétiquement vers l'authenticité perdue, l'innocence, l'âge d'or ou l'avenir meilleur. Passion de la vengeance et de la punition. On devient moral, a écrit Proust quelque part, dès qu'on est malheureux. Phrase étonnante, phrase profonde en écho de laquelle on pourrait citer aussi Nietzsche citant Balzac : « Celui qui moralise ne fait en somme, comme disait Balzac, que *montrer ses plaies* sans pudeur. »

Comment ne pas s'acharner à montrer ses plaies, comme autant d'appels à une punition généralisée ? Comment ne pas moraliser, même quand on est malheureux ? D'où vient que la vertu ostentatoire apparaisse automatiquement si proche du ressentiment ; et que, devant toute position morose et moralisante, remonte dans notre souvenir l'exclamation de Zarathoustra : « Hélas ! que ce mot "vertu" est déplaisant quand il coule de leur bouche ! Et quand ils disent : "Je suis juste", cela sonne toujours comme : "Je suis vengé" ! »

Il existait des formules, autrefois, pour désigner les vertueux de profession : pharisiens, sépulcres blanchis. Le pharisaïsme consiste à tenir le Mal en si haute estime que l'on consacrera tout son temps, ses jours, ses nuits, son énergie, à lutter contre lui dans un corps à corps fasciné, fervent[1]. Ne demandez pas au pharisien de ne pas croire au Mal, c'est impossible, il ne croit même qu'à ça, et à toutes les privations qu'il doit s'infliger pour ne pas en manquer tout en le combattant. C'est pourquoi la phrase de Lautréamont dans les *Poésies*, « lutter contre le mal, est lui faire trop d'honneur », m'apparaît comme une formulation anti-pharisienne excellente : elle émane d'un écri-

1. Ces derniers temps, le Parti pharisien, *le parti conservateur du Mal*, a pris une extension étonnante. Baptisé « vague civique », ou « mouvement des citoyens », il n'a cessé de développer sa ferveur *en direction du Mal*, depuis l'affaire des sans-papiers de Saint-Bernard jusqu'aux manifestations de Strasbourg contre Le Pen. Le Mal indéniable et groupusculaire représenté par le Front national est providentiel pour tous ceux qui souhaitent la disparition de l'individu. Le Pen a une utilité fondamentale : celle d'obliger ceux qui le refusent à *vouloir* la fin de l'Histoire, et à la *vouloir comme un combat contre*, donc à s'en masquer la réalité. « Contre le Front national et ses idées courtes ! », ont hurlé récemment des lycéens qui dorment avec le nouveau *Dictionnaire des idées reçues* sous leur oreiller. Grâce à Le Pen, la « nouvelle génération militante » *(Libération)* a l'occasion de se croire courageuse, impertinente, dérangeante, festive et mordante. Il n'y a déjà plus face à face que deux types de négation de la négativité : une négation retardataire, la lepéniste (ersatz miteux de la négation hitlérienne), et la négation des lutteurs dans le bon sens de Strasbourg. Entre les deux, ce qui passe à l'as c'est l'individu comme support de la négativité historique ; l'homme comme action négatrice du donné *(avril 1997)*.

vain, bien sûr, d'un artiste, c'est-à-dire de quelqu'un qui est en mesure de prouver qu'à certaines conditions on peut échapper à cet espace de malheur en commun que définit l'esprit moralisateur; qu'il est possible, veux-je dire, de ne pas avoir besoin du Mal pour se sentir être; et qu'alors s'ouvre une liberté irrécupérable dont c'est encore Nietzsche qui donne la formule lorsque, dans la *Généalogie de la morale*, il pousse ce formidable soupir de soulagement: « Allons! Même notre vieille morale fait partie *de la comédie*! »

Je rêve d'écrire un jour une histoire détaillée des aversions ou des haines qui ont toujours entouré la littérature. Une histoire de ces forces, variables avec les siècles, les régimes, les croyances, qui ne cessent d'encercler l'art et les artistes et, faute de parvenir à les faire disparaître tout à fait, tentent au moins de les contraindre à s'aligner sur ce qui est jugé bon pour tous, à tel ou tel moment des civilisations.

La haine, l'aversion, ou plus simplement la peur, l'inquiétude : peu importe, en fin de compte, le nom qu'on donne à cette résistance. Peu importe aussi qu'elle soit spontanée ou pas, consciente ou non du but qu'elle poursuit. C'est selon. Selon le moment, les conditions, les institutions, le degré plus ou moins grand de tolérance de chaque société. Les régimes peuvent changer, les consciences évoluer, et avec elles les mœurs, mais ce sera toujours sur le même canevas que s'improvisera la même pièce, racontant la même allergie résolue, à travers l'Histoire, à ce qui apparaît comme discordant par rapport aux intérêts fondamentaux de l'espèce.

Il n'y aurait pas d'« ordre moral » sans volonté du groupe de se défendre contre tout ce qui pourrait le menacer, même et surtout des choses apparemment infimes comme les performances littéraires. La joie d'une métaphore, le rire, la perception humoristique des phénomènes à travers une fiction, l'incrédulité flottante, l'équivoque lumineuse ou noire, l'extase singulière : voilà les ennemis en quelque sorte naturels de l'esprit moral. L'homme de société est rarement un bon écrivain, disait Sade ? C'est vrai. Mais réciproquement, le bon écrivain apparaît encore plus rarement sympathique ou rassurant à l'homme de société. D'où les tensions, les drames, les malédictions, les censures. Il y a un monde, et il y a aussi, de temps en temps, comme une inlassable et fragile vibration magnétique, la voix de quelques individus qui répètent qu'il n'est pas absolument nécessaire de le prendre trop au sérieux, ce monde, qu'on pourrait même en rire plus souvent, s'en amuser en le racontant, que cela irait peut-être mieux, en fin de compte, pour chacun d'entre nous, si on respectait moins lourdement et sinistrement l'ordre des choses. Bref, si on parvenait à inclure la morale elle-même dans la comédie générale. Voilà ce que les vertueux de profession, à travers les siècles, ne pourront jamais tolérer.

Dans cette « histoire » bizarre et terrible, dans cette épopée des aversions et des haines qui cernent du dehors la littérature, on verrait donc défiler l'une après l'autre toutes les puissances, toutes les instances qui auront tenté d'empêcher ou d'amoindrir le surgissement de telle parole, de tel rythme, de telle utilisation de la couleur, de telle originalité rhétorique ou technique. Depuis les grands mouvements religieux du passé jusqu'au tourbillon médiatique d'aujourd'hui, la durée humaine y serait racontée comme une ronde plus ou moins féroce ou aveugle autour des écrivains et des artistes, ces représentants d'une espèce si assidûment menacée. On verrait aussi qu'il n'existe pas, en fin de compte, une seule grande œuvre qui ne porte les cicatrices de la lutte qu'il aura fallu mener contre l'encouragement à disparaître, à se dissoudre dans le consensus de l'époque où elle était en train d'essayer de se déployer.

Cet encouragement peut avoir des visages variables, il peut se présenter sous une apparence douce, rassurante, presque immatérielle et indéfinissable, comme aujourd'hui, ou encore se manifester de façon brutale comme dans les despotismes d'autrefois ou dans les régimes totalitaires de notre siècle. Peu importe, en un sens. Conspiration du silence, boycott, interdiction manifeste ou non, refus de lecture pur et simple, il s'agit toujours de la même volonté d'empêcher, d'ignorer, d'altérer ou au moins de retarder le plus longtemps possible l'apparition dans l'atmosphère de nouveaux objets esthétiques non identifiés mais jugés de toute façon incongrus[1] ou menaçants.

Ce qui fait, entre parenthèses, que les grandes œuvres d'art, les grands livres sont aussi, bien souvent, la somme de ce qui aura essayé de les escamoter. Ils sont le revers et le rejet de cette volonté majoritaire de les dissoudre. Si le roman est bien un anti-destin, comme on l'a dit, c'est en ce sens. Il est l'histoire des forces qui tentent de l'étouffer. Le roman s'alimente de ce qui s'oppose à la littérature, et ce n'est pas un hasard si, dans ce fatras d'hostilités qu'un écrivain est amené à intégrer à son art, on trouve presque toujours des épaves de la mauvaise littérature de son temps (exemple de Cervantès s'emparant du kitsch de son époque, de la bonne pensée ronflante et poétique de son siècle, je veux dire les romans de chevalerie, pour en faire le sujet, parodié, de son *Don Quichotte*).

L'ambition de la littérature est de tout dévorer, tout verbaliser, ne rien laisser en dehors d'elle-même. Le « problème » du roman, s'il y en a un, consiste à subordonner à son discours la multiplication des phénomènes, la dispersion des événements et des informations, « tous les feuillets épars de l'univers » comme aurait dit Dante, et traiter l'ensemble dans un style adapté aux mutations de l'instant, et contre ces mutations, et contre cet instant. Comment et pourquoi l'obsession morale, avec son écheveau de pressions, combinaisons, persécutions, complots, échapperait-elle à cette entreprise (au siècle dernier, la Bêtise a bien été transformée par Flaubert, dans *Bouvard et Pécuchet*, en une formidable machine de retraitement des expériences et des savoirs) ? Au nom de quoi les vertueux de profession *d'aujourd'hui* ne viendraient-ils pas tenir leur rôle, en leur

1. J'avais écrit « dérangeants », mais c'était en 1988 et les néo-cagots du prestigieux journal *Le Monde* n'avaient pas encore inventé d'intégrer le « subversif » ou le « dérangeant » à leur discours de soumission intégrale ; je suis donc obligé d'y substituer un autre mot *(mars 1997)*.

temps et à leur place, dans la comédie ? De quel droit prétendraient-ils échapper à la grande *rafle* du récit, qui est la seule riposte possible de l'artiste contre les sollicitations ou les intimidations de « l'homme de société » (d'où le souci de l'*œuvre* chez tout romancier énergique, mais ce serait trop long à démontrer ; d'où cette envie, d'où ce désir qui court de Balzac à Faulkner, de se créer un « royaume », un espace où ce n'est pas seulement chaque livre qui sera organisé, construit, mais leur ensemble qui dégagera peu à peu sa propre architecture) ?

Oui, pourquoi la morale serait-elle plus protégée que le reste ? Il n'y a aucune raison. En ce sens, on peut considérer les écrivains comme des spécialistes peu orthodoxes, mais pourtant très compétents, de l'idéal moral qui s'oppose à eux presque systématiquement. Ce sont de véritables professionnels de la question. Plus profondément, ils n'arrêtent pas de toucher, souvent à leurs dépens, aux mystères et aux ténèbres de la culpabilité qui assure la cohésion des groupes, et qui l'assure au besoin par la persécution au nom du Bien commun.

Il existe un texte assez peu connu de Balzac, qui s'intitule *Échantillon de causerie française,* où se trouve le dialogue suivant :

« Le jour où nous avons donné de la chasteté au langage, les mœurs avaient perdu la leur.

— La philanthropie a ruiné le conte, reprit le vieillard.

— Comment ? dit la femme d'un peintre.

— Pour qu'un conte soit bon, il faut qu'il fasse rire d'un malheur, répondit-il.

— Paradoxe !... s'écria un journaliste.

— Aujourd'hui, reprit le vieillard en souriant, les sots se servent trop souvent de ce mot-là quand ils ne peuvent pas répondre, pour qu'un homme d'esprit l'emploie. »

Pour qu'un conte soit bon, il faut qu'il fasse rire d'un malheur : voilà peut-être le point par lequel il est possible de savoir pourquoi la littérature entre presque fatalement, organiquement pourrait-on dire, en conflit avec l'idéal philanthropique. On peut d'ailleurs substituer le mot

« roman » à celui de « conte » pour arriver plus vite au cœur de l'énigme, et ajouter que le ou les malheurs qu'un romancier intègre à sa narration ne concernent pas nécessairement les autres, ils peuvent aussi bien accabler le romancier lui-même, ou ses personnages principaux, peu importe, ce qui compte c'est le *rire*, c'est la comédie dans laquelle ces malheurs se retrouveront intégrés, comme dans un espace renversant et flottant de rêve sur-éveillé. Et c'est bien entendu à partir de ce rire (qui n'a même pas besoin d'être éclatant ; il suffit qu'on le sente filtrant comme une mélodie légère, têtue, une bouffonnerie implicite sous les phrases) que commence le scandale de l'esprit de vertu, pour qui le malheur est en fin de compte la seule religion naturelle et inaliénable.

Si je préfère parler du roman que d'autre chose, s'agissant de ce qui s'oppose encore le mieux, à mon avis, à l'ordre moral, c'est évidemment parce que la plupart des romans intéressants traitent des mœurs et de leur évolution. Or, qui dit mœurs dit morale (aussi bien en latin qu'en grec, ce mot désigne tout ce qui a trait aux comportements humains, aux règles de conduite et à leur justification, donc aux mœurs). C'est par conséquent sur le terrain même, dans la chasse gardée, pour ainsi dire, de la morale, que le roman s'aventure pour tout bousculer, introduire de l'équivoque, une pincée de doute, un peu de discordance ou d'irrespect.

La description des mœurs est la voie royale du roman. Donc le roman est dangereux, et d'ailleurs la plupart des romanciers en sont eux-mêmes convaincus. Il suffit de se souvenir de Kafka qui le définissait comme le « salaire du diable ». Tolstoï, lui aussi, le considérait comme démoniaque. À l'autre extrémité, le tremblement d'horreur sacrée d'un Michelet en face des romans est également symptomatique. Il n'existe pas un seul écrivain qui n'ait eu l'intuition de l'antagonisme fondamental qui existe entre les romans et le monde que ceux-ci racontent.

Le roman est dangereux, même si la question de son avenir n'est plus de celles qui suscitent des débats. C'est même un phénomène frappant : des romans sont publiés, des rubriques existent pour en rendre compte, mais plus personne ne réfléchit à la survivance de cette activité qui consiste à en écrire ou à en lire. La « crise » du roman, dont on parlait il y a encore quelques années, a été oubliée, entraînant dans l'oubli la théorie naguère florissante de cette crise. Ce qui n'empêche pas la question de continuer à se poser. Il se peut bien, tout de même, que le roman soit un genre disparu. Dans ces conditions, le seul roman capable de dire à la fois sa propre disparition et la réalité qui l'entoure serait celui qui incorporerait cette « fin » du roman dans son déroulement même, et refuserait de se détourner de la description d'une société qui s'est depuis belle lurette recomposée (ou décomposée) en dehors de tout souci littéraire (si elle en a jamais eu).

Les mœurs telles qu'elles évoluent y seraient donc à nouveau aux premières loges, comme autrefois, comme à l'époque où Baudelaire écrivait que le roman de mœurs était la forme la plus populaire et la plus fortunée de la littérature. Mais est-ce encore possible ? Les apparences que nous sommes supportent-elles encore d'être commentées sans que ce soit à leur profit ? Nos psychismes peuvent-ils encore tolérer la mise à l'épreuve romanesque ? Ne sommes-nous pas trop fiers de nous-mêmes, trop parfaitement contents de nous, désormais (jusqu'à organiser des *parades de la fierté* pour le faire savoir), trop intégralement et post-historiquement satisfaits, trop définitivement en accord avec le donné pour supporter encore la mise en scène du conflit et de la négation ? Il est drôle de constater qu'il existe de plus en plus d'excellents observateurs des comportements, de plus en plus de sociologues remarquables, alors qu'il y a de moins en moins d'écrivains pour réorganiser ces comportements, en exprimer la vérité littéraire à travers des êtres (des personnages), c'est-à-dire donner à l'observation de la société une autre finalité que la société elle-même. Pourquoi ? La fable de la vie quotidienne actuelle serait-elle notre nouveau sacré intouchable ? La satire serait-elle devenue subrepticement impensable ?

Serions-nous dans une époque pire encore que celle où sévissaient les peintres pompiers, et où Baudelaire conseillait aux véritables artistes de cesser de peindre Hercule au mont Œta ou le suicide de Cléopâtre, pour commencer à s'intéresser à « l'habit noir » dont étaient vêtus leurs contemporains, c'est-à-dire la réalité de leur temps ?

Le roman est dangereux pour ceux qui croient au monde et aux communautés. Pour tous les vertueux de profession. Le roman est immoral par définition. Un romancier digne de ce nom se mêle de ce qui ne le regarde pas. Inutile de rappeler le procès intenté à Flaubert en 1857 pour *Madame Bovary*. Tout grand roman, par principe, défait en la racontant la tapisserie d'intérêts et de besoins qui constitue notre réalité. À condition, bien sûr, d'être figuratif. Aucun danger à attendre, en effet, du récit poétique, idéalisant et pompiérisant. Pourquoi ? D'abord parce que tout ce qui a trait à la hantise profonde de l'humanité, la comédie érotique ou plus généralement sexuelle (jusques et y compris dans les prétentions d'aujourd'hui d'effacer le sexe, aussi bien dans le mythe du transsexualisme généralisé qu'à la faveur du sida ou des techniques de reproduction dites « artificielles »), ne peut pas être traité dans une vision qui survalorise la féerie.

Un romancier réaliste, en revanche, un romancier qui se mêle de raconter les mœurs de son temps rencontre infailliblement, dès le premier détour de son récit, la question féminine. Qui dit mœurs, dit femmes. Dans un magnifique paragraphe de sa préface à *Une fille d'Ève*, Balzac, comparant une fois de plus le projet de *La Comédie humaine* aux *Mille et Une Nuits*, découvre que la « faiblesse » de celles-ci, par rapport à son œuvre à lui, vient de ce que l'observation des mœurs était impossible dans l'Orient d'alors puisque, dit-il, les femmes y étaient enfermées, invisibles. Il n'y avait par conséquent presque rien à raconter. Pas de femmes, donc pas de mœurs. Pas de femmes, donc pas de société. Pas de femmes, donc pas de conquêtes. Pas de femmes, donc pas d'aventures. Et, pour ainsi dire, pas de réalité. D'où la nécessité du conteur de faire intervenir à tout bout de champ des prodiges, des talismans, des diableries et des magies pour soutenir l'intérêt du lecteur dans des récits dont « tout le merveilleux », conclut Balzac, « est inspiré par la réclusion des femmes ».

Pas de femmes, donc pas de réalisme. Pas de femmes, donc amulettes, vibrations, télépathies et superstitions. « Spiritualités ». Retours de sacré. Astrologie. « Imaginaire » inoffensif. Vertige illuministe. Occultismes, enfin, on m'aura compris. *New Age*. Pas de femmes, donc pas de roman vrai.

Voilà une raison fondamentale, à mon avis, pour laquelle un roman, à condition d'être figuratif, entre, par vocation si l'on peut dire, en conflit avec les instances morales et avec les surveillants qui les incarnent. Une autre raison est que cette figuration ou ce réalisme impliquent un détachement, un éloignement du monde qui ne pourront pas ne pas apparaître plus ou moins, au bout du compte, comme une trahison. Inclure la morale dans la comédie, pour reprendre la phrase de Nietzsche, ne s'opère pas sans mise à distance aussi bien de la morale que de la comédie. Un romancier est toujours, dans son genre, un déserteur de la société, une sorte d'abstentionniste actif ; quelqu'un qui écrit contre lui-même, selon le souhait de Flaubert, donc aussi contre ses propres malheurs et ceux des autres (le malheur c'est ce qui nous rassemble, c'est notre signe de ralliement et de cohésion ; rire d'un malheur, même du sien, c'est trahir les liens de parenté) ; quelqu'un qui saute hors de la communauté, qui se décroche du groupe (qui bondit hors du rang des meurtriers, aurait dit Kafka[1]) ; qui n'arrête pas de se détacher (voir la formule de Céline dans ses *Entretiens avec le Professeur Y* : « Il faut être plus qu'un petit peu mort pour être vraiment rigolo ! voilà ! il faut qu'on vous ait détaché ! »). Un roman qui compte est un traité de mise à distance des

1. Quelques années plus tard, les sociétés occidentales ayant poursuivi leur programme de falsification et de pacification, la phrase de Kafka demanderait à être rajeunie et corrigée : « Écrire, c'est faire un bond hors du rang des sucriers » ; voilà ce qu'aujourd'hui il faudrait dire. Ceux qui ont lu mon *Empire du Bien* comprendront *(mars 1997)*.

phénomènes qui s'y trouvent renversés et décomposés pour y être racontés. Un manuel très précis et très réaliste pour apprendre à ne pas accorder trop d'importance à ce qui y est présenté. C'est ça la « moralité » d'un roman, entre autres choses. L'adhésion convulsive de tout un chacun à la « vie » et à ses obligations, aux devoirs, aux nécessités, bref au tissu de l'existence en commun y est automatiquement désorientée, découragée. Nous nous prenons toujours trop au sérieux, même lorsque nous nous imaginons au comble du scepticisme ? Le roman est là pour nous répondre que oui, hélas, et nous le démontrer d'une façon variée, colorée, et nous encourager à sortir de la surévaluation incessante du Bien et du Mal, c'est-à-dire du monde en tant que procès perpétuel avec ses débats furieux, ses interrogatoires, ses condamnations, ses exclusions.

Dans la tête de chacun de nous tourne jour et nuit comme une sorte de mini-tribunal virtuel où nous n'arrêtons pas d'accuser, d'inculper, de dénoncer (c'est la moulinette psychique génialement décrite par Racine dans *Les Plaideurs* : « L'un veut plaider toujours, l'autre toujours juger »), et en fin de compte de démontrer notre incapacité à nous détacher ou à nous relativiser, nous et ce qui nous entoure. Toute proposition morale excessive est par essence *lyrique*, pourrait-on dire. L'esprit moral enfiévré de Bien et de Mal est une ivresse, un vertige, une des variantes de l'embellissement romantique et poétique, un triomphe du somnambulisme réconciliateur. En tant que passion, il ne tolère pas ce qui pourrait le « refroidir » en le décrochant de sa sphère sublime pour le précipiter dans un espace infiniment moins passionnel. Remettre en question les coordonnées de la morale peut même apparaître comme un crime. *Méditer*, simplement, les rapports du Bien et du Mal, prétendre réfléchir sur le Bien et le Mal comme s'ils n'allaient pas de soi de toute éternité, est tout bonnement une incongruité. C'est ce que Nietzsche est venu dire, au fond, lorsqu'il s'est aperçu qu'il n'était pas permis de seulement *problématiser* la morale : « Il n'y a peut-être pas aujourd'hui de préjugé mieux enraciné que celui-ci : s'imaginer que l'on *sait* en quoi consiste exactement ce qui est moral. »

Mais pourquoi ? Tout simplement, peut-être, parce que, s'il cessait de passer pour « naturel », le réflexe moral perdrait instantanément son poids d'intimidation et, en se dissolvant, révélerait le peu de réalité de notre univers, dissiperait ce qu'il en reste comme un écran de fumée. Est-ce que quelqu'un serait assez fou pour mettre en question l'existence du monde ? Le soupçonner de n'être qu'un préjugé, une opinion toute faite, un fantasme ? Non ? Eh bien, c'est la même chose pour la morale. Surtout en cette période de la civilisation où nous sommes arrivés, où la réalité paraît de plus en plus fragile, éphémère, absorbée dans le retraitement médiatique dont elle est l'objet jour après jour, et où la morale apparaît comme le dernier garde-fou, le dernier avantage acquis, la dernière rente de situation que nous puissions nous offrir ; notre dernière valeur-refuge.

Rien d'étonnant, par conséquent, à ce que nous soyons prêts à la défendre, contre tout ce qui pourrait la dévaloriser. Les médias eux-mêmes sont de grands pourvoyeurs de morale quotidienne, c'est par eux qu'elle passe désormais. On pourrait presque dire qu'à présent c'est eux, et eux seuls, qui la produisent ; et tant pis si elle n'est pas de très bonne qualité, c'est toujours mieux que rien.

Ce n'est donc pas demain la veille que nous saurons en quoi consiste exactement ce qui est moral. Qui, d'ailleurs, irait mettre en doute, ou simplement problématiser, le nouvel Empire moral devenu insaisissable, fluide, télévisé et tout-puissant ? Non, personne ne sera assez inconscient pour faire de l'ironie à propos de l'immense filet de bonnes intentions dont nous sommes désormais enveloppés. Ce serait bien trop risqué de dire, à travers des intrigues, des gestes, des dialogues, des romans enfin, l'épopée de toutes ces ligues de vertu en vrac, tous ces lobbies caritatifs, toute cette multiplication d'organismes philanthropiques qui luttent aussi bien pour la suppression des corridas que pour l'interdiction de la cigarette dans les lieux publics, pour une vie hygiénique, des actions perpétuellement positives, les valeurs d'avenir, la condamnation définitive du pessimisme et ainsi de suite. Pas question de raconter l'enthousiasme récent et attendrissant de millions de spectateurs de *Fatal Attraction,* le bréviaire de la nouvelle conjugalité, ou plutôt de l'adultère considéré comme une maladie sexuellement transmissible. Pas question de descendre *vraiment* dans les coulisses du siècle, d'entrer tout éveillé dans cet ouragan de bonne pensée, et le décrire comme la dernière forme, peut-être, de l'apologie du malheur par lui-même, ou encore la confirmation de ce que prophétisait Freud quand il disait que celui qui promettrait à l'humanité de la délivrer de la sujétion sexuelle, quelque sottise qu'il profère, serait considéré comme un héros. Le terrorisme médiatique, pour insaisissable qu'il soit, comme en suspension dans l'atmosphère que nous respirons, n'en est pas moins infiniment plus efficace, au bout du compte, que les despotismes d'autrefois dont la violence, au moins, déclenchait en réaction d'innombrables manifestations de la liberté de pensée. Ce serait téméraire de s'y affronter, armé de sa seule incrédulité. Le pouvoir presque invisible des médias, par le fait même qu'il exprime l'intérêt général, est parvenu à ôter à la plupart jusqu'à l'envie, jusqu'à l'idée de seulement juger par soi-même. Qui oserait remettre en question la nouvelle union sacrée ? Qui, hormis un romancier, une fois encore, s'il s'en trouve un pour se dévouer ?

1988

Circulez, y a rien à croire

Le nihilisme est un état de l'esprit qu'on peut aborder par plusieurs entrées. Il y a un accès « noble », historique, fuligineux, le déferlement bien connu des vagues de l'angoisse et de la nausée au XXe siècle, la torsion des psychismes dans l'absurde, à travers les différentes catastrophes des temps modernes, la situation des vivants de plus en plus anxieux, coincés dans un monde resserré à l'extrême. Menaces et répressions, perte et fracas, persécutions, nazisme, totalitarismes, guerres, harcèlement terroriste universel depuis l'anarchisme russe immédiatement démasqué par Dostoïevski jusqu'aux ravages les plus récents. Fulmination générale de la « crise de la conscience européenne ». Malaise dans la civilisation, mort de Dieu, rouilles diverses et morbides de l'âme... Tyrannie anonyme des institutions, États « monstres froids », etc. Grondement de Nietzsche : « Ce que je raconte, c'est l'histoire des deux prochains siècles. Je décris ce qui viendra, ce qui ne peut manquer de venir : *l'avènement du nihilisme.* »

On peut aussi prendre la question autrement, par le petit bout quotidien, celui du nihilisme ordinaire, actuel, pratiquement jamais appréhendé comme tel, bien sûr, et qui est pourtant, sous des aspects aimables, charmants, consensuels, le même nihilisme plus que jamais vivace, mais converti, métamorphosé, réduit, adapté, *civilisé* et pratiquement irrepérable parce qu'il n'existe que d'avoir rejeté — et de continuer à rejeter éloquemment tous les jours — le « grand » nihilisme tapageur et sanglant d'hier. Ce nihilisme-là semble avoir lui aussi été prévu par Nietzsche, au moins en partie, sous le nom de *nihilisme passif.* C'est celui du « dernier homme » qui n'a plus que son propre bonheur comme idole. Les médias ayant tout changé, comme on sait; ayant par conséquent rendu nécessaires la création de nouveaux moyens d'analyse, ainsi que l'invention de nouveaux récits, les prévisions nietzschéennes seraient à repenser de fond en comble. Il faudrait montrer comment le *nihilisme passif* impose aujourd'hui le terrorisme du Bien comme ultime valeur sur la ruine définitive des valeurs. Comment la vision morale est en train de triompher médiatiquement et pourquoi celle-ci, dans sa toute-puissance, est le prolongement visible et paradoxal du « grand » nihilisme rageur et délirant que tout le monde s'accorde fort heureusement à condamner[1].

Le terrorisme du Bien est infiniment plus difficile à définir, à placer dans la lumière d'une tentative de connaissance que tous les autres. Il est beaucoup plus irréfutable. Il est nécessaire, d'ailleurs, il est sublime, il est édifiant, peut-être même est-il efficace, sait-on jamais ? Il est là, en tout cas, dans le discours de l'air du temps, c'est une ambiance, une musique, quelque chose de plus ou moins impalpable, vaporeux, envahissant, inattaquable. Il suffit pour s'en convaincre d'ouvrir sa télé, de faire défiler les pubs, ou de feuilleter les dernières parutions de la saison. Bébés, tendresse, enfants, avenir, harmonie, transparence, larmes, idylles, sensibilité, etc. Le mot qui est revenu le plus souvent, dans la dernière période, est celui de *cœur.* Jamais autant qu'aujourd'hui le cœur n'a été à toutes les

1. Mais dont les mêmes apparatchiks de la vision morale, aujourd'hui largement progressistes et partisans du « changement », agitent les fantômes, au nom de la *créativité*, de l'*humour*, de la *fantaisie*, du *risque* et de tous les autres concepts qu'ils gardent morts dans leurs cimetières, et qu'ils déterrent chaque fois qu'ils sentent ces cimetières menacés de la moindre critique libre *(mars 1997)*.

sauces et à tous les menus. L'époque est cordicole[1], c'est ainsi, et d'ailleurs celui qui oserait être contre aurait des difficultés infinies à s'expliquer et à se justifier. Au milieu de ce climat de nihilisme rose, nuance layette, qui n'en est qu'au début de son épanouissement et qui repose, comme tout nihilisme, sur l'idée d'une innocence originelle (et bafouée) de l'être, l'ironie devient plus condamnable que jamais, l'humour aussi, l'équivoque, l'instabilité du jugement, la critique, l'interrogation, le négatif radical, bref la pensée, et plus généralement la littérature[2]. La Bienfaisance universelle pourchasse les arrière-pensées. Les ligues de vertu rajeunies par les médias vous somment de ne plus être négatif, vous encouragent à avancer positivement, comme tout le monde, dans la méconnaissance des illusions de l'espèce. Comment parvenir encore à se tenir à distance respectueuse des séductions et des invites du Bien ? Comment ne pas se laisser emprisonner dans le choix simple, obtus, et pour le coup aliénant, entre le Bien et le Mal ? Comment arriver à obtenir un sursis ? Échapper à la pulsion de *jugement* qui tourne comme une moulinette dans l'esprit de tout un chacun ? L'Opinion invisible et omniprésente, le corps social, les « masses » qui réclament leur spectacle quotidien de morale en action, recourent aux médias un peu comme autrefois, en plein désarroi, on appelait à l'aide une vierge, une « pucelle », une quelconque Jeanne d'Arc pour rétablir l'ordre du monde, refaire le tri entre le Bien et le Mal. Les médias ne sont là que pour traduire de façon colorée, agitée, romantique ou tragique ce que veut l'Opinion. Et comme l'Opinion n'est capable de penser (il faut le dire vite) qu'en termes

1. On appelait cordicoles, ou cordiolâtres, au XVIIIe siècle, les adorateurs du cœur de Jésus.

2. Dix ans plus tard, il est à noter que ce sont les pires nihilistes, ceux de la Bonne Cause (en général des médiateurs ou des médiatisés) qui ne cessent de dénoncer le nihilisme chez ceux qui menacent leur imposture. Heidegger appelait *voyous publics* ces individus : « Les voyous publics ont aboli la pensée et mis à sa place le bavardage, ce bavardage qui flaire le nihilisme partout où il sent son bavardage en danger » *(mai 1997)*.

moraux, la nébuleuse médiatique n'est à contempler ou écouter que comme la transcription quotidienne de l'idéal moral de l'Opinion. Comment, dans ces conditions, non pas faire l'éloge du Mal, mais seulement oser *problématiser* le Bien ? Esquisser ce geste immoral par excellence, au milieu du puant sirop de la morale consensuelle... « Il n'y a peut-être pas aujourd'hui de préjugé mieux enraciné que celui-ci : s'imaginer que l'on *sait* en quoi consiste exactement ce qui est moral. » Ou encore, toujours de Nietzsche : « Médecine populaire et morale populaire vont de pair et ne devraient plus être appréciées aussi différemment qu'on persiste à le faire : ce sont les deux *plus dangereuses* des pseudo-sciences. »

La morale est intéressante parce qu'elle est soumise au même régime que la littérature : tout le monde estime avoir suffisamment de compétences « naturelles » pour en parler, en juger, trancher... Chacun sait d'avance, sans discussion, ce qui est bien et ce qui est mal. C'est-à-dire, entre autres conséquences, que l'échec de Nietzsche est total. Il n'y a qu'à lire chaque jour le courrier des lecteurs d'un certain quotidien du matin bien connu[1] pour constater que là où, il n'y a encore pas si longtemps, abondaient les anecdotes érotiques, les confessions sexuelles joyeuses ou déchirées, mais de toute façon inconséquentes, irresponsables, immorales sans retour, tout a été recouvert par les déclarations d'ordre purement vertueux, par les revendications et les plaintes d'une nouvelle génération de grenouilles de bénitier. « La liberté d'expression n'autorise pas à tout écrire ! » ; « Il y a un seuil de tolérance à ne pas franchir ! ». Et ainsi de suite... Porter son pessimisme jusqu'au cœur de la morale, disait Nietzsche... Perdre confiance en la morale... Quelques-uns ont essayé. Ils l'ont payé cher, en général. On pourrait se demander, par exemple, si quelqu'un comme Bernard de Mandeville, auteur en 1714 de la *Fable des abeilles,* sous-titrée *Vices privés,*

1. Le *Libération* d'une époque révolue, mais tout aussi pénible que la présente *(mars 1997).*

vertus collectives, ne serait pas obligé de se rétracter à nouveau devant des tribunaux pour avoir évoqué en passant l'idée que la prospérité d'une civilisation pourrait bien résulter, non de la vertu ou de l'abnégation de chacun, mais des vices, de l'égoïsme, du besoin de luxe et de la corruption… « Goût de la vérité défendue et obscure », dit mon dictionnaire à propos de Mandeville… On ne saurait mieux s'exprimer. L'idéal qui s'impose aujourd'hui n'est ni défendu ni obscur, bien entendu, et il est dédié en bout de course, comme toujours, à des divinités qui sont de vieilles connaissances, toujours les mêmes, l'avenir, la reproduction du genre humain, la transparence des rapports sociaux. La Vie…

Pas besoin de chercher bien loin. Inutile non plus, je pense, de replonger dans Sade… « Tu veux que l'univers entier soit vertueux, et tu ne sens pas que tout périrait à l'instant s'il n'y avait que des vertus sur la terre… » L'idéal consolateur réduit évidemment à sa plus simple expression la pensée critique, ironique, interrogative, évasive ; la pensée qui épouse les formes de l'insoluble, c'est-à-dire du sexe qui toujours nie… Après tout, est-ce que nous ne sommes pas prêts à renoncer à presque tout plaisir pourvu qu'on nous débarrasse de ce fardeau d'insolubilité ? Est-ce que le nihilisme de maintenant ce n'est pas cela : le monde le plus idiot possible, peut-être, mais au moins sans sexe ? Il ne s'agit d'ailleurs pas de système social ou de régime politique. Les gros totalitarismes semblent justement commencer à se liquider en douce, la Chine largue par petits bouts son socialisme, l'URSS paraît frémir… L'État sera de plus en plus tyrannique, certes, mais une autre tyrannie spontanée, une nouvelle institution persécutrice est en train de s'installer tout doucement : l'ère des bons sentiments, où quiconque osera émettre une opinion discordante, non alignée, pas aux normes hygiéniques et idylliques, se retrouvera en état d'accusé au nom de l'intérêt général. Et pour le supplément d'âme dépressif, que l'on ne s'inquiète pas trop, nous avons tout ce qu'il nous faut chaque année : des tas de romans mélancoliques, tendres, pensifs, brumeux, affectueux, poétiques, caritatifs, féminins, pathétiques, lyriques. Les nouvelles bergeries, en un mot, les pastorales post-modernes dont les médias sont là pour faire la promotion entre deux répercussions d'indignation, deux débats, deux chromos, deux canonisations de vedettes trop tôt disparues. Les romans de chevalerie de l'an 2000, en somme, exactement comme du temps de Cervantès qui les appelait « choses de rêve » sans « vérité aucune ».

« Puisque votre ouvrage n'a d'autre but que de fermer l'accès et de détruire l'autorité qu'ont dans le monde et parmi le vulgaire les livres de chevalerie... »

Don Quichotte fut, il y a longtemps, l'effort de quelqu'un pour ne pas se laisser emprisonner dans le Bien imposé de son époque. Il y a eu d'autres entreprises de ce genre. Il y en aura toujours. C'est l'histoire de la littérature, donc celle des prospérités de l'irrespect[1].

1987

1. Pour conclure, il faudrait corriger la phrase de Nietzsche disant que l'humanité préfère vouloir le rien que ne rien vouloir, et écrire : l'humanité préfère vouloir le Bien plutôt que de vouloir *(mars 1997)*.

Il n'y a que la mauvaise foi qui sauve[1]

Ce n'est qu'à l'expresse condition que nous soyons fermes dans nos croyances qu'apparaît à nos yeux l'aspect comique de l'univers.

Flannery O'Connor

Si l'Église catholique, si les catholiques, le pape, les évêques, si ce qui reste ici ou là de prêtres sur la planète, de théologiens potentiels, de croyants éventuels, de fidèles, de pratiquants, de braves gens encore un peu convaincus

1. Ces réflexions sur le catholicisme, vieilles de douze années, furent rédigées, non dans l'intention de plaire aux catholiques, mais dans celle de déprimer les cathophobes. Si la sottise catholique n'est pas niable (régulièrement, les adeptes de cette Église rappellent, par leurs demandes de censures diverses et leurs rages miséreuses, à quel point ils aspirent sourdement à n'être plus qu'une secte), l'autosatisfaction de ses ennemis (la majorité absolue des humains d'aujourd'hui) est un spectacle encore plus quotidien et plus odieux. Leur haine *va de soi*; c'est pour ça qu'elle est religieuse, à la différence de celle des catholiques, contraints historiquement à lutter sans arrêt en retraite. Il y a quelques mois, le voyage de Jean-Paul II en France a donné aux petits hommes l'occasion d'un étalage papophobe par lequel, sous la défense de la « laïcité » républicaine, se révélait que le pape, ce vestige intolérable des temps révolus, n'était plus, dans toute sa scandaleuse splendeur, que ce « gladiateur agonisant » dont parle Zarathoustra. « C'est au milieu que nous avons mis notre chaise [...] et aussi loin des gladiateurs agonisants que des pourceaux repus ! » C'est exactement dans ce sens que doit être lu ce texte : comme tous les autres, il n'a été composé que dans le seul but de déplaire au « dernier homme » *(mars 1997).*

que leur corps n'est là que parce qu'il y a eu un péché, à l'origine, une chute et que ce péché se reproduit sans cesse, depuis, tout en assurant l'apparente nécessité de notre reproduction, et que le monde est bien l'œuvre de Dieu transformée par nous en vaudeville sévère, et que le visage de chaque être est à l'image et ressemblance de Notre-Seigneur passées sous les divers rouleaux compresseurs burlesques des instants successifs de la vie, et que le mystère de la Rédemption qui suit celui de la Chute précède celui du Jugement, bref, s'il reste encore des gens comme ça aujourd'hui, de par le monde, et qu'ils sont en train de « profiter » à bon compte du « déclin de l'ère moderne » en « repositionnant » de façon « inédite » le « référent chrétien »[1], alors voilà qui mérite à mon avis des bordées d'applaudissements ininterrompus au moins jusqu'à l'an 2010. Une admiration sans réticence. Un peu de générosité, au moins, dans la reconnaissance de l'exploit. Qu'on prenne modèle sur eux, en tout cas. Qu'on se demande pourquoi ils sont si malins quand tout le monde autour est en train de s'effondrer et de s'asphyxier ; si sages, si avisés et si rusés ; eux qui déjà, dans le passé, ont écrit de si bons livres, inspiré tant d'autres livres excellents, fait peindre de si bons peintres (et ne parlons même pas de la musique) ! Tireurs de marrons du feu, les catholiques ? Vainqueurs dans la guerre actuelle des étoiles ? Plus futés et plus vifs que tout le monde ? Seuls à avoir vu la brèche, en ayant les moyens de s'y engouffrer ? Il faut reconnaître que le paysage alentour est sinistré. La crise partout, les idéologies bien funèbres, les doctrines terriblement délavées. Cette situation de carence générale conduit à un état des lieux désastreux : c'est l'affaire des universitaires, des sociologues ou des philosophes. Qu'ils se débrouillent avec ce qui reste s'ils y tiennent encore vraiment...

Ça n'implique tout de même pas de façon automatique

1. Formulations du questionnaire auquel répondait cet article *(mars 1997)*.

un redémarrage du catholicisme sur les chapeaux de roues : où voyez-vous ça aujourd'hui ? Dans le somnambulisme journalistique, qui parle sans savoir de « retour du sacré » ? Plus que la *culture* catholique, c'est l'agitation de l'*inculture* de peuples en principe catholiques d'éducation qui me frappe. La fièvre d'une inculture active, soupçonneuse, surveillante. Une vigilance anticatholique d'autant plus inquiète que, comme le reste, elle passe peu à peu, en douceur, au stade vaguement létal où l'on voit tant de choses plonger en ce moment. Pensée bromurée, philosophie en hibernation, idéologies poursuivant leur rêve éveillé. Somnolence des formes lourdes. Pente de répétition. Vies quotidiennes engourdies. Limbes des aventures modernes. De là où on s'agite désormais, dans l'ennui de la religion mélancolique qui prétend nous unir, comment voudriez-vous que soit sentie, je ne dis pas même pensée, la seule chose qui me paraît en fin de compte importante, la seule qui décide, c'est vrai, mais alors là impérialement, de la suprématie catholique, je veux dire son pouvoir à proprement parler érotique, son coup de fouet fabuleux de *religion véritable parce que diviseuse* qui cingle toutes les autres et vous retient hors du sommeil...

Je crois qu'il faut repartir de ce point. L'érotisme donne les moyens de la connaissance exacte de la sexualité qui ne se connaît pas elle-même. Le sexe et la pratique sexuelle ne savent pas s'analyser. Pas davantage que la mort d'ailleurs. L'épisode de la mort concrète d'êtres précis, d'hommes ou de femmes, est aussi difficilement racontable qu'une scène sexuelle. C'est à peu près la même chose : un moment vertigineux de *recul*. La pire pierre d'achoppement des scènes de romans, l'évocation à ne pas rater... Ce n'est pas pour rien qu'en ses âges primitifs, alors que les autres civilisations et les autres cultes n'avaient jamais émis que des condamnations tièdes, partielles, l'Église n'a pas fait le détail : en bloc elle a magnifiquement tout condamné de l'activité sexuelle humaine. Adultère, avortement, contraception, homosexualité, masturbation et le reste ! Pêle-mêle ! Sans trier ni tergiverser. C'est qu'elle était bien placée pour savoir de quoi il retournait. « Péché de chair »... Manière unique d'empêcher qu'on ne s'endorme là-dessus comme s'il s'agissait de n'importe quoi de naturel. Façon d'indiquer que ça se situait exactement *en face* de la Rédemption... Peu importe après ça, d'ailleurs, que tout continue. C'est dit, c'est écrit, on ne peut plus mentir sur son propre plaisir.

Finalement, parmi les questions fondamentales qu'on a à se poser si on réussit à échapper au cercle restreint du ressentiment ordinaire, aux bas-fonds pervers, au mécontentement boudeur, aux vagues triomphalismes aussi d'aujourd'hui et à la panoplie de nos narcissismes sportifs ; si on n'est pas trop dans le malaise ambiant, en somme, ou le malheur, alors on se trouve automatiquement devant deux questions fondamentales : l'une concernant la troublante teneur érotique des dogmes chrétiens, de l'interprétation chrétienne du monde, du mystère chrétien, l'autre qui consiste à se demander comment ne pas être anticatholique... Ça n'a l'air de rien, mais ça veut dire que, dans ce cas, on aurait la possibilité de penser librement — ce qui ne va pas de soi.

En réalité, ne pas être anticatholique réclame des efforts inouïs et fervents. Ça coule tellement de source qu'on soit contre le catholicisme à fond, contre son histoire, son passé, son passif terrible... C'est tellement évident, et moderne. Tellement appelé par toutes les doctrines, tous les événements, tous les penchants, toutes les positions de progrès qui ont la Raison dans leur fibre[1]. C'est tellement dans la pente. Tellement dans le sens du courant de l'assentiment général. Y résister si peu que ce soit demande un travail fou. Au moins est-on payé de retour et c'est ce qu'il faut démontrer.

Rien d'étonnant à ce que « ne-pas-être-anticatholique » requière une disposition d'esprit tout de suite plus ou moins proche du mauvais esprit, assimilable d'emblée

1. Et les nuages du crétinisme *new age* au-dessus de leur tête *(mars 1997)*

pour tout le monde à la mauvaise foi, l'impertinence, la subversion humoristique mal placée, l'effronterie anachronique, la négativité culottée. C'est ainsi, et c'est la chance sans prix de cette expérience. Au cours de laquelle on découvre qu'il suffit d'avouer un peu de *foi* pour être immédiatement rangé dans la catégorie de la mauvaise foi bouffonne. Ce qui vous permet ensuite d'éprouver, si vous poursuivez courageusement l'expérience, que justement dans ce cas précis, il n'y a que la mauvaise foi qui sauve ; et qui déplace les montagnes, contrairement à ce que croit la majorité d'entre nous...

L'acte de foi, acte d'intelligence requis depuis le concile de Trente par le magistère de l'Église, acte libre de la volonté qui vous engage tout entier et qui est le commencement du salut, ne peut plus être aujourd'hui, dans notre monde, qu'un acte parfaitement calme et conscient de mauvaise foi. C'est ainsi qu'il se présente de toute façon et mieux vaut le savoir. Il implique au minimum le retournement constant des valeurs, le doute par rapport aux certitudes acquises, l'ironie devant chacune de nos croyances biologiques légitimes. La mauvaise foi, en résumé, devant notre propre légitimité d'êtres vivants.

Car c'est cette légitimité prétendue, à toutes les époques, qu'il convient de ruiner pour vivre.

Voilà, pour ne pas être anticatholique, l'une des portes étroites du passage. Elle apparaîtra bien entendu anormale, tordue, perverse à quiconque se tient sur ses deux pieds au milieu des phénomènes sans les interroger ; ou à quiconque est en lutte acharnée pour leur amélioration ou leur conservation, ce qui revient au même. Elle devient logique, en revanche, si on part de l'hypothèse de la Chute : le monde est l'œuvre de Dieu et, depuis, l'homme la bricole, cette œuvre, la bouleverse, la transforme, la bousille, la retourne, l'améliore, la rend malade, la guérit de ses maladies, la charcute, la tripote, enfin la travaille infatigablement.

Partir d'un rebroussement, d'une proposition de retournement de ce qu'on voit, c'est le réflexe pré-requis pour ne pas être anticatholique, comme le disait déjà gracieusement Gracián : « On ne saurait bien voir les choses du monde qu'en les regardant à rebours »... Qui dit mieux ? Telle est la formule de base de la grande esthétique, de la grande pensée catholique et de ses grandes œuvres baroques. Entre parenthèses, il ne s'agit là pour Gracián que de tirer les conséquences logiques du verset de saint Paul dans la Première Épître aux Corinthiens, juste après qu'il a expliqué que lui, Paul, devenu homme, a fait disparaître de lui ce qui était de l'enfant : « *Videmus nunc per speculum in œnigmate : tunc autem facie ad faciem. Nunc cognosco ex parte : tunc autem cognoscam sicut et cognitus sum* » (« À présent nous voyons seulement comme dans un miroir, en reflets obscurs, en énigme : alors nous verrons face à face. À présent je ne connais qu'imparfaitement : mais alors je connaîtrai d'une vision claire comme je suis moi-même connu »).

Ouvrons une autre parenthèse : difficile de ne pas voir dans ces propositions merveilleuses la source même du roman et du principe romanesque. Pas d'intrigue sans énigme, pas de surprise sans retournement de situation, pas de lecture sans attente de dévoilement de mystère, de réponse à une question. Pas de fiction sans enquête. Pas de fascination sans espoir qu'au bout des pages et des chapitres on verra enfin face à face et non plus en reflets obscurs ; on connaîtra d'une vision claire comme on est soi-même connu... Tout cela se tient parfaitement bien. Je n'y repense pas, chaque fois, sans en être sidéré. Pas de roman sans Chute, pour résumer, sans l'épisode de la Dégringolade originelle universelle qui met tout cul par-dessus tête pour que commence l'histoire de l'humanité. L'histoire des hommes et des femmes et l'épopée de leur curiosité, de leur tentative d'élucider, siècle après siècle, cette étrange affaire de renversement. La fiction, toute la fiction, toute la nécessité du roman, sortent du coup de théâtre du péché, de l'intuition d'une impureté ou au moins d'un malentendu de base, d'une racine sombre et gluante au fond du fond, d'une Défaite terrible à l'heure du big-bang... Évidemment, devient romancier celui qui sent le mieux cette première défaite, elle est dans ses nerfs, il en a pris acte, il est pour commencer dans les poubelles de l'Histoire. Poubelles globales, générales, c'est déjà son triomphe de l'avoir compris tout de suite au lieu de le découvrir, comme la plupart, en cours de route, et trop tard pour en tirer autre chose que du ressentiment vaniteux ou de la tristesse mesquine...

Chute-Rédemption-Jugement. Trois moments forts théologiques. Trois actes clés. Trois chances de renaître dans toute existence quotidienne. Trois angles aigus dans la géométrie de la fiction. Tout cela nous ramène pile sur l'interprétation catholique. Comment ne pas être anticatholique ? Se demander ça, entre autres questions aussi peu sympathiques à vos contemporains, ça réclame du temps, je le répète, des efforts. Ça peut justifier une existence entière et l'éclairer. D'ailleurs, pour ce qui me concerne, ça m'occupe depuis longtemps. Ça signifie : comment ne pas être comme je dois être, comme il m'est permis d'être, comme je suis encouragé à être, comme il est écrit partout que je suis et comme il serait normal que je sois. La complexité tordue du catholicisme, son histoire, ses dogmes tortueux, les attrape-nigauds de ses interdits, tout cela est si vaste à explorer qu'il faudrait plusieurs vies aujourd'hui. Il faut plusieurs vies. Il faut essayer d'en avoir plusieurs dans les limites minables d'une seule. C'est peut-être pour ça seulement que certains êtres ont lieu d'advenir sur cette terre...

Je suis amené à penser à la consistance érotique du catholicisme par l'énoncé du sujet qui m'est proposé. Qu'on me pardonne, mais ce terme de « repositionnement », j'ai du mal à ne pas l'entendre se profiler derrière les implications des mots « posture » ou « position »... Nous avons tous l'intention bien ferme d'être heureux sexuellement. Pourquoi pas ? L'humanité le veut depuis toujours, et ces temps-ci elle pense même en avoir conquis les moyens industriels, techniques, mécaniques ou psychiques. Pour le moment, tout le monde tâtonne un peu entre gym-tonic et psyshows, c'est une époque de réorganisation générale ; de « repositionnement » si on y tient... Au milieu de quoi le « repositionnement inédit du référent chrétien » viendrait s'inscrire de lui-même, tout naturellement, se glisserait comme une plume dans le *Kama soutra* également inédit de notre civilisation désormais émancipée, permissive, blasée, résignée à ce que le sexe ne soit que naturel ?

Que le catholicisme soit supposé faire partie de cette série de figures, de cet ensemble de postures, en dit long sur la difficulté générale à imaginer qu'il ne serait pas du tout, comme on croit ou comme on craint, en train de profiter de la situation ; mais que, se trouvant depuis très longtemps dépositaire d'un certain savoir supérieur, entre autres sur la sexualité, il serait plutôt en train de redevenir pour quelques-uns, au milieu de la prostration collective, comme un point de mire désirable, une incongruité fabuleuse redécouverte à l'horizon, parce que plus rien, aucune idéologie, aucune philosophie, aucune vision du monde ne sont assez puissantes désormais pour y faire écran.

Le paradoxe, c'est que presque tout le monde croit ou fait semblant de croire que chrétien ou catholique sont synonymes exclusifs de répulsion de la sexualité, condamnation des élans du corps, répression du plaisir, hypocrisie « jésuitique » sur le désir, étouffement des libres envolées de la chair, culpabilisation sordide des plus légitimes aspirations de chacun à une jouissance absolument égale en intensité à celle des autres. Comme il me paraît évident, au contraire, et démontrable quotidiennement, que l'émancipation sexuelle est la réalisation de la pire des répressions puisqu'il s'agit d'un stade d'égalisation par effacement des différences jusqu'ici jamais atteint, donc aussi de l'enfer inévitable des rivalités entre égaux (entre partenaires, pour commencer, devenus obstacles à la place de la Loi qui jusque-là endossait toutes les responsabilités et faisait ce sale travail d'obstacle pour eux), je ne crois pas qu'il soit nécessaire de perdre trop de temps avec ces balivernes.

Flaubert, il y a un siècle, était mieux inspiré, il me

semble, quand il s'amusait à expliquer aux Goncourt éberlués que Sade n'était rien d'autre qu'un pur catholique puisqu'on ne trouvait pas dans ses romans un seul arbre ni un seul animal... C'est ce genre de paradoxe à rebours de la pensée simple et lourde de tout un chacun qui fait du catholicisme quelque chose d'étrange dans les siècles des siècles, une dimension d'analyse des phénomènes pénible et ruineuse pour le sens commun. Il faudrait d'ailleurs examiner de plus près la façon dont, à partir d'un certain moment, quelques romanciers nommément catholiques ont enregistré cette hostilité désormais majoritaire qui assiégeait leur foi convaincue de n'être que la forme aiguë et honteuse de la mauvaise foi démasquée. La face même de *l'imposture*... Titre du roman sans doute le plus magnifique de Bernanos : la découverte par l'abbé Cenabre de sa propre agonie spirituelle ; sa possession, dans la nuit, par une fourberie surnaturelle... Il faudrait revoir aussi les prêtres mariés de Barbey d'Aurevilly. Les torturés et les assoiffés de Mauriac... Notre foi n'est qu'une mauvaise foi ? Notre illumination une supercherie ? Notre adhésion sublime un mensonge endurci ? Très bien ! Pourquoi pas ? Allons-y, descendons, enfonçons-nous par le travestissement du roman dans la duplicité racontée ! Explorons l'hypocrisie et la tartufferie ! Dressons l'épopée du *faux* généralisé dont on nous accuse et démontrons que c'est encore celui-ci qui analyse le mieux la vie humaine qui se croit dans la vérité, jusques et y compris ses développements les plus modernes donc les plus éloignés de toute émotion catholique ! Montrons qu'il s'agit bien, en effet, de malédiction ; mais que c'est cette malédiction seule qui, relevée par l'art, conduit en fin de compte à la bénédiction...

J'ai écrit et publié récemment un livre pour démonter le moteur de la machine religieuse dans laquelle nous vivons sans nous le raconter. Mon *XIXe siècle à travers les âges*, c'est ni plus ni moins que la description de l'*idéal* contemporain, et il crève les yeux que cet idéal est tout ce qu'on voudra imaginer sauf catholique. Il s'agirait plutôt, en fin de compte, d'une sorte de vaste régression totémique à épisodes, au cours de laquelle on peut assister aux multiples et variées alliances de deux facteurs majeurs chargés désormais de soutenir l'individu dans ses nouvelles aventures débarrassées de l'obscurantisme catholique : l'occultisme et les progressismes ou les socialismes…

Comme le XIXe siècle me paraissait être le moment où cette espèce de mariage sacré, de zoogamie à rebondissements commençait à s'accomplir de la manière la plus frappante, j'ai été amené à traiter le XIXe à la façon d'un thème, d'un drôle de *leitmotiv* traversant, avec ses composants mélodiques ou rythmiques, l'ensemble de la symphonie des siècles. Traiter un siècle comme un thème et l'étudier « à travers les siècles » comme si ces siècles composaient une vaste pièce orchestrale où le fragment harmonique « XIXe siècle » serait instantanément reconnaissable, à chaque fois, dans le développement musical général, c'est quelque chose qu'à ma connaissance on n'avait pas encore tenté.

Ce qu'on a vu plus confusément, en revanche, c'est qu'il s'agissait surtout pour moi d'évoquer par tout cela l'idéal sexuel humain d'aujourd'hui en l'éclairant dans son fatras généalogique, ses sublimités archéologiques, ses pastorales, ses frissons, ses attentes poétiques… Il fallait arriver à dégager la *religion* de notre sexualité en retrouvant son stock de bases religieuses plus ou moins consciemment oubliées en cours de route. Ce faisant, je ne crois pas avoir tenté autre chose que de restituer notre époque contemporaine à cette histoire des religions (et de leurs guerres saintes) dont elle se croit à jamais émancipée. Ce qui revient à dire que je n'ai rien fait d'autre, non plus, que de décrire une étape particulière de l'histoire du catholicisme, lequel peut se ramener en fin de compte à l'ensemble des luttes qu'il a dû livrer en affrontant les diverses vagues de pulsions sexuellement idéalisantes qu'il a rassemblées sous le nom commun d'hérésies. La jonction magies-progressismes, l'alliage occultisme-socialisme par fusion réciproque, n'est que la salve ultime du feu d'artifice des hérésies. Nous sommes encore sous cet éclairage, et peut-être plus que jamais.

Parler du catholicisme aujourd'hui, c'est donc parler de lui en creux, en partant des tripotages qu'on invente sans cesse pour lui échapper. Et comme ces tripotages sont infinis, et comme ils sont éternels, et comme on continuera sans doute à essayer de trouver des moyens nouveaux de ne pas se laisser *traiter* par la désacralisation sexuelle catholique, faire apparaître ce genre de contorsions c'est continuer d'une façon très étrange l'œuvre entreprise par l'Église et ses hérésiologues qui furent aussi ses premiers grands théologiens.

La connaissance et l'analyse théologiques passeraient donc aujourd'hui par des formes inconnues des pères de l'Église et qui les surprendraient plutôt? Oui, et il me paraît démontrable, par exemple, que l'enquête accomplie dans ses romans ou nouvelles par quelqu'un comme Flannery O'Connor en plein Sud américain, au cœur même de l'occultisme yankee halluciné, cet autre western hérétique et chamanique mettant en scène des prêcheurs ambulants, des révérends délinquants, des baptistes fous, des guérisseurs échappés d'asile poursuit à sa façon les extraordinaires reportages de saint Irénée de Lyon ou de saint Épiphane sur les officines gnostiques des premiers siècles chrétiens...

C'est toujours la même chose qui doit rester *sacrée* à travers les âges, et toutes les intrigues romanesques n'ont affaire qu'à cela : l'autel du sexe, avec son point rayonnant d'espoir androgynique à l'horizon, derrière les fumées du « mystère » de l'acte sexuel... Nous devons essayer de garder quelque chose de caché, d'ineffable, d'inaltérablement interrogeable dans l'obscurité — et aujourd'hui particulièrement, où ce besoin devient panique puisque tout, du sexuel, par la force des choses et sous les lois du marché, est remonté à la surface de la comédie... D'où l'avenir riche qu'on peut prédire aux occultismes qui promettent la vérité sous le boisseau, comme aux progressismes qui tremblent d'attente devant les futurs radieux embusqués. C'est-à-dire, j'y reviens, la fable hérétique perpétuelle.

Or l'Église catholique est désoccultante, férocement. Dévoilante. Déshabillante. Dénudante. Et, pour tout le monde, défrisante. Ce n'est pas pour rien qu'elle part d'une *révélation* qui est une parole mettant à nu tout le caché et stérilisant à jamais la foi dans le caché pour le caché, laquelle va donc manifester un énervement qui ira *crescendo. Revelator, revelatio*; de *velum*, voile... Le premier épisode de désoccultation, à l'aurore de son histoire, c'est bien sûr le voile du Temple qui se déchire de haut en bas au moment où le Christ meurt sur la croix. « Je proclamerai ce qui est caché depuis la fondation de l'univers »... Eh bien voilà, c'est fait, nous avons eu l'intervention dans le réel de l'Incarnation, nous aurons la proclamation perpétuelle et l'approfondissement de cette révélation, c'est-à-dire l'Église.

Ce voile du Temple déchiré, événement désoccultant par excellence, n'arrête plus ensuite de se répéter sous d'autres formes. D'où la panique générale à voir une Église penser et enseigner comme on enlève sa robe... Ça s'appelle tout simplement de l'heuristique (qui consiste à faire découvrir, qui sert à la découverte) poussée vers son point le plus acharné. Il y a toute une ligne de « visibilisation » radicale[1], à travers deux mille ans d'histoire catholique, qui fait subir à l'obscurité voulue, au pilotage occultiste sans visibilité, un vrai traitement de choc. Avant d'appartenir au vocabulaire de l'aéronautique, le terme *visibilité* relève du lexique théologique : c'est la propriété de l'Église de pouvoir être discernée par des caractères extérieurs. Et en effet, ceux-ci ne manquent pas. Depuis le Dieu dont elle hérite, ce Dieu juif qui est tout ce qu'on veut sauf une divinité traditionnelle, une idole des dessous, de l'*inferos*, du *subway* magique, des coulisses envoûtées, une divinité chto-

1. Le lecteur qui s'imaginerait que cette visibilisation a le moindre rapport avec l'impératif actuel de transparence n'encourerait que le mépris de l'auteur *(mars 1997)*.

nienne comme on les aime tant; jusqu'aux coups de théâtre des dogmes l'un après l'autre.

L'Église, c'est-à-dire Rome, l'Église catholique est dite *visible* (au point qu'on la distingue nettement, et d'une façon très matérialiste, de l'autre Église, l'*invisible,* souffrante ou triomphante, celle des martyrs et des saints). Tellement voyante, même, qu'elle polarise à merveille la haine collective, les insultes; que la pression autour d'elle est constante; que la plainte et la réclamation contre elle sont perpétuelles; qu'on annonce tous les jours sa chute, sa désertification; et qu'on justifie d'avance celles-ci.

L'ennui, c'est que l'Église ne semble jamais avoir eu la vocation de bouc émissaire consentant qu'on aurait aimé lui faire jouer et qu'elle n'a cessé, au contraire, de s'affirmer avec une certaine arrogance. De se rendre de plus en plus évidente. De s'offrir représentativement à la connaissance. De s'objectiver, si on veut employer un mot philosophique. La visibilité de l'Église, c'est l'épisode de la Pentecôte. La visibilité de Dieu, c'est l'incarnation de Son Fils Jésus-Christ porteur de notre salut universel. La visibilité des dogmes, c'est la pierre des cathédrales, la fête féerique des statues, la végétation tropicale du baldaquin du Bernin. L'accomplissement de la prophétie selon laquelle, si on se tait, les pierres elles-mêmes crieront. La monumentalité catholique, chant de la pierre monumentalisée, c'est à la surface des continents la trace de son effort acharné d'objectivation et de visibilisation. La projection en trois dimensions de sa victoire sur l'occulte.

Comme, dans un autre ordre de choses, le suaire de Turin, le fameux suaire se désoccultant un beau jour dans le bain révélateur d'un photographe, passant cette nuit-là, cette nuit sainte du 28 au 29 mai 1898, du stade de peinture abstraite, de message en encre sympathique, de carré blanc sur fond blanc, à l'état de toile figurative dans le négatif de la pellicule. Évoluant en un éclair, abandonnant sa condition de « reflet obscur », *œnigma,* pour devenir vision claire par un renversement complet, un événement de vision à rebours qu'on n'a pas fini d'interroger (l'une des dernières découvertes faites sur le suaire concerne le sperme qui le tache : les crucifiés comme les pendus ont une érection et l'homme du suaire a éjaculé en mourant, son linceul en porte la trace)...

Les États pontificaux qui ont tellement horripilé le progressisme du XIXe siècle, c'était la visibilité territoriale de l'Église. Mais celle-là, il était possible d'essayer de l'effacer, c'était plus facile que d'annuler l'immense cortège des œuvres d'art qui avaient poussé tout au long des chemins de la papauté. Alors on l'a fait, ça a eu lieu, ça c'est passé le 20 décembre 1870 avec l'entrée dans Rome des armées du Progrès et de la Raison, les troupes italiennes de Victor-Emmanuel. Et c'est Mussolini, plus tard, en 1929, qui a terminé cette œuvre de réduction et de réoccultation, pur triomphe des Lumières, en faisant signer au représentant du pape les accords du Latran...

Efforts de visibilité absolue par dissipation des brumes idéalisantes, les bulles et conciles, syllabus et encycliques. Visibilisation par excellence, les apparitions répétées de la Vierge. Désoccultation radieuse, les marées de l'art catholique inlassable contre lequel s'élèveront tous les iconoclasmes et les protestantismes qui ne sont que des prétentions à l'angélisme rationnel. « Si nous étions des anges, nous n'aurions besoin ni d'églises, ni de cultes, ni d'images, mais nous ne sommes que des hommes. Liée à cette lourde chair, notre âme s'élève quelquefois, mais elle retombe bientôt. Il est nécessaire que l'Église nous rappelle sans cesse ce que nous sommes toujours prêts à oublier » (saint Pierre Canisius, qui savait de quoi il parlait puisqu'il était né en pleine Allemagne luthérienne).

Vouloir l'occulte, le caché, l'abstrait, l'effacé, le secret, la lacune, le mystère, c'est faire l'ange, on s'en doutait. Rien de moins ange bien sûr, rien de moins symbolard, abstrait ou lacunaire que l'Église. Rien de plus concret que les dogmes qui violent la machine naturelle, la Nature, mais au moins, en la détraquant, la rendent perceptible à nos sens par l'énigme qu'ils nous offrent comme instrument d'investigation de cette Nature détraquée. Toute l'histoire de deux millénaires n'est qu'une lutte confuse, sanglante souvent, entre l'effort de visibilité radicale de l'Église et le reste qui veut faire l'ange par des formulations hérétiques variées, transitoires, obstinées au recentrement de la Nature déséquilibrée et du Sacré compromis.

Le catholicisme n'est pas une religion ; il est l'affront de toutes les religions, et une guerre perpétuelle contre tout l'esprit de ferveur ou de spirituel de l'humanité, contre tous les pèlerinages occultistes et progressistes du vaudeville social. Dans l'ordre des représentations, celui qui a montré ça avec le plus d'insolence opulente c'est Rubens, au Prado, avec son *Triomphe de l'Église catholique.* Celle-ci y fait une entrée de music-hall de légende, grimpée comme un nabab sur son char que tirent quatre chevaux guidés par des victoires très décolletées, et brandissant l'Eucharistie dans son ciboire ciselé, tout en renversant sous ses roues les réfractaires tordus de rage. On se demande avec quel pouvoir une telle splendeur pourrait se compromettre longtemps...

Il faudrait relire l'*Adversus Hæreses* de saint Irénée de Lyon, au milieu du IIe siècle, son travail de sape complet contre le rejet par les gnoses de notre humanité de chair, contre le rejet de Dieu lui-même considéré comme un démiurge déchu par les premières hérésies de Simon le Magicien, Ptolémée ou Carpocrate. Catalogue farouche. Bataillons des hérésies toujours renouvelées, grondantes, grossissantes. Assaut, perpétuellement et contradictoirement, contre l'héritage biblique, le Dieu juif, le Dieu chrétien, le Fils de Dieu, la nature humaine du Fils de Dieu, le texte évangélique qui cite et trahit le texte biblique, l'Église qui insiste à l'intérieur du christianisme sur les tendances les plus pointues de celui-ci, la confession romaine, le luxe romain, le relâchement romain, l'immoralité du célibat, l'incivisme de la virginité, le sadisme insigne des représentations de martyrs, et le non moins insigne masochisme des martyrs eux-mêmes.

Il faudrait réimaginer ces énormes parpaings de peuples insurgés contre tout ça, la densité de leurs blocs gigantesques, l'arianisme, les gnoses, les orientalismes, le calvinisme, le luthéranisme, Port-Royal, les intermèdes convulsionnaires de toutes les époques, danseurs de Saint-Guy ou transpercés de Saint-Médard, les sectes, les sectes, les sectes à n'en plus finir. Quelle épopée ! Quelle frénésie ! Chesterton n'en revenait pas : « Il me semble voir le char céleste poursuivre son vol formidable à travers les siècles, les mornes hérésies prostrées et rampantes, la vérité farouche, chancelante, mais debout. »

Quelle histoire mal écrite, quel film mal tourné, jamais vraiment comme il faudrait, en mouvement dans ses péripéties, ses tourbillons, ses ruées, la grande centrifugeuse du XIXe siècle, la guerre des zodiaques, le vol bourdonnant des guéridons spirites depuis là-bas, les divers marxismes utopiques aussi, socialismes humanitaires, progressismes ouverts, nouvelles affirmations d'incompatibilité farouche des hommes avec l'Église ; jusqu'aux dernières « théologies de la libération » par-dessus le marché, symptôme que le scepticisme catholique de toujours reste aussi insupportable que sous l'Empire romain…

En gros l'hérésie, Bossuet osait encore le dire, consiste à se faire des opinions à soi. Se faire des opinions à soi revient à se bricoler un pseudo-culte qui vous arrange en prenant des petits morceaux de croyances ici ou là et en jetant le reste. On peut envisager cela comme une forme d'intervention sur le code catholique comme il y a des interventions sur le code génétique. La désapprobation par l'Église des sociétés secrètes modernes (la franc-maçonnerie a été longtemps la plus visée) porte sur ce type d'intervention. Dans sa bulle *Ecclesiam a Jesu Christo* (13 septembre 1821), Pie VII déclarait que l'Église ne saurait accepter que chacun se donne la licence de créer une religion à sa fantaisie…

Les députés socialistes français qui viennent de décider une mobilisation héroïque contre les sectes genre Krishna ou Moon sont peut-être bien animés des meilleures intentions, ils n'iront pas très loin dans ce domaine puisqu'ils *ne peuvent constitutivement pas* savoir *au nom de quoi* les sectes en question sont à combattre. Faute d'avoir obtenu la destruction de l'école libre, ils se rabattent sur le projet de fermeture des écoles de Krishna; mais pourquoi pas, alors, d'autres sectes, comme ce parti, par exemple, qu'un excellent livre de Robrieux appelle justement *La Secte*? Pourquoi pas les groupes de pression décérébrants, les lobbies conditionneurs? Comment les représentants de la vision socialiste du monde pourraient-ils parier contre l'occulte alors qu'ils sont dedans[1]? En même temps qu'ils s'amusent avec une pyramide transparente, pythagoricienne, initiatique, dans la cour du Louvre? Comment leur entreprise contre les sectes se réduirait-elle à autre chose qu'un gag médiatique? Pourquoi? Par quel miracle? Avec quel bénéfice? La vision socialiste du monde ne risque-t-elle pas plutôt, si elle pousse un peu son entreprise, de voir l'occultisme, placé par elle sous interdiction, convoquer immédiatement à son tribunal ce qui vient de l'interdire pour en déchiffrer l'inconscient occultiste? Est-ce que ce n'est pas ça la logique (pendant que, par une ironie noire du sort, la gauche au pouvoir voit surgir sous ses pieds cette surenchère de misère appelée « nouvelle pauvreté » par les médias, qui vient poser au socialisme la si gênante question de la *charité*, une des vertus théologales, qu'on croyait dépassée et remplacée à jamais par les promesses de la *justice*!)?

Voilà. Il fallait bien, je pense, après avoir répertorié les croyances modernes au caché, les rituels du mystère, raconter un peu, en post-scriptum, les interventions contraires, désoccultantes et dénudantes, de l'Église. Ce qui ne cesse de m'amuser, c'est qu'on a l'impression que le mot *catholique* apparaît à un certain moment de l'histoire chrétienne et qu'il n'existait pas avant. Mais ce n'est pas vrai du tout. Catholique, *katholikos*, on le trouve déjà chez des écrivains grecs comme Zénon, Polybe ou Aris-

1. On a pu apprendre, depuis, que Mitterrand « consultait » Élisabeth Tessier. Cette anecdote posthume peut être regardée comme l'épilogue confirmateur et vérificateur de mon *XIXe siècle à travers les âges (mai 1997)*.

tote. Ils l'employaient, comme l'Église elle-même plus tard, dans son sens d'*universel. Catholique,* c'est quelque chose qui existe pour Aristote, et cela devrait être un sujet de méditation…

Pour ce qui concerne l'Église proprement dite, l'appellation contrôlée n'arrive qu'en 381 au concile de Constantinople : « Nous croyons l'Église une, sainte, catholique »… Et tout le reste, à partir de là, nous tous, nos vies et nos sociétés, peut devenir sujet à interprétation à travers cet éclairage puisque nous sommes, en fin de compte, dans la volonté plus ou moins constante de nous faire des opinions à nous en essayant de feinter la rigidité de l'une-sainte-catholique…

Il suffit d'écouter, de se promener, lire les journaux, voyager. Prenons par exemple cette statue de bronze représentant une *femme* crucifiée, *Christa,* exposée il n'y a pas longtemps à la cathédrale Saint-John de New York et retirée le jour où un évêque s'est réveillé en sursaut pour s'apercevoir qu'elle était « théologiquement indéfendable »… Indéfendable, peut-être, mais interprétable à coup sûr. Théologiquement interprétable. Réapparition de mille tendances hérétiques de jadis niant la réalité charnelle du Christ et faisant de lui un pur esprit. Exemple frappant, aussi, l'affaire récente du film de Scorsese, *La Dernière Tentation du Christ,* où Jésus nous serait révélé — enfin ! — comme l'homosexuel refoulé qu'on n'arrêtait pas de soupçonner. C'est-à-dire où, selon le credo très important d'aujourd'hui auquel les hommes ne semblent même plus avoir le courage de résister, ni peut-être les moyens d'opposer des preuves contraires, la sphère masculine serait enfin montrée dans son état d'homosexualité stagnante, camouflée, que la plupart des hommes refuseraient, par on ne sait quelle timidité, de laisser s'exprimer librement.

Étonnant, non ? D'autant plus stupéfiant que personne ne semble oser protester là-dessus. Ça coulait déjà de source depuis un certain temps que les non-homos étaient hétéros. Les hétéros, en plus, doivent être des homos masqués. L'hétérosexualité n'est qu'un mince vernis qui craque, une *imposture* de plus. Comme, jusqu'à preuve du contraire, Jésus était hétéro, il était donc aussi, comme tout hétéro, un homo honteux, et par conséquent occupé exclusivement, en Messie qui n'a rien de plus important à penser, par sa propre incapacité à passer à l'acte avec d'autres hommes.

Je ne vois pas comment on pourrait *lire* tout cela, le comprendre, si ce n'est à partir du filtrage lumineux du catholicisme. Pincer l'humanité sur le fait, la main dans son sac d'hérésies… Et, bien entendu, c'est la Vierge en personne, selon la trouvaille des théologiens, qui triomphe des hérésies. C'est sa *séduction* qui détruit Arius ou Nestorius ou le protestantisme. La séduction de Marie, voilà une pensée théologique qui mériterait d'être réactualisée et réétudiée. L'ensorcellement de toutes les sorcelleries occultes du monde par les « charmes » de la Vierge. « *Gaude Maria Virgo, quæ cunctas haæreses sola interemisti* » (Réjouis-toi, Vierge Marie, c'est toi seule qui as détruit toutes les hérésies).

Dans ce domaine, on a eu il y a quelques mois l'affaire du *Je vous salue Marie* de Godard, avec les groupes rituels d'intégristes prenant au sérieux (c'est-à-dire scandalisés comme si c'était la Vierge elle-même qu'ils payaient pour voir) la vision sur écran du ventre et des poils pubiens d'une jeune et jolie actrice ; mais incapables, en revanche, de se souvenir de quoi il retourne dans un dogme vieux de cent trente et un ans comme celui de l'Immaculée Conception, que l'on confond en général avec celui de l'Incarnation, ce qui est une façon comme une autre de prendre ses désirs pour la réalité ; et ne voyant même pas, aveuglés par le buisson ardent du ventre de la comédienne, les époustouflants contresens de ce film d'ailleurs intéressant (par exemple l'épisode où, chez Luc, Jésus quitte ses parents pour se rendre au Temple et s'y occuper des « affaires » de son Père : dans le film on le voit disparaître au milieu des prés et des vallonnements fleuris ; drôle d'équivalent champêtre du Temple…).

Tout cela nous montre bien à quel point la confusion

est à son comble. On ne trouve presque plus personne pour commenter de façon intéressante le dogme de l'Immaculée Conception, qui se résume en fin de compte à une complexification très astucieuse du rôle maternel de Marie, donc par extension du rôle de n'importe quelle mère d'aujourd'hui dont il fait reculer la sacralité maternelle et limite la toute-puissante jouissance... Comme chaque femme, de nos jours, a tendance (elle aurait tort de se gêner, quotidiennement apparaissent dans son calendrier de nouvelles saintes désenfouies sous les ruines du patriarcat) à se penser bénie entre toutes les femmes à l'intérieur de la famille unisexe moderne dépouillée de présence paternelle, ce genre de dogme a bien entendu intérêt à se faire le plus petit possible. Ce qui n'empêche pas l'Immaculée Conception de constituer un éclairage plus efficace, à mon avis, sur l'*executive woman* contemporaine que toutes les enquêtes plus ou moins sociologiques qu'on peut trouver à longueur de magazines.

Dans le même ordre d'idées, examiner « en catholique » l'événement quotidien, ce serait comprendre ce qu'on lit quand on voit par exemple quelqu'un comme Élisabeth Badinter s'émerveiller qu'avec les nouvelles conquêtes scientifiques dans le domaine de la reproduction de l'espèce, les manipulations techniques, les tripotages d'éprouvettes, il devient possible de se mettre à plusieurs femmes pour faire un enfant sans qu'un homme s'y pointe, fût-ce par le bout de son nez.

À quoi fait écho, la même semaine, une déclaration du garde des Sceaux, son époux, constatant qu'une femme, dorénavant, « peut décider seule de porter un enfant et de lui donner la vie sans qu'aucun homme — serait-il le compagnon d'un soir — soit nécessaire à la procréation ». Ce « compagnon d'un soir » m'enchante. Exit l'amant, même de passage ! Exit le mâle qui ne fait que passer, après celui qui avait le tort de vouloir rester ! Le progrès des labos brise les chaînes du coït. Grève enfin possible des ventres sans que la possession maternelle en subisse les conséquences frustrantes. Sperme en paillettes, mères porteuses ou donneuses. Valse d'ovules... Plus de danger de rapprochement sexuel grâce à la *stérilité guérie*!

D'où viennent les enfants ? En tout cas plus, c'est acquis, de l'usage abusif qu'un homme aurait pu faire d'une femme. La science s'occupe de tout et la Loi ébranlée essaie tant bien que mal de se moderniser pour apporter sa bénédiction à la nouvelle Trinité : le Médecin, la Mère candidate et l'Enfant virtuel... Quant au père en cours de réduction, il devra se contenter, au mieux, du statut plus ou moins hébété, sympathique et sans importance, de fantôme nourricier éventuel. Il n'y a d'ailleurs aucun mal à être un père nourricier et à s'en contenter, mais c'est intéressant de rendre visible, là aussi, la dose de comique explosif de la situation. Lequel, à mon sens, ne se laisse percevoir réellement qu'à travers la mémoire chrétienne et la rigueur catholique qui, dans cette mémoire, insiste comme une eau-forte.

Comprendre ce qui est en train de se passer dans cette actualité brûlante, c'est par exemple s'apercevoir qu'on arrive au bout d'une longue évolution, déjà presque aux trois quarts accomplie, où le saint patron de l'espèce masculine ne sera plus désormais, même lointainement, Dieu — Dieu le père en personne —, comme c'était le cas depuis les débuts de l'humanité, mais plus modestement saint Joseph ou Zacharie, enfin un père nourricier, quelqu'un à qui on *annonce* une naissance, une paternité, et qui tombe des nues, c'est le cas de le dire (Zacharie, le père de Jean-Baptiste, en reste même sans voix, frappé de mutisme pendant tout le temps de la grossesse de sa femme)... Joseph doute un peu, Zacharie se bâillonne, il ne trouve rien de mieux que le silence comme métaphore de sa propre situation. On ne met pas comme ça au monde un Rédempteur ni même un Précurseur. L'amusant, c'est que toute femme a désormais les moyens, aujourd'hui, de prouver à la théologie qu'elle est en train de mettre au monde un rédempteur. Joseph disparaît discrètement des Évangiles, on ne sait même pas quand il meurt, c'est une représentation idéale du père, dans la nouvelle ère qui commence sous nos yeux. Le Père sacerdotal étant bien sûr le médecin. Père des choses sacrées. *Pater patratus.* Grand prêtre mithraïque modernisé..

Voilà comment, en allant très vite, on pourrait mettre cette affaire en perspective grâce au formidable stock de la mémoire analytique de la théologie, désormais assise derrière le divan où l'humanité contemporaine ne se sait pas allongée. Ça me paraît aller un peu plus loin, c'est le moins que je puisse dire, que la purée poétique d'Eluard, cité par le président de la République en janvier dernier, au colloque parisien sur la génétique, la procréation et le droit... *Le dur désir de durer...* Très dur en effet. Effroyablement *hard.* D'autant plus *hard* qu'il triomphe grâce à la séparation farouche de l'acte sexuel et de la reproduction. D'ores et déjà, l'humanité n'a plus besoin pour sa survie, au moins théoriquement, du rapport homme-femme. C'est un événement énorme. La sexualité détachée de sa finalité reproductrice pour la première fois depuis la malédiction biblique consécutive au péché originel, la reproduction peut être vue désormais comme *innocente* du sexe, et le sexe lui-même, bien sûr, de plus en plus coupable dans son obstination noire qui n'a même plus l'excuse de servir à quelque chose; mais libre aussi, en un sens, puisqu'il cesse par la même occasion d'être la cause de la reproduction, c'est-à-dire de la mort. Délivré de sa négation procréatrice. Telle est l'épreuve nouvelle dans laquelle l'humanité s'engage en chantant: on s'en voudrait de ne pas l'accompagner et de ne pas la commenter à chaque étape de ses aventures inédites, en lui offrant au coup par coup le plus riche arsenal d'interprétations et de représentations qui soit à notre disposition..

Il n'y aurait pas de roman sans rencontres imprévues, illogiques et non programmées. Un roman est l'ensemble du maximum de rencontres inhabituelles qu'on a pu imaginer, dans tous les sens et littéralement. Ça peut arriver aussi dans la vie, un moment de rencontre sans justification. Quand Dieu soudain vous croise pour essayer de vous faire comprendre, à la pointe d'un instant qui ne reviendra plus, pourquoi Son Fils a vécu puis a été mis à mort pour ce monde. Par deux fois et d'une façon très rapprochée, j'ai vu récemment mourir deux êtres qui, pour parler pudiquement, m'étaient chers. Par deux fois, la parole insensée manifestant sa victoire totale sur le sommeil du corps emballé par la mort. Par deux fois, la voix du réveil dans la lumière des saints. Par deux fois, à travers la catastrophe ignoble et l'acharnement de la douleur dans la nuit, la promesse réalisée de la résurrection. C'était un peu avant Noël et j'écris tout ceci après Pâques. Presque rien. À peine un souvenir. Une rencontre avec Son Nom survivant aux péripéties..

1985

Thanatomachie

Si on voulait la santé, on supprimerait le génie.

Nietzsche

C'est le dernier sujet dont on puisse parler, vraiment parler sans crainte de sombrer dans des bavardages inconsistants, le dernier discours qu'on puisse tenir. C'est la dernière station-service, aussi, avant la grande autoroute inconnue, lumière ou ténèbres, de cette mort dont on ne peut rien dire, à moins de s'appuyer sur une conviction présupposée, une croyance, une foi.

Mais « la mort n'est pas un événement de la vie », comme quelqu'un l'a très bien dit, tandis que l'hôpital en est un (l'hôpital moderne, bien entendu, à la différence de l'hospice chrétien d'autrefois, placé sous le signe d'un décourageant mais lucide *Memento mori* perpétuel), l'événement final pour la plupart d'entre nous qui savons désormais que nous sommes appelés à nous effondrer ici, à disparaître ici, dans ce décor, entre quatre murs blancs, entourés de toutes les machines, tubulures, stimulateurs, tuyaux, qui vont nous accompagner jusqu'au seuil de notre dissolution.

Prononcez ce mot, « hôpital », immédiatement un cortège se lève dans votre tête, horreur et gémissements, détresse, terreur. Toute une symphonie noire, silhouettes de grabataires, gesticulation de moribonds, plaintes, mutisme obsédant des perfusés, des sondés bloqués sous coma.

Cette procession accablante de finis, de demi-finis, de ressuscités, de miraculés, de rechutés, nous savons que c'est *nous*; que ce sera nous, un jour, à plus ou moins longue échéance. Nous devons mourir, c'est une affaire entendue, mais jusqu'à notre époque personne ne pouvait prédire *où*. Impossible, maintenant, de nous raconter des histoires. Plus de surprise, plus d'accident à espérer. Nous connaissons le lieu à l'avance; seul l'instant de l'interruption des soins, la seconde exacte où on cessera de s'acharner thérapeutiquement et où on décidera de nous débrancher restera dans l'ombre jusqu'au bout. Voilà.

Plus de hasard. C'est ici que le Monde, la Morale, la Justice ou Dieu, comme on voudra, vont nous présenter la note en nous annulant. Inutile de rêver, personne ou presque ne meurt plus chez soi, en famille. La machinerie hospitalière nous rattrapera avant le dernier tournant. Et l'addition sera salée. Un vrai coup de fusil. Et il faudra s'acquitter en un seul versement, celui du hoquet terminal au fond d'un lit, à moins que ce ne soit sur une table d'opération, si on a de la chance, dans un rêve sous anesthésie.

Tout ce qu'on a écrit sur l'hôpital, tout ce qu'on a dit, pensé, raconté, est vrai. Mais on sera toujours au-dessous de la vérité complète. C'est là, et c'est presque déjà une autre planète, un monde souterrain redoutable qu'il me faut chaque jour oublier pour vivre. Une espèce de trou, dans l'espace et le temps, qui m'attend pour m'aspirer. J'ai toujours admiré que des hommes et des femmes, médecins, infirmiers, infirmières, y passent professionnellement la plus grande partie de leur existence. Quel courage aussi indéniable qu'étrange, quand on y songe! De même que, pour des raisons inverses, j'admire aussi ceux qui, y pénétrant même pour une brève visite, même en sachant qu'une heure plus tard ils vont se retrouver à l'air libre avec les autres, les normaux, les bien-portants provisoires, ne sont jamais saisis à la gorge, menacés de malaise, atteints de vacillation dans leur identité. Comment garder son calme ? Comment rester serein, alors que c'est de notre avenir, de notre « futur » plus ou moins proche que nous avons l'occasion de contempler le théâtre ?

Ici, donc, s'arrête l'univers extérieur, celui de la propagande arrogante et permanente de la Santé, destinée à nous déposséder de notre vie avant que nous ne soyons dépossédés de notre mort. Le carnaval des écrans de pub. Il y a d'abord l'odeur, dès l'entrée, qui vous serre le cœur comme un avertissement diffus. Elle a été décrite mille fois dans des romans, cette odeur. On a essayé de la cerner, d'en saisir les nuances. Fade. Sournoise. Douceâtre. Médicamenteuse. Mélange de produits pharmaceutiques et de relents de cantine. C'est donc *ça* l'haleine de la maladie ? *Ça*, le parfum de la mort, ou plutôt l'émanation de son approche lente, de sa menace méthodique, masquée, entourée de techniques ? *Ça* que nous sentirons un jour, bientôt peut-être, flottant dans l'atmosphère autour de notre évacuation ?

Il y a le personnel, aussi. Et puis les chambres, les corps harnachés de prothèses qu'on aperçoit par les portes entrebâillées. Et les visiteurs toujours un peu embarrassés, soucieux, discrètement agacés. Trop bien portants pour ne pas calculer mentalement, même du fond de leur tristesse, ce que va leur coûter ou leur rapporter le décès imminent. L'« art d'attendre les trépas », comme l'a écrit Balzac avec cynisme, donc réalisme, est d'un raffinement singulier : « Cette science a créé des métiers honorables, au moyen desquels on vit de la mort. » Bien sûr ; mais quel fils ou quelle fille, c'est toujours Balzac qui parle, se résignerait à ressusciter son père ou sa mère si les moyens lui en étaient offerts ? Qui renoncerait à *hériter* ? Est-ce qu'un « descendant », même bouleversé de chagrin, n'est pas toujours en train de jouir, par compensation et anticipation, d'une perspective de droits de succession plus ou moins en suspens autour de tout lit de moribond ? Mais passons, nous sommes à l'hôpital, donc là où, en principe du moins, s'avoue la vérité sous la lumière la plus crue.

En principe seulement ; parce que, en réalité, la comédie de la société contemporaine livrée désormais au semblant euphorique continue à s'y dérouler. Là aussi ? Mais oui, c'est facile à vérifier. Par quel miracle, d'ailleurs, l'hôpital échapperait-il à la grande entreprise moderne de décrispation ou d'euphémisation généralisée ? Pourquoi le prélude médical à la mort ne participerait-il pas, lui aussi, de la mutation pacificatrice de notre fin de siècle dans la fin de l'Histoire ? Pendant quatre mois, qui me semblent avoir duré une éternité, j'ai vu mourir quelqu'un qui m'était plus que très cher. Tout de suite, dès l'hospitalisation, j'ai eu l'impression qu'une sorte de « pacte » spontané s'était conclu entre les médecins et la malade. Nécessaire, sans doute. Indispensable, même. Mais troublant aussi. Tout était perdu, on le savait, c'était planifié, il ne restait plus qu'à essayer d'atténuer des souffrances qui iraient en grandissant. On pouvait presque donner, quatre mois à l'avance, la date et l'heure du dénouement. Aucune illusion n'était possible, et pourtant tout se passait comme s'il fallait *quand même* que tout le monde, à commencer par les médecins, fasse comme si. *Croie* à la guérison. Au besoin en acculant la malade elle-même à en être persuadée. « Vous êtes bien sûre que vous voulez guérir, n'est-ce pas ? Dites-le-nous, répétez-le après nous » : je revois la silhouette de celle à qui ce discours implicite s'adressait. Son regard rempli de bonne volonté résignée. Tout était en place : à son vouloir-vivre éperdu répondait le vouloir-guérir non moins angoissé et légitime des médecins qui l'entouraient. Dès le premier instant, on était donc dans l'acharnement thérapeutique, c'est-à-dire dans les travaux forcés ou les coulisses de l'exploit médical en soi. Tout en sachant le dénouement inéluctable, on allait *travailler* ensemble à la guérison, pour ne pas s'avouer à soi-même la réalité imminente du dénouement.

L'adoucissement contemporain des mœurs se concrétise, de façon bizarre et inconsciente mais logique, par l'usage de plus en plus systématique d'un discours fondé sur l'utilisation de la culpabilité. Cette culpabilité ne s'oppose qu'en apparence à l'euphémisation dont elle est le moteur paradoxal. Il est étrange, mais pas inexplicable, que la passion de guérir s'appuie sur une revendication morale jamais reconnue comme telle. Qu'est-ce qu'on vous demande ? Pas grand-chose : premièrement de *croire* à votre propre maladie, et deuxièmement de *croire* à votre guérison. Surtout, ne vous montrez pas indifférent ! Ne manifestez aucune distance par rapport au mal qui vous frappe. Adhérez aux soins dont on va entourer votre effondrement. Si vous en êtes arrivé à ce point, c'est que vous avez bien dû commettre une faute, des fautes, non ? Mais oui, c'est évident. On va donc les chercher ensemble.

Pèntiti ! Pèntiti ! Le cri du Commandeur aux trousses de Don Juan m'a toujours semblé résonner dans la volonté de puissance de la médecine affrontée à ce scandale des scandales qu'est un mal incurable. Pas question d'admettre que l'irrationalité pathologique, chez un individu, puisse n'être, au fond, que la dernière manifestation de sa singularité irréductible avant le grand saut. De toute maladie, de toute folie, même celle qui embrase les cellules d'un organisme humain, on doit pouvoir rendre raison. Culpabilisation : recherche hallucinatoire de causalité. Je revois cette malade : le cancer ne transperçait pas seulement son corps, il s'étendait comme une étoile noire en expansion au centre même de l'idée souveraine et mensongère, mais indispensable, de guérison. Comme la preuve et la marque, plus loin que toutes les victoires mémorables de la médecine, de la fragilité inouïe de l'organisme humain. Comme l'indice qu'il restera toujours de l'incurable, par-delà sa dénégation intensive.

Cet incurable, on peut l'appeler cancer. On peut lui donner d'autres noms. On peut même penser comme Dostoïevski :

« L'homme aime construire et défricher des voies — c'est indiscutable. Mais pourquoi aime-t-il passionnément aussi la destruction et le chaos ? Répondez donc. »

La volonté de guérir (la volonté de guérir comme occupation à temps complet de l'existence) est une idée neuve dans le monde. Si naturelle soit-elle, elle n'a pas toujours pris cette forme obsédante que nous lui connaissons aujourd'hui, qui s'accorde trop bien avec une immense propagande diffuse nous sommant d'être sains, positifs, sportifs, ambitieux, brillants, communiquants, entreprenants, optimistes (c'est la nouvelle incarnation du progressisme sous nos climats, depuis que l'idéologie a honte d'elle-même), pour qu'on n'ait pas envie de l'interroger. Elle est trop « en phase » avec l'idéal *golden boys, yuppies* ou *raiders* de notre fin de siècle pour qu'on n'ait pas la tentation de l'examiner de près. Que se passe-t-il ? Il y a longtemps déjà, dans un livre sur Céline, j'avais insisté sur ce « vouloir-guérir » qui commençait à envahir la société. Il me semblait qu'à travers la passion généralisée de la santé, c'était une nouvelle étape de la relativisation du Mal qui était en cours. Quel Mal ? Celui qui ne s'élimine pas, bien sûr. Le Mal absolu. Le Vieux Mal radical des théologies. L'horreur en soi. Ce négatif inséparable de la vie et sans lequel, peut-être, la mort, pour le coup, régnerait bel et bien sous le masque terrifiant du Bien-Être. Car guérir, au sens relatif, existe, mais ce n'est qu'un délai, dans le processus de décomposition qu'est toute existence. Rien de plus légitime que le désir de guérison relative. Rien de plus étrange, en revanche, si on y pense, que la revendication du bien-être absolu comme s'il s'agissait d'un dû. Si on voulait la santé, on supprimerait le génie, disait Nietzsche. Mais qui ne veut pas la santé, à l'exception justement de quelques énergumènes qu'on finira, si les circonstances leur sont favorables, par appeler « génies »[1] ? C'est dans ce même passage que Nietzsche parle aussi de la « mission civilisatrice » de la maladie. Et il note (les capitales sont de lui) : « Si on voulait la moralité, DE MÊME : suppression du génie. » Que la santé et la moralité soient

1. On ne veut plus aujourd'hui *que* la Santé ; *donc* l'épuration des génies (Heidegger, Céline, etc.) bat son plein *(mai 1997)*.

incompatibles avec le génie n'a rien de si surprenant : le sens commun, à l'opposé, n'assimile-t-il pas instinctivement le génie à un phénomène morbide ou à un dérapage pathologique, quand ce n'est pas à une forme insaisissable de délinquance (d'où aussi la passion, dès qu'il s'agit d'art, pour tout ce qui est pathétique, funèbre, « malade » ; peur romantique massive du plaisir, de la volupté, de l'opulence sans conséquence ; exemple : ce n'est pas le génie de Rubens, « oreiller de chair fraîche », que tout le monde préférera, mais celui de Rembrandt, « triste hôpital » justement, deuil et mélancolie, donc authenticité garantie) ? Personne *ne veut* le génie parce que personne n'a intérêt à souffrir. Au commencement, donc, était le bien-être absolu, et tout doit être mis en œuvre pour le restaurer comme un paradis perdu organique dont le retour dans les plus brefs délais fait partie de nos droits acquis.

C'est là que la médecine retrouve la mécanique des vieilles utopies aujourd'hui discréditées. C'est là aussi que la société s'avoue sous une lumière rasante : l'hôpital est un autre monde mais il résume ce monde-ci, plus pathétique que jamais, peut-être, d'avoir réussi à faire disparaître la réalité sous sa dénégation médiatique et euphorique.

C'est là enfin que la littérature se présente comme une réfutation de cet idéal touchant. Je ne résiste pas au plaisir de citer une nouvelle fois Dostoïevski :

« L'être humain aime-t-il les ruines et le chaos (inutile de le contester, les faits le témoignent) parce qu'il a une peur instinctive d'atteindre au but qu'il se fixe, et d'achever l'édifice qu'il bâtit ? Le savez-vous ? Peut-être cet édifice ne lui plaît-il que de loin, non de près ? Il n'éprouve du plaisir qu'en le construisant, et n'aurait aucune joie à l'habiter : aussi le laisse-t-il ensuite aux *animaux domestiques.* »

L'avantage de la littérature est de pouvoir dire la passion humaine pour la destruction, et en même temps raconter la tragi-comédie médicale qui se trame autour. Je ne veux pas faire, une fois de plus, trop référence à Céline, mais il me semble que ce n'est pas pour rien que le plus éclatant des romanciers français contemporains a été aussi médecin. Une petite citation quand même, en passant (il s'agit de l'hôpital des maladies vénériennes de Leningrad) : « Toutes les têtes du cauchemar, je veux dire les expressions de ces malades... les grimaces de tous ces visages, ce qui émanait de ces âmes, non de la pourriture bien sûr, viscérale ou visible, pour laquelle je n'éprouve, on le pense, aucune répulsion, et tout au contraire un réel intérêt. Cependant le mélange de tant de hideurs... c'est trop !... Quelle fiente désespérée, quel prodigieux ramassis de puants guignols !... Quel cadre ! Quel égout !... »

Si le principe de plaisir est le dernier mot, la vérité pleine et entière de l'humanité, alors aucun problème : la volonté de guérison absolue doit être l'horizon indépassable des siècles à venir. En revanche, s'il existe encore, au-delà du principe de plaisir, quelque chose de plus fort que la recherche du bonheur — qu'on appelle ce quelque chose comme on voudra, pulsion de mort, envie de détruire, masochisme originaire, négativité acharnée, faute originelle ou « résistance » constitutive de tout individu — alors la question de la guérison apparaît beaucoup plus complexe ; surtout lorsqu'elle rencontre cet accident dans son programme, cette anomalie inquiétante : *la maladie contre laquelle elle ne peut rien* pour la raison, peut-être, que le malade s'y accroche comme à son ultime souverain bien.

Je revois donc cette chambre dont je parlais. La liste, allongée chaque jour, des médicaments inscrits sur un panneau au pied du lit. Je me souviens de la potion de Brampton en particulier. On m'avait expliqué qu'il fallait en augmenter les doses quotidiennement et qu'on ne pourrait plus revenir en arrière. Je réentends des mots, des expressions, des bribes de phrases. Radiographies, scintigraphies, vitesse de sédimentation, carcinome rénal, tumeurs. Radiothérapie, scanner, biopsie, chimiothérapie. Et les noms de médicaments : Depoprodazone, Fortal, Solupred, Glifanan. Je revois le « matelas alternant » destiné à éviter les escarres. Et, sous le lit, ce petit sac en plastique, relié à la vessie, en train de se remplir lentement. Je revois les visiteurs et les visiteuses. Apitoyés, ennuyés, attentifs, pressés, tendres, impatients, rassurants. Pendant ce temps, les métastases, aussi imperturbables qu'invisibles, poursuivaient leur danse dévorante.

Cet engourdissement a duré jusqu'au réveil de la malade, je veux dire jusqu'à son entrée dans un délire terminal d'une éblouissante lucidité. Avec d'autant plus de violence qu'elle avait été longuement refoulée, la vérité s'est déchaînée alors, torrentielle, ravageant d'un seul coup le théâtre de semblant sous lequel on avait essayé de l'étouffer. Il y a eu des cris, des appels au secours, je les réentendrai toute ma vie. Comme j'aurai toujours dans l'oreille ses accusations : ceux qui l'approchaient portaient des « masques », on avait conspiré contre elle, le terme de « scénario » revenait tout le temps pour désigner ses quatre mois de torture : « Le scénario n'est vraiment pas fameux, je ne vous félicite pas !... » (le visage hideux du Spectacle se révélait enfin).

C'était clair. Depuis le début, elle *savait.* Jamais un seul instant elle n'avait cru à ce qu'on lui racontait. Elle avait fait semblant par politesse, c'est tout. Après cette bouffée de désenvoûtement radical, l'agonie est venue très vite. Pauses respiratoires effrayantes, coma inimaginable, gémissements de plus en plus lointains dans la nuit. Puis l'extrême-onction murmurée. Puis le silence et la mort enfin, c'est-à-dire la seule manière de se soustraire à l'archipel de la guérison et à ses sortilèges embellisants.

1989

État de siècle

Fin de siècle ou fin de l'Histoire, il faut choisir.

Attribué à Hegel

Qu'est-ce qu'une « fin de siècle » ? Une « fin de millénaire » ? Une « fin de civilisation » ? Une « fin » tout court ? Inutile de chercher longtemps, allons à la réponse essentielle : un effet de style, un effet de croyance, un effet de calendrier.

Avant d'apparaître comme un événement objectif, une « fin de siècle » est un état d'âme provoqué par un artifice de langage. Le poids du calendrier, le grégorien, le nôtre, commun bon gré mal gré à tous les habitants de la planète, pèse si fort sur notre relation au temps que nous aurions du mal à imaginer à la fois qu'il n'a pas toujours existé, et qu'il ne demeure, en dépit de tout, qu'une façon de parler. L'idée qu'il existe des « fins de siècle » ou des « fins de millénaire », va tellement de soi, passe tellement pour « naturelle », que nous oublions qu'il s'agit d'abord d'une opération de l'esprit.

Remontons quelques instants au déluge. Pour commencer, on est surpris d'apprendre que le mot « décadence » n'existait même pas dans la langue latine. Que pensèrent de la « chute de l'Empire romain » (cette « fin d'un monde » par excellence, et en péplum s'il vous plaît) ceux qui en furent les contemporains ? Rien : ils ne l'ont pas vue, ils ne l'ont pas lue, ils n'en ont jamais entendu parler. Ils n'en ont pas eu conscience parce qu'elle n'a tout simplement *pas eu lieu.* La « chute » de l'Empire romain est une invention kitsch des hommes de la Renaissance, quand ils ont essayé de comprendre leur propre époque, à la fois par opposition aux « ténèbres » du Moyen Âge et par assimilation à l'Antiquité dans son apogée lumineux.

Mais le Moyen Âge lui-même ne se savait pas si moyen, et surtout si obscur qu'on l'a raconté par la suite. Les hommes et les femmes des alentours de l'an 1000 (disons l'« An Mil », écrit ainsi ça fait plus « vrai », plus moyenâgeux, donc plus romantiquement inquiétant), s'ils étaient revenus sur terre, cinq ou six siècles plus tard, alors que la légende de leur Grande Peur était en train de se fixer, seraient restés bouche bée devant son récit détaillé. Tous ces phénomènes clinquants, tous ces prodiges, ces transes, ces comètes, ces anomalies climatiques, ces pluies ou ces chutes de neige excessives, ces tremblements de terre, ces famines, ces épidémies, ces croix brillant dans le ciel et ces serpents au milieu des nuages ! Les pires prophéties de malheur, enfin, sur le point de se réaliser ! Oui, ils seraient tombés des nues, et pour une raison simple : parce que ces événements ont bien eu lieu, en effet, mais pas en un jour ni en six mois, même pas en un an, mais sur une bonne *soixantaine d'années* (des environs de 980 à 1040 d'après Duby). Ce qui change quelque peu les données du problème.

Par la même occasion, ils auraient appris qu'ils avaient vécu en l'An Mil. Première nouvelle : eux-mêmes n'en étaient pas du tout convaincus. D'abord, leur calendrier débutait autour de la fête de Pâques, et non, comme le nôtre, à Noël ; ensuite, personne ne savait très bien où le placer, ce fameux An Mil : mille ans après l'apparition de Jésus-Christ (dont la date de naissance, par-dessus le marché, était tout sauf certaine), ou mille ans après sa mort ? En commémoration de quoi ? De l'Incarnation ou de la Rédemption ? De la Naissance ou de la Passion ?

C'est qu'il ne s'agit pas du tout de la même chose : trente-trois ans de différence! Imaginez un type vivant à cette époque-là, en Occident, dans la Chrétienté d'alors, vers 1010 ou 1015, et se demandant si la « fin du monde » est encore à venir ou déjà passée sans avoir eu lieu ; voyant le printemps réapparaître obstinément, le soleil briller, les saisons continuer comme si de rien n'était. En réalité, c'est vrai, les vivants de ce temps-là attendaient le Royaume de Dieu, l'avènement promis de la Jérusalem céleste, mais guère plus et guère moins qu'avant ou après l'An Mil proprement dit. Quant à la Grande Crise, la fameuse dépression collective du premier millénaire, elle était peu de chose en comparaison des ravages qui se préparaient : la guerre de Cent Ans, la Peste noire, le Grand Schisme, la menace turque et ainsi de suite.

Autre lieu commun également canonique : celui du « Moyen Âge très chrétien ». Solidaire du thème de la Grande Peur, il a été mis en pièces, lui aussi, par les historiens. Le stéréotype d'un « âge d'or » médiéval du christianisme, avec ses populations innombrables communiant dans la même foi vibrante, n'a été vrai que pour une infime élite de clercs. Si cette légende est increvable, aussi résistante que celle de la chute de Rome, c'est qu'elle était utile, en tant que légende, pour mieux authentifier, par contraste, les âges de progrès et de lumières. C'est en jetant une lueur noire sur les superstitions et les ténèbres du haut Moyen Âge (par opposition aux périodes illuminantes de la Renaissance, puis du XVIIIe) que le XIXe siècle exprimera son autosatisfaction d'être sorti d'un pareil obscurantisme. De même qu'il fallait inventer une « chute » violente et tragique de l'Empire romain afin d'accréditer l'idée que seules des populations terrorisées, aliénées, retournées pratiquement à l'état sauvage, avaient pu devenir la proie des balivernes du judéo-christianisme. Quant à l'expression « fin de siècle », beaucoup plus récente que les deux autres, elle en apparaît comme la doublure anxieuse et sombre. C'est un pur *effet de littérature*, et pas la meilleure : Huysmans, Bourget, Mirbeau, Jules Laforgue, Jean Lorrain, Péladan, Robert de Montesquiou, pas mal de Viennois (le mythe « fin de siècle » est une hallucination viennoise). Ni Proust, donc, ni Mallarmé, ni Claudel, ni Kafka, ni Lautréamont : les grands écrivains ne sont pas là pour confirmer les cadres établis ou les tranches horaires.

« Le siècle dernier je peux en parler, je l'ai vu finir... Il est parti sur la route après Orly... Choisy-le-Roi... C'était du côté d'Armide où elle demeurait aux Rungis, la tante, l'aïeule de la famille... »

Comme dit Céline dans *Mort à crédit.*

Croire aux siècles ou les raconter, en effet, il faut choisir.

En tout cas la voilà, la vraie Légende des siècles : un chapelet de mythes intéressés. La Grande Terreur ? L'An Mil ? La chute de Rome ? Superproductions romantiques ! Films à grand spectacle ! Inventions géniales, indéracinables, parce qu'elles correspondent à un désir humain, très humain, de croire à des « fins » pour se convaincre qu'il existe aussi des « commencements ». De commémorer des dates héroïques ou des morts ou des ignominies pour se donner l'illusion de conjurer sa mort personnelle en s'appropriant collectivement le temps.

À intervalles réguliers, l'humanité s'offre le vertige de contempler sa propre perte. Mais c'est beaucoup plus récemment qu'elle s'est mise à attribuer un pouvoir quasi magique au déroulement d'un calendrier auquel elle veut croire comme à une donnée objective, alors qu'elle ne le connaît que parce qu'elle l'a fabriqué. Notre monde sans mémoire n'arrête plus d'accumuler les repères, les commémorations, les décennies comme autant de pense-bêtes. La formule « an 2000 », par exemple, n'est jamais qu'une représentation parmi d'autres, une projection verbale. Pourquoi pas celle-là, en effet ? L'abus ne consiste qu'à lui attribuer un sens définitif ; ou plutôt à se convaincre qu'il y aurait parfaite unité entre ce sens inventé et le temps « objectif ».

Ce qui ne signifie d'ailleurs pas que l'idée que je me fais, par exemple, de l'an 2000, n'aura pas une influence sur la coloration générale de cette période. Si je dis : « Le XXIe siècle sera optimiste et positif (ou encore dépressif et spirituel, ou n'importe quoi d'autre, tout ce que vous voudrez) », ma prédiction a des chances de devenir « vraie » par le simple fait qu'en l'énonçant je provoque des actions et des réactions qui poussent à sa réalisation ; comme dans l'effet placebo, cette substance sans la moindre vertu thérapeutique, ce non-médicament qui guérit sans qu'on sache comment, et parce qu'on vous a dit que c'était un médicament. Il a suffi de proclamer que les années 80 allaient être « morales » pour que toute une génération s'imagine plus « morale » que les autres, morale d'une façon originale, jamais vue ; et que les médias le répètent ; et que les analystes l'étudient ; et que l'Opinion s'en réjouisse ; et que le passé en tremble ; et que les couteaux épurateurs de grands hommes d'autrefois sortent des vestiaires. Si j'écris que les années 90 seront marquées par une « recherche universelle d'authenticité », qui va me contredire ? Nous n'avons qu'à nous en persuader. Le concept « fin de siècle » *veut* être pris au mot. À la fin du XIXe, dès que l'on s'est mis à croire au « crépuscule », on y a été en effet. Et tant pis si, plus tard, après les massacres de 14-18, cette phase de déclin en trompe l'œil allait être rebaptisée « Belle Époque ». Tant pis si tout, à peu près tout et le contraire du contraire, peut être dit de *n'importe quelle période,* ainsi que nous allons brièvement le mettre en évidence.

Ainsi serait-il facile de prouver (on l'a fait) qu'aux alentours de 1680, c'est-à-dire trente ans avant la mort de Louis XIV, dans l'ambiance « fin de siècle » des dernières années du XVIIe, toutes les idées des Lumières étaient déjà en place. La Révolution était donc virtuellement accomplie dans les mentalités. Ce qui est incroyable, c'est qu'une centaine d'années allaient encore s'écouler avant qu'une autre « fin de siècle » voie s'opérer les bouleversements annoncés, comme une sorte de répétition, par conséquent, comme une première « commémoration », déjà, d'une Révolution antérieure.

On pourrait également, et sans la moindre difficulté, montrer que l'ambiance « décadente » des années ultimes du XIXe était contenue dans le romantisme des premières. Il suffirait de rappeler que c'est en 1836, et pas en 1880, que Musset publie sa *Confession d'un enfant du siècle*; que le bréviaire de toutes les mélancolies, *René*, le roman de Chateaubriand, date de 1802 et non de 1870; que *Les Fleurs du Mal* sont du milieu du siècle (1857) ; qu'Edgar Poe est encore antérieur (il meurt en 1849) ; ou que, inversement, c'est à partir de 1870, en plein déclin supposé, qu'éclate en France le rajeunissement imprévisible de la peinture : Monet, Cézanne, Degas, Van Gogh et bien d'autres; tandis que l'apparition de Picasso est imminente (*Les Demoiselles d'Avignon* sont de 1907). Et je ne parle même pas de ces innovations, l'électricité, le télégraphe, le téléphone, l'ascenseur, la machine à écrire, etc., contemporaines des moiteurs spirituelles de Huysmans ou des fastidieuses vestales coincées de Gustave Moreau; ni du fait qu'il n'y a eu aucun effondrement, social ou autre, pas le moindre glissement notable dans les années 1900 (pour la France, la vraie catastrophe avait eu lieu, mais trente ans avant, avec la défaite de 1870). Et d'ailleurs, c'est en 1914 que le XIXe en tant que période historique cohérente se termine, pas en 1899 ou en 1900 (qui est en revanche la date de parution de la *Traumdeutung* de Freud, sa « Science des rêves » composée donc en pleine « fin de siècle » et qui allait embraser quelques décennies du suivant).

Mais on pourrait aussi bien, à l'opposé, se tailler un certain succès en montrant que chaque « fin de siècle », malgré tout, répète la précédente et annonce la prochaine. Celle du XVIIIe, avec ses convulsionnaires de Saint-Médard, avec Cagliostro et Mesmer côtoyant les philosophes des Lumières, préfigure celle du XIXe, son mélange de mysticismes ou de satanismes confrontés au naturalisme ou au scientisme. Nous aussi, aujourd'hui, nous barbotons, comme en 1880 ou en 1780, dans le même chaudron de sorcières. Les fanatiques et les charlatans ressortent de leur relative clandestinité, de nouvelles grandes peurs ont débarqué, le trou d'ozone, le sida, l'épuisement des ressources. Des formules contemporaines comme l'« ère du vide », le « monde désenchanté » ou la « défaite de la pensée » riment avec celles du siècle passé qui parlaient de « déliquescence », de « décadentisme », de « mal de vivre » ou de « surblaséisme ». C'est bien toujours le même charabia illuministe qui invoque l'ère du Verseau et le *new age*, et coexiste à merveille avec un rationalisme scientifique ou technologique à son plus haut point de sophistication. Toutes les hystéries se redéchaînent. Dans les entreprises, devenues elles-mêmes objets de culte, les numérologues donnent des conseils aux managers. Business et superstition boxent dans la même catégorie. De plus en plus on trouve logique d'embaucher des types en fonction de leur signe du zodiaque. Tandis qu'à Moscou, en plein suicide du communisme, les bons vieux guérisseurs, magnétiseurs et hypnotiseurs de toujours font un tabac à la télé. On commence même, c'est touchant, à voir en Russie aussi, des soucoupes volantes.

Au point qu'on est tenté d'approuver la déclaration de Huysmans : « Les queues de siècle se ressemblent. Toutes vacillent et sont troubles. Alors que le matérialisme sévit, la magie se lève. » Et pourtant, en même temps, dans le tissu consensuel de maintenant, à considérer l'URSS et les États-Unis s'unir pour une grande opération de salubrité publique planétaire, quel observateur politique de bon sens ne souscrirait pas, un siècle après, à l'optimisme ébloui de Renan en 1883 : « La barbarie est vaincue sans retour parce que tout aspire à devenir scientifique. La barbarie n'aura jamais d'artillerie et, si elle en avait, elle ne saurait pas la manier. » Le concept « fin de siècle » ratisse large, il y en a pour tous les goûts.

En réalité, c'est à la manière des phénomènes psychosomatiques qu'il faudrait traiter le problème pour vraiment le comprendre : *je sais* que j'approche de la fin du siècle, et, comme on m'a convaincu que toute fin de siècle entraînait une ambiance de mélancolie, de déclin, eh bien me voilà d'un seul coup mélancolique et déclinant; me voilà, par un mimétisme incontrôlable et fatal, en train de représenter, dans ce que je fais, dans ce que je dis, dans ce que j'écris, ce qu'est censé m'indiquer le calendrier. L'esprit « fin de siècle » est une maladie imaginaire, ce qui ne signifie pas qu'elle n'ait aucune conséquence ; mais à la façon dont telle ou telle perturbation psychique peut éventuellement se convertir en lésion organique. Nous croyons au calendrier comme les « tueurs de la pleine Lune » croient à l'influence de la Lune sur leurs propres débordements. Ça ne les empêche pas de tuer.

On peut faire confiance à l'industrie médiatique, dans les années qui viennent, pour nous expliquer en long et en large tout ce qu'il serait criminel de ne pas savoir du grand Dénouement attendu. Quel épilogue au cube, en effet ! Quelle séance de clôture ! Quel double scoop idéal ! Une fin de siècle et une fin de millénaire ensemble ! La même année ! Ça ne se reverra pas de si tôt, il faut en profiter, on ne va pas s'en priver. Le compte à rebours a commencé ! On relit l'Histoire à l'envers ! La Foire commémorative va s'en donner à cœur joie ! Les rétrospectives vont dégouliner ! Qui décrochera le titre de Monsieur 2000 ? Quel pire salaud pire que les autres ? On ne pourra s'abriter nulle part. Ce sera la terreur absolue, l'épouvante planétarisée, et le calendrier en colère sifflant comme un couperet sur toute la mappemonde ! La connerie universelle va illuminer ! Et moi j'aurai cinquante-cinq ans.

Il n'y a pas d'autre grande peur de l'an 2000 que celle de la Fête planétaire que cette année maudite annonce. La deuxmillisme est l'idéologie indépassable et répugnante de notre temps. Commémoration ? Célébration ? Les neuf dixièmes des événements, en réalité, sont ressassés désormais si longtemps à l'avance, si rabâchés et recommentés, que lorsqu'ils ont lieu enfin, ils sont à peine présentables tellement ils ont servi avant d'exister. Le Bicentenaire de 89, déjà, ressemblait à sa propre rediffusion. Pour le XXIe siècle, ce sera encore plus fort. Il aura les contours, la couleur, le goût et les apparences d'un siècle nouveau, mais ce ne sera pas un siècle nouveau, ce sera du

Canada Dry. D'ailleurs, en 2001, est-ce que nous ne serons pas tous, déjà, en train de préparer l'an 3000 ?

L'illusion de la fin du siècle sert à planquer le réel de la fin de l'Histoire.

1989

La mariée est trop belle

On est temporaire, c'est un fait, mais on a déjà temporé assez pour son grade.

Céline

Voici un individu quelconque, mâle ou femelle, qui fait ses débuts dans la vie. Suivons-le sur notre écran. Dès le commencement du film, sa voie est tracée, ce sera celle de tout le monde, le mariage, l'union, la perpétuation du nom. L'amour. Séquence par séquence, du haut en bas des images sociales, tout le pousse à trouver l'âme sœur, comme on dit. Depuis les religions, qui lui racontent que le premier homme n'est pas resté longtemps célibataire, jusqu'aux jeux télévisés où, quand on gagne le gros lot, c'est toujours un voyage à deux et jamais à trois, à cinq ni à un, en passant par les troubadours, la littérature du cœur et ces restaurants dans lesquels, si on a le malheur de dîner seul, on hérite systématiquement de la plus mauvaise table. À travers l'individu en question, l'espèce part donc gagnante. Et quand je dis l'espèce, je veux parler de cet élément mystérieux, en nous, cette part jamais vraiment individuée qui veille sur des intérêts différents de ceux de la personne. Des intérêts à plus long terme, biologiques, cycliques. Anonymes. Le programme du cerveau reptilien, comme s'expriment les neurobiologistes par opposition au néocortex, la partie cérébrale la plus évoluée, du moins en principe.

À ce stade de l'intrigue, tout pousse donc le quidam vers l'issue rapide et conjugale de sa brève aventure d'individu. Appelons-le Kafka, ce quidam ; ou encore Nietzsche ou Balzac ; ou Flaubert, Degas, Baudelaire. Ce qui compte, c'est sa prochaine liquéfaction complète et discrète dans l'écume unanime de l'amour partagé. Sa dissolution au profit d'un nouvel être : *le couple.* Tout l'y mène, la culpabilité innée, le sens « naturel » du devoir, les caisses d'assurance maladie, les tour-opérateurs, les paroles des chansons. Mais le temps passe, les années passent, on s'inquiète. Pourquoi ne se marie-t-il pas ? Qu'est-ce qu'il attend ?

Et puis soudain, catastrophe ! Plus rien, le film a cassé. La proposition radieuse est dénoncée par l'intéressé comme une très mauvaise affaire dans laquelle il aurait tout à perdre. Le rituel tribal est décrit comme une cérémonie anthropophagique camouflée à laquelle il faudrait qu'il s'offre de bon cœur, sacrificiellement, au profit des générations suivantes, et puis quoi encore ? Le couple ? L'amour ? Le foyer ? Mais derrière ces stéréotypes charmants, n'aurait-on pas dissimulé autre chose ? Est-ce qu'on ne serait pas en train d'essayer de transformer sa vie en stage de survie au profit de la collectivité ? Enfin bref, l'OPA rate, l'assiégé refuse de capituler, de se considérer comme un guignol à *géométrie mariable,* tout est à recommencer. « Je n'oublierai pas ce sourire », écrit Flaubert se souvenant d'une mère qui rêvait de le *transformer en gendre.* « Il était composé d'indulgence bénigne et de canaillerie supérieure. J'en suis revenu chez moi bouleversé et me reprochant de vivre. » Ou Nietzsche : « Il faut qu'il se marie, ou qu'il compose un opéra ! », s'exclame à son propos Wagner, désolé de sa mélancolie. C'est drôle comme la plupart ne voient d'issue au malheur que le mariage. Mais Nietzsche ne suivra pas ce conseil d'ami. Ni Degas : « J'aurais eu trop peur d'entendre ma femme me dire : c'est joli ce que tu as fait là. » Le célibataire est un paradoxe, et l'humanité a horreur des paradoxes qui ne lui servent à rien. Cela dit, il n'est pas nécessaire de ne pas être marié pour savoir de quoi il retourne, il suffit de ne s'être pas complètement résigné à l'état qu'on vous a fabriqué. « Se marier, c'est domestiquer l'Ange du Jugement Dernier, constatait Stevenson qui savait de quoi il parlait. Une fois marié, il ne vous reste plus qu'à être bon, même pas la ressource du suicide. »

Mais reprenons le film. Ou plutôt, changeons de bobine. Le célibat est suspect par définition dans la mesure où il disqualifie l'idée que le mariage serait un phénomène naturel. Il n'y aura donc pas d'insultes assez violentes pour désigner les récalcitrants : paranoïaques, inciviques, égoïstes. Aucune société n'aime les célibataires. Dans l'Antiquité, les femmes de Sparte, rituellement, en fessaient un chaque année pour lui apprendre à vivre. Ça doit être de là que vient la curieuse expression « célibat endurci » : à force de se faire taper dessus, forcément, on se cuirasse, le célibat devient une forme de callosité psychique, un durillon cérébral. Mais ce qui serait amusant, ce serait de repérer le moment où, sous l'éclairage inquiet de l'humanité moyenne, cette « situation de famille » particulière a fini par entrer dans la même classe dangereuse et marginale que le « génie ». Je crois que c'est à une date récente que le rapprochement s'est opéré. L'article « célibataire » du *Grand Dictionnaire Larousse* de 1876 est trop réjouissant, dans sa façon violente et candide de poser le sujet, pour ne pas être cité : « Monsieur le docteur Moreau (de Tours) déclare que le génie est une névrose. L'homme entièrement possesseur de la plénitude de ses facultés, *mens sana in corpore sano*, est l'honnête bourgeois qui, ne s'occupant que de vivre paisiblement, coule dans son foyer domestique une paisible existence et meurt inconnu de tous, hormis de ses connaissances et de ses voisins immédiats. » Quant à l'homme de génie, poursuit le *Grand Dictionnaire*, il « se croit appelé à d'autres destinées que les êtres de son espèce, il dédaigne la vie ordinaire, il prétend la régenter, aspire à la modifier à sa guise, et commence par en violer les lois primordiales ; enfin, pour tout dire en un mot, il est *célibataire* ! ! ».

Une expérience un peu poussée du côté de l'art vous

mènerait donc fatalement au « foyer monoparental » ? Il faudrait nuancer, bien sûr, il y a aussi des tas de crétins célibataires, et même quelques monstres authentiques (Hitler qui refusait de se marier parce qu'il avait fait don de sa personne à l'Allemagne). Par ailleurs, comment s'y retrouver, aujourd'hui où cette tendance d'un nombre jusque-là restreint d'individus est devenue un phénomène de société ? Qu'est-ce qu'un phénomène de société ? La collectivisation brutale d'une caractéristique jusqu'alors minoritaire. Un million de célibataires des deux sexes, dans une ville, c'est l'anéantissement du concept de célibat, c'est son triomphe planétaire, sa disparition instantanée dans les eaux de mer Morte de la quantité.

En d'autres temps, la sagesse des nations avait trouvé un synonyme éloquent au mariage : elle appelait ça « faire une fin ». C'était l'âge d'or des unions légitimes, le célibataire n'avait le choix qu'entre la capitulation en rase campagne et l'alternance maniaco-dépressive du bordel et de la passion idéalisante. D'où les énervements, les drames. D'ou, peut-être, cet aveu de Montesquieu, dans un coin de ses *Pensées* : « Qui aurait voulu se marier si le concubinage eût été permis ? » Oui, qui ? D'où aussi la romance pathétique et comique de Flaubert avec Louise Colet, qu'il adorait, bien sûr, mais pas autant que l'espace qui les séparait et qu'il rythmait de ses innombrables lettres. « Quand on s'aime, osait-il lui écrire, on peut passer dix ans sans se voir et sans en souffrir. » D'où Balzac : « Que les gens de talent restent chez eux et ne se marient pas. » L'étrange, dans le cas de Balzac, étant qu'il a furieusement voulu se marier, lui, avec sa comtesse lointaine ; et au bout de dix-sept ans il y est parvenu ; et quatre mois après il était mort. Comme si, inconsciemment, il venait de se révéler à lui-même sa propre envie suicidaire, celle à laquelle un Kafka, plus lucide, a su résister jusqu'au bout avec ses « fiancées » : en faisant traîner les négociations ; en discutant chacun des termes du programme conjugal, les horaires, la nourriture, le chauffage de l'appartement ; en se défendant pied à pied contre l'émotion (Felice rêve d'être près de lui lorsqu'il écrit, il commente aussitôt : « Alors là, je ne pourrais plus du tout travailler ») ; en posant le problème, enfin, dans ses termes mêmes, ironiquement insolubles : « J'ai tout juste assez de santé pour moi, mais cela ne suffit déjà plus pour me marier et encore moins pour avoir des enfants. »

Pas de happy end, alors ? Pas de lune de miel ? Non, mais le film continue, c'est le feuilleton sans limites d'Éros et de Thanatos. Avec cette complication, dans le cas des génies, qu'ils n'ont aucun mal à identifier Thanatos du côté de la Loi qui veut les caser. Là où la plupart, justement, imaginent voir Éros.

1990

Corps et châtiment

> *Quel est le point commun entre un homme qui vient de tuer et un homme qui vient de faire l'amour ? Ils se posent tous les deux la même question :* que faire du corps ?
>
> Histoire drôle

Le corps ? Quel corps, d'abord ?

Il y en a tellement, depuis le berceau et les premiers cris, jusqu'à l'ultime enveloppe sous perfusion dans les hôpitaux, en passant par toute la gamme des inséminations, industrielles ou non, et des soubresauts, désirés ou pas, opérations, manipulations, jouissances, maladies.

Le corps ? Il faudrait commencer par s'entendre : celui de l'homme ou celui de la femme ? Est-ce que c'est la même chose ? Du corps en général, on parlait beaucoup, il y a encore quinze ans, quand ça pouvait avoir l'air d'une sorte d'idée neuve, au même titre que la « libération » sexuelle, l'« inconscient », la « révolution », la « mort » du sujet et deux ou trois choses amusantes du même gabarit. Est-ce qu'on peut continuer, sérieusement, dans cette voie aujourd'hui ?

Autrement dit, le corps *en soi*, LE corps, est-ce que ça existe ?

Pour un homme, la réponse est vite trouvée : *il n'y a d'autre corps que le corps féminin.* S'il faut mettre les points sur les i, c'est un homme qui parle ici et sa perception de l'élément physique est féminocentrique, inutile d'y aller par quatre chemins, liquidons les faux problèmes et surtout les fausses symétries : le corps masculin n'existe pas pour un homme. Oublions-le d'emblée ; comme le font d'ailleurs, de l'autre côté, les mouvements chroniques d'indignation qui ne visent jamais, quand ils en appellent à la morale publique contre telle ou telle image prétendue « dégradante », que celle de *la femme* : il ne leur viendrait pas à l'esprit, n'est-ce pas, de se préoccuper, à travers la pub par exemple, des « images » dégradantes de l'homme ; et encore moins à l'esprit des hommes eux-mêmes, cela va sans dire.

Pourquoi ? Mais tout simplement parce qu'il n'y a pas de corps d'homme à offrir en pâture, il n'y en a jamais eu, l'art ne s'est pas inventé à partir d'une vibration autour de la forme mâle. Au contraire, elle n'est là, cette machine, que pour rendre compte du phénomène féminin, pour le percevoir, le retenir dans le souvenir. Mains d'homme, regard, sexe, tout ça ce sont des instruments de mesure avant d'être des organes. Des outils de comparaison, d'appréciation, de pénétration, de rapprochement ou de mise à distance. Des appareils d'enregistrement et de description de ce qui, en face, se présente au contraire, d'abord, comme organes. Courbes, poids, chaleur, lumière et ainsi de suite. Chair. Brûlure dans la vision. Le corps masculin, ce sera tout au plus cette ombre chinoise d'un tableau de Picasso intitulé justement *L'Ombre*, 29 décembre 1953 : la silhouette du peintre en train de quitter la pièce (ou d'y entrer) s'allonge comme une grande tache sans relief sur une femme nue étendue. On dirait un simulacre, un fantôme, mais c'est d'abord et surtout la signature ectoplasme opaque du tableau lui-même.

Il s'agit donc du corps féminin, c'est de lui que j'ai envie de parler puisqu'il n'existe pas, pour ma sensation, d'apparence physique plus stimulante. Ou plutôt, nuançons : je n'ai un corps, moi, homme, que dans l'exacte mesure où je parviens à dire ce ou ces corps féminins qui sont en face de moi. La preuve de mon corps n'est rien de plus, et rien de moins, que ma parole en train d'essayer de traduire un corps qui n'est pas le mien.

Mais lui-même, cet autre corps, est-il d'un seul bloc ? Bien au contraire, il y a autant de femmes, en une femme, que d'états dans lesquels sa forme vient s'inscrire, rien qu'à travers les différentes séquences d'une seule journée. Choisissons, parce que c'est le plus délicieux et le plus fugitif, le moment où il s'exhibe dans sa nudité, au comble fragile et magique de son individualité. Dans le plus simple appareil, comme on dit. Concentrons le sujet. Ramenons-le à ce point essentiel de fièvre et de rêve dont l'observation, quand elle est poussée à son maximum, suscite la grande littérature. Et puisqu'on me demande, par la même occasion, d'évoquer au passage quelques noms d'écrivains, j'en choisirai trois (des romanciers américains : John Updike, John Irving et Philip Roth) qui me semblent, dans la période récente, avoir remarquablement capté, chacun à sa façon, les nouvelles aventures du corps féminin (ainsi que les effets de ces aventures sur le corps masculin). Nous les retrouverons, chemin faisant.

Mais recommençons par le commencement.

La scène est n'importe où. Dans un lieu clos ou pas. Une femme est en train de s'y déshabiller (ou se laisse déshabiller). Intérieur nuit.

Est-ce qu'il y a un mystère ? Une révélation à attendre ? Non, pas le moins du monde, le spectacle a été rabâché un milliard de fois. Et pourtant rien à faire : dans la fraîcheur de sa révélation, le corps d'une femme relève obstinément, depuis l'aube des temps et pour toujours, du Secret. De Polichinelle ? Bien sûr, mais ça n'a aucune importance. Si la curiosité ne s'éteint jamais vraiment, dans ce domaine, c'est qu'elle y a sa source. La poésie en est née, avec ses rythmes. Les couleurs de la peinture aussi. Les choses se sont peut-être dégradées par la suite, mais l'« origine » de cet appétit flottant universel est là, toujours, en coulisses, ça ne changera jamais, on y retourne, on oublie, on y revient. Pourquoi ? Pour en jouir, bien sûr, c'est la moindre des choses, mais aussi, c'est bizarre, comme s'il s'agissait, par cette insistance puérile et magnifique, d'empêcher *autre chose.* Quoi ? Qu'est-ce qu'il est si urgent d'exorciser ? Quelle autre magie peut-on ainsi espérer conjurer, même si cette conjuration ne doit avoir qu'un temps ?

N'anticipons pas. Pour le moment elle est sous vos yeux, debout ou couchée. Petite ou longue, brune, blonde, grasse, mince, peu importe. Elle se trouve trop enveloppée d'ici ? De là ? Trop maigre d'ailleurs ? Moche de partout ? Peut-être, et c'est alors aussi avec sa sensation à elle, son impression rongeante d'être si mal foutue, qu'on va jouer.

Ô émerveillants défauts ! Cellulite ! Genoux ! Chevilles ! L'insatisfaction proclamée de tant de femmes vis-à-vis de certains détails de leur corps peut très facilement devenir un supplément de délices pour l'amateur avisé qui saura les aimer, ces défauts, comme autant de signes différenciateurs, donc d'indices imprévisibles de volupté en plus.

Un corps n'a pas nécessairement à savoir les raisons précises pour lesquelles vous le désirez.

Stupeur, émotion, déluge de notations. Inutile, à vrai dire, de parler *par écrit* du corps féminin si ce n'est pas pour faire sentir, au passage, dans la manière même de l'évoquer, un peu de convoitise vécue. L'obscénité serait de ne pas donner à entendre, à travers des phrases, cette sensation précise de glissement le long d'un cou, cet effleurement de la pulpe, ce contact du granulé, du velouté, les plis, la chaleur de l'intérieur d'une bouche. Tout le manège des notations, le mouillé, le salé. Le souffle. Ce souffle-là et pas un autre. Poids des seins, creux des aisselles, morsures, salive, sueur, poils. Particularités de la lingerie à retirer. Cette découpe de pull, ces revers, ces bretelles. Cette couleur pêche du soutien-gorge, crêpe de soie du slip, pantalon ou jupe.

Le virtuose toutes catégories, dans ce domaine, est incontestablement Updike, champion du gros plan méthodique, expert en images agrandies mille fois par le langage. Dans *Ce que pensait Roger,* l'épouse du narrateur, Esther, est explorée sous toutes les coutures, au repos comme en action. Chaque détail érotique de ses aventures est longuement guetté comme une proie, puis capturé et ensuite tourné et retourné sur la page avec un soin maniaque engourdissant. « Comme elle redresse la tête pour poser la question, les yeux d'Esther paraissent soudain très verts. Sa bouche vierge de rouge semble meurtrie. L'une de ses mains aux ongles effilés soutient son poids sur le matelas ; l'autre plane au ras de ses cheveux, qu'elle ne cesse de repousser à mesure qu'ils s'échappent. Ses seins menus pendent coniques et tout blancs, à l'exception des tétons granuleux couleur bistre. » L'exploit vient aussi, dans ce livre, de ce que la grande séquence centrale d'adultère y est comme poussée sur le devant de la scène par des avalanches de citations de Tertullien que le narrateur est en train d'essayer de traduire (il s'agit d'un ancien pasteur qui enseigne la théologie dans une petite ville universitaire, on ne sait pas si sa femme est réellement infidèle, ça n'a aucune importance : la scène est là, indubitable, irrésistible, comme *procédant* de l'interminable médiation en langue prétendue « morte » qui la précède). Il faudrait également évoquer les autres héroïnes, Verna surtout, relevant sa jupe sous laquelle elle ne porte rien : « Ses cuisses brillaient, jaunâtres comme deux colonnes galbées ; la toison de son pubis était large, comme son visage, plus sombre que ses cheveux, et aussi plus bouclée, de sorte que des reflets luisants s'y accrochaient comme des arcs et qu'ici et là, les irrégularités des bouclettes ouvraient de petites fenêtres rondes sur la peau. »

Un corps féminin qui s'exhibe est toujours plus ou moins, pour le spectateur, la réfutation en action de l'espace qui l'entoure. Un procès foudroyant intenté à l'espace pour insignifiance, médiocrité rabâchée, trop vue. À quoi aurait servi, dans l'histoire de l'art, de peindre ou de sculpter tant et tant de femmes nues, sinon pour réussir, chaque fois, à montrer qu'en cet instant d'apparition tous les phénomènes, autour, foutent le camp, débâcle d'objets, meubles, rideaux, lit, sous-bois imaginaires ou pas, bords de rivière.

La meilleure discussion animée concernant l'espace et le temps et leur peu de réalité, ce n'est pas un traité philosophique, c'est cette stupéfaction rose et blanche et mate au milieu du décor, cette perforation soudaine parmi les volumes. Ce super-volume chassant hors de sa lumière le capharnaüm des volumes.

Tout l'espace bâille autour de cette plénitude insensée d'un instant.

Durant le temps où elle est nue, c'est son corps qui est la seule et unique donnée immédiate de ma conscience.

Pas de passé. Pas de « projet » non plus.

Tout est parfait.

Sortie brève hors de la temporalité, donc hors de la mort. Épisode insignifiant et formidable que tout artiste d'autrefois, dans son atelier, connaissait.

Prenons Rodin un instant :

« Quel éblouissement : une femme qui se déshabille ! C'est l'effet du soleil perçant les nuages. »

Le modèle arrive, raconte-t-il. *La* modèle. Elle sent tout de suite, dit-il euphémiquement (et ceci dans un livre qu'il signe et qui s'intitule *Les Cathédrales de France*), « le gonflement des pensées qu'elle provoque ».

Le gonflement des pensées qu'elle provoque.

D'abord, elle va se mettre nue. Voilà. Sa robe n'était donc qu'« une housse, sans plus » ? Eh bien oui, comme toujours.

« À la première vue de ce corps, la vue d'ensemble, coup, commotion. »

Songez, en détaillant ses sculptures ou ses dessins, au nombre fantastique de femmes venues se « déhousser » chez lui. À tous ces soleils, brusquement, perçant les nuages de l'atelier.

« Comme une flèche l'œil, un instant en surprise, repart. »

Luxe, chair et volupté.

Quel bonheur d'être en possession d'un « métier » qui permet de jouir en toute lucidité de cet événement. Littérature, peinture, sculpture.

La colère, les rappels aux saints devoirs, les cris et les reproches qui sortiront de ce corps, ce sera pour plus tard, ça viendra, ça vient toujours, souvent encore plus vite qu'on ne pense. Mais pour l'instant, il n'y a que la grâce de cette figurine enchantée ; et voilà pourquoi, enfin, on essaie de la retenir le plus longtemps possible. On sait trop bien que les choses sérieuses vont recommencer après, tout de suite après, on ne peut qu'espérer les retarder, c'est tout.

Corps nu en suspens. Instantané de nudité. Frivolité. Instabilité. Pas de capitalisation en vue. Pas de thésaurisation. Moment pour rien. Dangereux. Insécurisant (il va falloir remettre de l'ordre dans tout ça...). Corps souffrant si visiblement de sa précarité qu'il faudrait être aveugle ou sourd pour ne pas deviner ce qu'il souhaite : rentrer dans l'Histoire au plus vite. La vraie. La grande. La seule à laquelle il croit : celle des familles et des générations. Le contraire de ce qu'il est, ce corps, à l'instant que je décris. Et vous y entraîner par la même occasion. Rien de plus éphémère qu'un corps nu de femme. Rien de plus passager. Dans un instant il ne sera plus là, fini, rhabillé, repris dans un autre réseau de fonctions, muté dans d'autres codes, replongé dans la société, les buts à poursuivre, la vie, le sens de la vie, de l'Histoire, de la mission à accomplir. Rentré dans le temps de tout le monde, l'usure à laquelle il faut répondre d'une façon ou d'une autre. La minute de magie est terminée, on revient dans les normes, on se transmute à nouveau en *espèce*.

L'anatomie c'est le destin. Et ce destin est le même pour tous, il vaut mieux connaître sa loi, elle rythme aussi les aventures du corps : passé vingt-cinq ans, votre croissance est finie, vous avez subi votre dernière ossification, la vieillesse commence tout doucement à s'infiltrer, elle approche, elle vous chuchote que vous êtes embarqué en descente, il va donc falloir essayer de survivre en sens contraire. À rebours de la mort. Comment ? Ouvrons *L'Épopée du buveur d'eau* de John Irving : la réponse universelle vous saute aux yeux. Pour commencer, Irving n'épargne aucune précision sur les méthodes contraceptives employées par ses héroïnes. Que serait un roman de mœurs dont l'auteur reculerait devant ces attributs essentiels de l'intrigue contemporaine ? Biggie prend la pilule, après avoir utilisé autrefois un diaphragme qu'elle a perdu au cours d'un voyage en Europe. Quant à Tulpen, elle porte un stérilet : « On pouvait le sentir à l'intérieur, comme un organe de rabiot, une main ou un petit doigt de rechange. De temps en temps, il donnait une petite tape amicale. Pogus l'aimait bien. Il ne restait pas toujours à la même place. En pénétrant Tulpen, il ne savait jamais où il entrerait en contact avec le petit cordon chatouilleur. »

À partir de là commence le Roman. Tous les romans intéressants, en tout cas, c'est-à-dire les récits de mœurs encore une fois. Vous avez tout eu, la porno, le sida, les trafics *in vitro*, vous avez tout vu, le sentimentalisme enveloppant et embellissant, la fable du corps sain à gymnastiquer chaque matin, les « sexy-clips », le transsexualisme comme horizon indépassable, la chasteté nouvelle, l'adultère qui tue, les hommes bientôt fécondables et accouchables par césarienne, l'homosexualité radieuse, la fierté gay d'être bourguignon. C'est cela, ce carnaval comique et tragique, qu'il faut essayer de raconter. En commençant par l'épisode le plus simple, le plus quotidien (mais subtilement compliqué, aujourd'hui, par un tas de « progrès » techniques) : la demande d'enfant. La volonté d'un corps féminin de s'ajouter de l'enfant. Dans le récit d'Irving, c'est Tulpen qui, très vite, va en réclamer un à Pogus, son amant. Elle tente de le persuader qu'une nouvelle vie pourrait s'ouvrir à lui, une existence avec un « but ». Enfin ! Il comprend que la récréation est terminée. Il peut s'épuiser à lui répondre qu'il la trouve très bien comme elle est, qu'il se trouve aussi très bien et qu'à son avis ils n'ont besoin de rien, elle n'en démord pas. Il faut lire la scène ahurissante de drôlerie où, réfugié derrière un aquarium, il observe son amie, nue sur le lit, en train de développer son projet. Elle vient de lui reprocher une fois de plus de ne rien faire, de fuir ses responsabilités, de se laisser aller :

« Puis, s'avisant qu'il la regardait à travers l'aquarium, elle cacha sa nudité sous le drap, furieuse.

— Et arrête de mater ma chatte quand j'essaie de te parler sérieusement !

Il jaillit au-dessus de l'aquarium, sincèrement surpris. C'était l'anguille qu'il cherchait à voir.

— Je ne te regardais pas du tout !

Elle se laissa retomber en arrière, comme si la position l'avait épuisée :

— Tu ne veux même pas partir en week-end ! Les gens ne peuvent pas vivre à New York sans avoir envie de changer d'air de temps en temps. »

Et c'est ainsi que le corps féminin entre dans son nouveau rôle. Devient ou redevient l'organe sacré de la génération ruinant à jamais le désir masculin. Nous poursuivions des buts différents et nous ne le savions pas ? On nous l'avait déjà dit mais nous l'avions oublié ? Eh oui, on l'oublie toujours, Dieu merci. Au moins quelques instants. De temps en temps. Pendant les entractes de la réalité. Avant qu'elle ne reprenne ses droits, cette réalité, elle les reprend toujours. L'Intrigue revient, il le faut, la vie doit continuer. Embûches, quiproquos, accidents. Et conversations. Dialogues. Le dialogue est indispensable à chaque fois qu'il s'agit de mettre en scène ces oppositions incarnées d'intérêts fondamentaux. Il est, dans un roman, le long trait de feu signalant la guerre en cours sur les collines. « Une conversation est une bataille », dit Stendhal dans la préface de ses *Chroniques italiennes.* Il y a autant, et aussi peu, de rapport entre corps féminin et corps masculin qu'entre une langue et une autre. D'où, très vite, la nécessité de l'*interprète,* c'est-à-dire l'enfant, substitut de la fusion absente, traducteur plus ou moins efficace dans la négociation quotidienne des corps, lien de parenté, compensation de la fracture conjugale, sujet de remplacement et de résignation publicitairement falsifié, de nos jours, en objet comblant.

D'où aussi, pour finir, ces effets qu'on appellera psychosomatiques, côté masculin. On dirait qu'il n'existe plus aujourd'hui, ce corps-là, que pour enregistrer, à travers des atteintes variées — ulcères, lésions, allergies, etc. — l'entreprise de culpabilisation *raisonnable* (parce que effectuée dans l'intérêt de l'espèce) dont il est l'objet. Regardez *L'Épopée du buveur d'eau*, le héros a d'épouvantables problèmes avec son sexe (il ne parvient à uriner qu'au prix d'efforts très douloureux ; quant à l'éjaculation, elle ressemble, dit-il, au « long et éprouvant voyage d'un roulement à billes rouillé »). Intériorisation de la Faute, dira-t-on, réextériorisée par une métaphore de castration. Chute des corps. Chute du corps mâle, corps et âme. Crime et châtiment. Il faudrait revoir également l'admirable cycle de Zuckerman de Philip Roth, et surtout *La Leçon d'anatomie*, son chef-d'œuvre à mon avis, où le corps « martyr » de Nathan Zuckerman, littéralement paralysé par une douleur incompréhensible mais tenace, devient la proie des autres personnages, à commencer par les quatre femmes qui le soignent et qui l'aiment (c'est ce qui s'appelle prendre le taureau par les corps). Échec de l'exorcisme érotique, triomphe des magies noires ou grises (à l'intérieur, cela va sans dire, du contre-triomphe du roman lui-même, dont la revanche consiste à retraduire l'ensemble en bouffonnerie souveraine).

On s'excuse. On *médicalise* son excuse. Au commencement comme à la fin, il n'y a que le désir d'être châtié. On a eu de mauvaises pensées, on a désiré autre chose que ce qu'elles voulaient, peut-être même a-t-on sournoisement rêvé de leur survivre, c'est mal, c'est très mal, il va falloir payer.

L'altruisme comme bouffée délirante ?

Je viens de lire que les Américains commençaient à se détourner du jogging et des autres pratiques relevant du souci hygiénique de soi. Il paraît que, là-bas, c'est terminé. Ringard. La nouvelle mode serait à l'investissement massif dans les associations caritatives, les grands mouvements de solidarité, organismes humanitaires, philanthropie. Voilà au moins une transmutation qui mériterait d'être étudiée de près. Des années et des années, on a couru après le bien-être individuel, on concourt maintenant pour le Bien universel. Sans transition.

Ou comme si, finalement, il n'y avait pas de différence.

Deux mots, en grec, définissent les deux orientations possibles de la vie : *bios* d'un côté, vie individuelle, rectiligne, verticale pour ainsi dire ; de l'autre *zoé*, l'existence de l'espèce, la vie animale, strictement biologique, l'ordre cyclique, le mouvement circulaire du monde. Vous préfériez *bios* ? Vous aurez le zoo de *zoé*. Vous vouliez l'immortalité individuelle ? On vous collera l'éternité globale anonyme féminine. Vous vouliez l'Histoire ? Vous prétendiez perdurer en personne ? De quoi vous plaignez-vous, on vous propose la perpétuité en général, l'après-Histoire cyclique et animale, ce sera votre lot de consolation. Vous n'aurez été qu'un épisode de plus dans la prolongation de l'espèce. Il n'y a pas de quoi en faire une maladie. Si ?

1988

Les olympiades de la terreur

Le sport n'est qu'un des pires mauvais moments à passer parmi d'autres. Je n'en sais pas grand-chose, sinon que je l'abomine allégrement. Tous les sports en vrac, et depuis toujours, du foot au saut à l'élastique et de la planche à voile aux courses automobiles. C'est une sorte de répugnance instinctive, chez moi, qui remonte à loin. Il y a peu de choses dont je me détourne depuis plus longtemps et avec une telle assiduité. « Sportif » a été très tôt, à mes yeux, une espèce d'insulte. Une journée de lycée qui commençait par la gymnastique ne pouvait pas se terminer bien.

Évidemment, depuis, j'ai dû me rendre à l'évidence : il n'en allait pas ainsi pour tout le monde. Si les métaphores sportives ont aujourd'hui tout envahi, c'est que le sport est devenu la métaphore même de la société sans Histoire dans laquelle nous nous enfonçons. Ce qui reste de civilisation est en train de se transformer en un gigantesque club ridicule de musculation. L'époque a les héros qu'elle mérite. L'humanité s'achève en survêtement avec Adidas.

Dans mon enfance, si je me souviens bien, le sport c'était un ensemble de bagarres réservées à des gorilles trisomiques et pétant de santé. Tout a changé, de nos jours, le sport est une affaire de grande écoute à laquelle nul n'échappe. C'est la Grande Écoute elle-même. Et qu'on ne vienne pas me raconter qu'il suffit que j'éteigne mon poste ou que je change de chaîne pour que ces gens-là cessent de jouer au ballon dans ma salle de séjour ! Les écrans n'ont plus même besoin qu'on les allume pour exister. On ne se dérobe pas davantage à la coupe Davis ou aux courses de Formule 1 qu'au terrorisme antitabagique ou à la propagande pour la Culture égalisante à la portée de tous les ramollissements du cerveau.

Qui dit sport, dit automatiquement masse. Il n'y a pas d'autre sport que le sport de masse, et il n'est de masse que contrôlée et répercutée par les écrans du Spectacle. Quiconque oublie ce « facteur masse », cette élévation constante de tout et n'importe quoi à la puissance masse, cette transfiguration dans le quantitatif, vivant pour et par lui-même, n'est pas près de comprendre non plus ce que cette extension monstrueuse, consensuelle, difforme, de la plupart des phénomènes, est chargée de refouler tout en se développant. Il suffit de s'être promené dans Paris, un soir de Mundial, à travers les rues hallucinatoirement désertes, pour entrevoir ce que j'essaie de dire ; ou encore d'être tombé, un jour de coupe de football, sur ce titre énorme et terrifique de *France-Soir* qui annonçait : « 20 h, la France s'arrête ! », pour deviner quelle grande entreprise de dressage est en route, et que rien ne l'interrompra.

Ce qu'il y a quand même de fascinant, dans tout cela, ce qu'il y a d'attirant presque, ce sont les mille facettes de la bêtise éternelle que le sport incarne : la stupidité du muscle intensif, le crétinisme de la force, la niaiserie de l'exercice méthodique, l'optimisme absurde du dépassement de soi et de la répétition de ce dépassement, la sottise de la performance comme argument. Et j'oubliais l'insanité suprême, le rêve sportif absolu de la grande *fraternité des peuples* ; laquelle d'ailleurs, sur le terrain, se traduit automatiquement par son contraire radical (c'est, Dieu merci, le destin de toutes les bonnes intentions), c'est-à-dire le chauvinisme le plus sordide. Cela m'a toujours réjoui, moi, d'apprendre la défaite de la France à telle ou telle répugnante compétition internationale, à cause de la tête catastrophée de la plupart de mes concitoyens. Comme atteinte au moral de la nation, comme détérioration de son image, comme déstabilisation de sa réputation[1], une défaite de l'équipe de France aux cauchemardesques jeux Olympiques peut avoir son intérêt. Mais que cet intérêt est faible, comparé à la tyrannie bienfaisante dont le sport, dans la société disneylandisée d'aujourd'hui, est devenu l'un des moteurs essentiel !

Qu'est-ce qu'une société disneylandisée ? Peut être appelée ainsi toute société où les maîtres sont maîtres des attractions et les esclaves spectateurs ou acteurs de celles-ci. N'oublions pas que le mot « sport » est couplé avec « loisir », cet autre vocable antipathique. Qui dit sport dit week-end, dimanches, vacances ; donc familles, communautés ; donc renforcement à perpétuité de l'infâme contrat social. Peut être nommée disneylandienne toute dictature qui contraint aux loisirs — et qui songerait à se révolter contre une oppression qui ne communique, au fond, que l'ordre de s'amuser ? Qui refuserait les planches à voile, les skis, les camping-cars et les autoroutes pour aller dessus ? Et qu'on n'aille pas non plus me parler de « culture » sportive, encore moins d'« art » bien entendu ! Aucun tableau de Picasso ne ressemble à un tableau de Rembrandt (même pas à un autre tableau de Picasso), alors qu'un match ressemble toujours à un autre match. C'est toujours le même Tour de France, toujours la même Coupe du monde, toujours les mêmes voitures ridicules sur leurs circuits grondants, toujours le même terrain vert de mauvais rêve sur

1. Toute déstabilisation de la réputation de la France est bonne à prendre. Mais les plus sympathiques déstabilisations sont encore celles qui portent atteinte au moral de la nation par le biais de l'exécration de l'*art contemporain*. Le président du Centre Beaubourg s'en désolait récemment dans *Le Monde* (je demande pardon au lecteur pour le plaisir coupable que j'éprouve à reproduire son style de sapeur-pompier) : « Comment ne pas s'étonner que ce soient les mêmes coteries qui s'affligent du déclin présumé de l'influence artistique de la France et qui, dans le même temps, s'activent à en déstabiliser la réputation et la perception par leurs prises de position défaitistes, si complaisamment relayées par une presse étrangère à l'affût des signes de notre possible effacement culturel ? » *(mars 1997).*

lequel courent des petits hommes de mauvais augure après un ballon de mauvais aloi. Et c'est toujours le même spectateur, devant sa télé, toujours le même supporter bien hébété, bien abruti d'admiration, bien dévot de l'ordre établi et de tous les efforts imaginables pour se dépasser soi-même, toujours le même bonhomme en bois qui se lève pour Danone, qui prie l'idole Transparence chaque matin, et qui ne sort jamais de chez lui sans sa batterie de capotes. Le voilà, le nouveau citoyen, le héros positif du totalitarisme disneylandien, le cow-boy bronzé que la fumée incommode ! Le voilà, le mannequin apostolique du nouveau despotisme, le produit de synthèse de l'Empire du Bonheur pour Tous, l'androïde issu de tous les sondages passés et à venir. Un sportif en somme, c'est-à-dire le terroriste[1].

1992

1. Cinq ans après la rédaction de ce texte, on peut mesurer le chemin parcouru par les mentalités dans le territoire sans frontières de l'hébétude absolue en lisant, par exemple, dans *Le Nouvel Observateur*, un article intitulé « Ces sportifs qui font rêver ». On peut y constater que *la bouffonnerie qui ne se voit plus elle-même* est devenue l'essence de notre époque. Aussi suffira-t-il de citer quelques phrases, parmi les plus burlesques. Tout commentaire, toute analyse, tout décryptage, seraient bien entendu, à ce stade d'*évidence sans masque*, superflus. « Elle est loin, la caricature de l'athlète borné, proclame donc le "chapeau" de ce texte. Aujourd'hui, les champions parlent, ont des idées, s'engagent, se reconvertissent dans les affaires ou dans la mode. » Plus loin, on peut lire : « Tout autour du globe, les champions donnent l'exemple. Les athlètes sont aujourd'hui légion à s'engager contre l'exclusion ou la maladie, à se mobiliser sur le terrain caritatif et social, à la hauteur de leurs performances sur le stade. Ce qui leur vaut une crédibilité, tout particulièrement auprès des jeunes, que nombre d'hommes politiques pourraient leur envier. » Et ainsi de suite *(avril 1997)*.

La jeunesse est un naufrage

C'est le soap-opéra politicien de l'année. La dernière « idéologie » d'un monde qui n'a plus rien, mais vraiment rien à se mettre sous la dent. Le truc à tout faire, et notamment à séparer le bon grain de l'ivraie. Un chantage idéal : le chantage à l'âge ! Une carte d'identité agitée dans le vide, une date de naissance criée en plein néant, et le tour est joué, la solution est trouvée. Chaque parti aura désormais son contingent de jeunes, son équipe de jeunes, son quota de jeunes. On pourra les sortir dans les grandes occasions, les remuer devant les caméras, les faire parler et bouger en tant que jeunes, avec un vocabulaire jeune, des arguments jeunes, des valeurs jeunes. La juvénomanie a toutes les couleurs d'une idée neuve en Europe, c'est la raison pour laquelle on vient de la mettre au programme des chaînes de télévision. Bien entendu, quand ces lignes paraîtront, elle aura pris son coup de vieux, rituellement, mais ça fait partie des règles du jeu. Et puis, comme chacun sait, la jeunesse est un état transitoire ; les autres âges de la vie aussi, d'ailleurs, mais bizarrement personne ne veut en entendre parler.

Un grand vent d'immaturité souffle depuis déjà pas mal de temps sur nos civilisations exténuées. « Nous sommes si jeunes, nous ne pouvons pas attendre ! » Cet aveu déchirant bombé au pochoir sur les murs de Paris, il y a un an ou deux, pourrait servir de programme aux « jeunes rénovateurs » de l'opposition. 1989 est l'année internationale de l'enfance : il est logique que les nouvelles générations d'impubères (hommes politiques compris) profitent de cet arbitraire et ridicule décret pour revendiquer leur statut d'acteurs à part entière dans la comédie à l'envers de la post-société. Les jeunes ayant déjà celui de superconsommateurs des fadaises imagées et télévisées, ils n'auront plus rien à envier à personne.

D'où vient cette idée qu'être jeune entraînerait, par définition pour ainsi dire, qu'on serait « bon », nécessairement et naturellement « bon » ? D'où sort ce culte juvénophile bavard qu'on peut sans abuser, il me semble, coupler avec la dévotion au corps sain et à la liturgie de la Planète propre ? De quels abîmes d'illusions lyriques pour scouts en folie nous remonte ce mythe naïf et menaçant où la jeunesse nous est proposée comme « alternative » à l'autre monde, celui des « adultes » ou des « vieux », par principe toujours pourris ?

La réponse est simple, mais elle suppose une connaissance précise de l'espace social où nous vivons et dans lequel ce mythe est en train de faire sa énième réapparition. Cette connaissance elle-même n'a rien de sorcier. Mais comme les écrivains, dans leur majorité, ne font plus leur métier, comme ils évitent de raconter le monde tel qu'il est et les mœurs telles qu'elles vont, elle reste en général plutôt refoulée. C'est dommage. Nous vivons dans une ambiance de despotisme mou et malin qui, à l'inverse des grandes tyrannies d'autrefois (ou du terrorisme pittoresque à la Khomeiny d'aujourd'hui — d'où son succès sur nos écrans en tant que stéréotype du Mal absolu, diable sortant de sa boîte, *imam d'Épinal*) sait vous frapper et vous isoler sans vous illuminer par la même occasion de l'auréole des martyrs. Il y a tellement de Billancourt nouveaux à démoraliser, pourtant ! Ce serait un vrai plaisir si on osait ! À chaque fois que le consensus change de coordonnées, la littérature, qui en est par principe le démembrement sublime, la desquamation orchestrée et bouffonnante, trouve de nouveaux sujets. Le culte de la jeunesse n'est qu'un élément parmi d'autres dans notre univers de Terreur sucrée ou d'euphémisation despotique. Société du spectacle, bien sûr; mais qu'y a-t-il *à l'intérieur* de cette enveloppe? Quels sont les *contenus* diffusés par le système? On ne veut jamais les évoquer jusqu'au bout, c'est dommage, l'endroit vaut le coup d'œil, le décor ressemble à une bonbonnière et on y trouve assez de sucreries et confiseries en tout genre pour redouter l'extinction prochaine du genre humain par une poussée collective de diabète sans précédent. J'ai l'air de me réfugier derrière des métaphores pour définir ce que j'appellerai la « vision téléthon du monde », mais c'est parce qu'il y aurait trop de noms à citer, trop d'exemples à donner, on n'en finirait pas. Dans les profondeurs, bien entendu, rien n'a changé, c'est toujours et plus que jamais la guerre à mort, les affrontements implacables; mais en surface on ne trouve que des pâtes de fruits, des confitures et des caramels mous, c'est moins inquiétant. Vingt centimètres de gâteries, pipeaux et bergeries; trente kilomètres d'OPA, réseaux, technologie, affaires en tout genre : voilà comment pourrait se présenter, en coupe, notre Télébazar contemporain de la Charité.

Dans un tel contexte, les mythes les plus niais, les plus abjectement fédérateurs, seront toujours les mieux accueillis. Toute mythologie est une espèce de retour aux sources abusif, un rêve d'origine idéale. La « jeunesse » (ou plutôt le préjugé selon lequel il y aurait une *nature séparée* de la jeunesse par rapport à l'âge dit mûr), au même titre que l'« enfance » ou la « poésie », est un bon indicateur de tendance, si je puis dire, du romantisme indispensable pour faire tourner le spectacle. En point de mire de son paysage : les enfants prodiges (Mozart, Rimbaud) ; sur les côtés, quelques épisodes édifiants de l'Histoire récente mais sur lesquels on préférerait faire silence (par exemple · cent dix mille *jeunes* de la Hitlerjugend défilant à Potsdam, devant Hitler, en 1932, pendant sept heures et demie; ou encore des cortèges de jeunes fascistes mussoliniens chantant *Giovinezza* à tue-tête) ; au centre enfin, sur un autel, l'allégorie du Nouveau-qui-a-toujours-raison (credo fondamental des avant-gardes du XXe siècle, dont le moteur aura été le refus de toute transmission ; refus entraînant une fétichisation de la rupture sur fond d'idolâtrie du spontané et du naturel). Voilà le tableau. Mais on pourrait le compléter en y ajoutant certains personnages célèbres de la Révolution française, parmi les plus dévastateurs comme par hasard : Robespierre qui n'avait que trente-six ans quand il a été guillotiné, ou mieux encore Saint-Just qui n'en avait que vingt-sept. La Terreur n'attend pas le nombre des années.

Le jeunisme maladie sénile de l'Histoire. Il y a un chantage lâche à l'âge, une intimidation par le temps. Les publicitaires adorent le jeune, c'est le gibier d'élection de ces gibiers de potence, et une raison supplémentaire de détester dans le même sac la pub et les jeunes.

Au secours, les jeunes reviennent ? En réalité, le préjugé juvénophile ne date pas d'hier. Depuis Vichy et Pétain, célèbres apologistes de l'âge tendre, ce préjugé reparaît à intervalles réguliers. La dernière fois, c'était il y a environ deux ans, avec la « génération morale ». Le revoilà aujourd'hui dans ses habits neufs, mais de plus en plus fringant et médiatique. Jeunes loups de synthèse, yuppies d'une politique désodorisée qui n'a strictement plus rien à dire, golden boys de la Vertu re-*designée* résolus à incarner l'idéal d'harmonie d'une planète prétendument unifiée qui ne veut plus entendre parler de rien de déstabilisant. Identifions-nous à la société du spectacle (comme autrefois au drapeau, à la patrie, à la religion dominante), ou crevons.

Si les jeunes constituent un monde séparé, où naissent les vieux alors ? Dans les choux ? Dans les roses ? Dans les cocotiers ? Voilà une vraie question ! Un vrai sujet de débat ! En tout cas, depuis le temps qu'on nous promet des safaris de vieillards, on dirait que nous y sommes. Ou presque.

La vieillesse est un naufrage ? C'est vite dit. Tout dépend de celui qui pilote le navire. Naufrage, le « style tardif » (formule consacrée) de Cézanne peignant des Sainte-Victoire plus admirables les unes que les autres juste avant de mourir ? Naufrage, l'explosion des *Karamazov* que Dostoïevski se met à composer après soixante ans ? Naufrage, Monet et ses derniers *Nymphéas* ? Naufrage, le gigantesque *Paradis* peint par Tintoret à quatre-vingts ans pour le palais des Doges ? Naufrage, l'œuvre ultime et quasi infinie de Flaubert, *Bouvard et Pécuchet*, écrite entre cinquante-quatre et soixante ans ? Naufrage, le cri de Picasso (« Il en vient ! Il en vient encore ! ») multipliant, à quatre-vingt-dix ans, les portraits de « mousquetaires », de gentilshommes armés et casqués, ou de filles nues aux cuisses de plus en plus généreusement écartées ?

On pourrait continuer comme ça indéfiniment. En somme, le problème est le suivant : il y a bien, en effet, un parcours biologique obligé, une inéluctabilité chronologique, un fleuve sans retour des générations. Un asservissement collectif au Temps lui-même, qui produit par réaction une idolâtrie de nos vertes années. Et puis, à côté de cette fatalité, quelques cas isolés, troublants, insistants, exaspérants pour la majorité. Flaubert, Picasso, Dostoïevski, bien d'autres : pour ceux-là, il n'a jamais été trop tard ; pour ceux-là, on dirait que la Loi du Destin a été brisée, la chronologie violée, les mots « vieillesse », « jeunesse » ou « maturité » vidés de leur sens. Puis ils sont morts. Pas comme tout le monde : *trop tôt, eux.* Bien entendu. Tous. Trop tôt. Trop tôt.

Naufrage de l'âge ? Et si c'était l'inverse ? Si c'était au contraire la conscience accablée de la plupart d'entre nous de n'arriver jamais à aucun triomphe sur le temps, sur tous les temps, sur tous les âges, qui nous poussait *compensatoirement* à ériger en culte une jeunesse que nous n'aurons qu'une seule fois, alors que d'autres ont pu et pourront toujours la retrouver à volonté et sans le moindre effort apparent ?

Si la juvénophilie ou le jeunisme, cette *religion du temps*, n'étaient que l'autre nom du ressentiment ?

La jeunesse est un naufrage.

1989

Narcophilanthropie

Mais oui, mais oui, nous sommes d'accord, la drogue menace non seulement nos corps mais aussi nos âmes, elle est haïssable, les gros trafiquants sont atroces et les dealers sordides. La guerre sainte, la guerre totale qui s'est levée contre cette barbarie doit aller jusqu'au bout, on la souhaite implacable.

Enfin une campagne sympathique ! Bien en harmonie avec le nouveau Contrat social universel ! Et réconciliante ! Et fédérante ! Et vertueuse ! Hygiéniste ! Social-écologique ! En fin de compte, il n'y a qu'un intégrisme présentable, et chacun doit y adhérer, c'est celui de l'anti-drogue ; de la vie pure à pleins poumons. Mais quel dommage qu'il n'existe personne pour se charger d'établir systématiquement, jour après jour, l'histoire instantanée des phénomènes culturels : dans l'ambiance générale de rappel aux Valeurs, la lutte actuelle y tiendrait une place de choix. Voilà enfin du Mal absolu ou je me trompe fort. Un peu plus consistant que les « Crados » l'hiver dernier (mais si, mais si, rappelez-vous). À tant faire que de se lancer contre des moulins, autant les choisir repoussants à bloc. Et même si cette guerre ne donne pas tous les résultats espérés, même si les réseaux, sitôt démantelés, se reforment ailleurs, au moins cela fera-t-il de la matière première pour le cinéma. Aux États-Unis, le polar s'est envolé après la grande Prohibition. Vive donc, et à tout point de vue, l'héroïque croisade des autorités colombiennes contre le cartel de Medellin, elle prépare les sagas palpitantes des écrans de demain.

Je sais bien ce que certains pourraient me dire. Que Baudelaire, sans opium ou laudanum, ne serait pas allé très loin dans son œuvre ; que Maupassant, sevré d'antipyrine, n'aurait plus écrit une ligne, à partir d'une certaine époque ; que Malraux, sans opium lui aussi, n'aurait peut-être pas divagué aussi génialement à travers le Musée imaginaire de l'histoire de l'art ; que l'énorme *Saint Genet* de Sartre, enfin, sans corydrane ou benzédrine, serait resté la modeste préface d'une vingtaine de feuillets projetée au départ. Je répondrai simplement : et alors ? A-t-on besoin d'écrivains ? D'artistes ? Qu'est-ce que *Les Fleurs du Mal* en face d'un adolescent qui meurt de manque ? Qu'est-ce que *L'Être et le Néant*, le *Saint Genet* ou *La Nausée*, devant une overdose mortelle ? Hein ?

L'humanité a toujours nourri un certain penchant déplorable et secret pour les substances vénéneuses. Baudelaire n'a pas attendu les beatniks ou Burroughs pour se défoncer. Les Scythes déjà, d'après Hérodote, n'arrêtaient pas de sniffer des graines de chanvre. Mais ce n'est que récemment, en fin de compte, que les stupéfiants ont commencé à s'inscrire visiblement dans le tissu littéraire aussi bien que dans la biographie de certains écrivains...

Il est étrange qu'on ne se soit jamais interrogé sur la date, pourtant très instructive, de cette apparition. C'est en effet dans la première moitié du XIXe siècle que les stupéfiants font leur entrée, avec, par exemple, les *Confessions d'un mangeur d'opium* de Thomas De Quincey, *Le Club des Haschischins* de Théophile Gautier ou *Les Paradis artificiels* de Baudelaire, pour ne citer que des sommets. Comme si brusquement, et de toute urgence, il avait fallu compenser je ne sais quoi, peut-être la perte récente d'une certaine plénitude dans la gratuité du plaisir. Quelque chose qui, à partir de cette époque, se serait trouvé soudain *en moins* dans la société. Le XVIIIe siècle lui-même, pourquoi pas ? l'absorption d'hallucinogènes variés traduirait alors, chez certains, un état de deuil très précis : *le deuil d'un autre siècle.* Est-ce un hasard si les stupéfiants, en France, arrivent une vingtaine d'années après la Révolution ? La proclamation du bonheur-pour-tous n'aurait pas été suffisante pour consoler de la disparition des plaisirs isolés ? Comme c'est curieux. Profitons, en tout cas, des festivités du Bicentenaire finissant pour poser la question. Plus l'ensemble social veut le bonheur (ou croit qu'il s'est donné les moyens de l'obtenir), et plus l'art a de bonnes raisons de craindre le pire. Quand tout, dans un pays, est « astreint aux affaires », comme l'observait le comte Roger de Damas rentrant à Paris après la Terreur, il n'existe plus aucune porte de secours ouvrant sur aucune frivolité, et le blabla romantique peut alors débarquer pour camoufler, sous ses fumigènes multicolores, les réalités du business. Mais tout le monde n'a pas le goût de ce mensonge idéalisant qu'on appelle romantisme. Comment ne pas se laisser enfermer dans les faux problèmes de son temps, les faux devoirs et les effervescences piégées ? Pour Baudelaire et pour quelques autres, il est fort possible, hélas, que les paradis artificiels empoisonnés soient apparus comme le seul contrepoison libérateur, face à l'empoisonnement forcé du bonheur en commun.

Si les dépistages à l'embauche et les tests anti-drogue avaient existé pour les écrivains, pas mal d'entre eux, au XIXe, seraient restés sur le carreau. Même Balzac, qui ne s'est pourtant jamais shooté qu'à l'euphorisant perpétuel du génie de son propre système nerveux (mais alors là à doses spectaculaires), aurait été suspect. Est-ce que lui-même n'a pas composé un très curieux *Traité des excitants modernes* dans lequel, sous prétexte de décrire les effets du café, on dirait que ce sont de tout autres phénomènes, produits par des substances « dopantes » ou « psychostimulantes », qu'il évoque : « Les souvenirs arrivent au pas de charge, enseignes déployées ; la cavalerie légère des comparaisons se développe par un magnifique galop ; l'artillerie de la logique accourt avec son train et ses gargousses ; les traits d'esprit arrivent en tirailleurs ; les figures se dressent ; le papier se couvre d'encre, car la veille commence et finit par des torrents d'eau noire, comme la bataille par sa poudre noire. »

Loin de moi, cela dit, la tentation de faire le moindre éloge de la drogue en général ni des drogues en particulier. D'être « complaisant », comme s'expriment chafouinement les journaux. La complaisance, il y a des maisons pour ça. Et puis, Dieu merci, la Loi est là pour nous rappeler les limites à ne pas franchir. Malheur à qui encouragerait, par ses écrits, la toxicomanie : article L. 630 du Code de la Santé publique. Il n'y a aucune raison, en effet, pour que les valeurs de masse perdent leurs droits, même devant la littérature. Regrettons seulement, en passant, la confusion actuelle. Plus un phénomène s'universalise, et plus il se simplifie dans les mêmes proportions. Lorsqu'il n'y avait que 0,01 % de la population qui consommait des substances interdites, on faisait encore de vagues efforts pour distinguer celles-ci les unes des autres. Maintenant que c'est devenu un « fléau » général, on dit *la* drogue, ça va plus vite et ça permet les vraies mobilisations efficaces dans le brouillard. Tout dans le même slogan ! Tout dans la même ignorance crasse ! Pas de temps à perdre ! Un bon ennemi est un ennemi nommé. Siglé. Propre à concentrer le maximum d'hostilité et de fantasmes paniqués.

Mais il faut comprendre les États, ils ne veulent que notre bien, c'est évident. Il faudrait avoir l'esprit très mal tourné pour imaginer que la guerre actuelle contre les trafiquants pourrait avoir d'autres causes : le manque à gagner gigantesque, par exemple, dû à la circulation des narcodollars à travers le monde. *Secret Money*. Tous ces capitaux plus ou moins blanchis, tous ces flux financiers détournés, quel cauchemar, en effet, pour le fisc planétaire ! Mais non, c'est de notre salut qu'il s'agit, je le répète, et qu'importent alors les simplifications ; qu'importent même quelques restrictions supplémentaires à nos libertés individuelles si la santé des générations prochaines est assurée. Juste une modeste suggestion pour terminer : on devrait repeindre tous les drapeaux nationaux et leur ajouter, en guise de symbole de la civilisation qui s'annonce, une énorme, une superbe ceinture de sécurité. Est-ce que ce n'est pas l'emblème, désormais, de notre avenir radieux[1] ?

1989

1. « La Poste "censure" Malraux fumeur », annonce *Le Figaro*, dont je me demande bien pourquoi il utilise des guillemets. Pour cause de « lutte contre le tabagisme » (c'est là qu'il fallait les mettre, les guillemets), une photographie de Malraux par Gisèle Freund est amputée de la cigarette que l'écrivain arborait au coin de la bouche. Après la fin de l'Histoire, les conneries continuent *(octobre 1996)*.

Le médecin malgré moi

Cet homme est dangereux, ma santé l'intéresse. Je l'avais déjà repéré, à la télévision, je n'ignorais pas qu'il avait assuré de terrorisantes missions auprès du ministère de la Santé, je savais que rien n'empêcherait plus ce chef de patrouille prophylactique de fourrer le nez dans mes vices privés au nom du Bien public. Je l'observais. Il est toujours intéressant de regarder naître une nouvelle utopie, de la voir croître et embellir en tirant à boulets rouges contre des ennemis qui, pour être plus abstraits que ceux d'autrefois, n'en sont pas moins bien désignés : alcoolisme, tabagisme, graisses, voitures capables de trop grandes vitesses, etc. Mais voilà que maintenant ce sauveteur du monde, ce commissaire principal de la brigade des Néo-Mœurs, ce chef de service d'anatomopathologie d'Ambroise-Paré, ce docteur Got en un mot comme en cent, publie un bouquin. Cette bonne fée médicale a écrit un livre. C'est le Bréviaire du Carabosse. Un gros pavé rouge avec sa photo en couverture, quatre cent cinquante pages qui pourraient bien devenir la charte de l'Internationale hygiéniste, et dont le titre, déjà, vaut son pesant de cannibalisme philanthropique et de pulsion de mort en folie : *La Santé* !

Il y a dans *Knock*, dès le début de la pièce, un bref dialogue que j'ai toujours trouvé prodigieux. Knock recueille auprès du docteur Parpalaid, dont il vient de racheter le cabinet, des renseignements sur les habitants de Saint-Maurice : ont-ils de l'argent ? Les femmes sont-elles pieuses ? Y a-t-il de « grands vices » ? Quels vices ? demande Parpalaid. Réplique de Knock : « Opium, cocaïne, messes noires, sodomie, convictions politiques. » Parpalaid répond que tout cela est à peu près inconnu à Saint-Maurice. Knock, alors, conclut :

« En somme l'âge médical peut commencer. »

L'âge médical, c'est-à-dire la vieillesse du monde.

Ou encore le moment de l'Histoire où la santé remplace toutes les autres occupations, passions, distractions.

Ce n'est pas pour rien que, depuis vingt ans, si l'on en croit les statistiques, la « demande » en médicaments n'a cessé d'augmenter, talonnée significativement par la « demande » de « culturel ». Voilà. Nous y sommes. Le sida et la mort des idéologies ont déblayé le terrain. L'âge de Got peut commencer.

Cet homme est dangereux, ma survie l'intéresse. Mon existence, il l'appelle « vie comportementale ». Les médecins de Molière s'exprimaient en bas-latin ; le bon docteur Got, lui, écrit la néo-langue en résine synthétique que notre époque mérite. C'est Knock plus le caisson hyperbare, la greffe d'organe, les logiciels, les DIM (Départements d'information médicale), le PMSI (Programme de médicalisation des systèmes d'information), les « marqueurs » et autres saloperies du dialecte contemporain. Oui, cet homme est redoutable : il ne veut rien interdire, mais tout, dans son style d'améliorateur chafouin de la condition humaine, demande l'interdiction de tout au nom de l'influence de tout sur tout le monde, notamment sur « les jeunes ». Ah ! les *Jeunes* ! Qui mesurera jamais l'impact sur les jeunes du slogan « Ma chemise pour une bière », que cet inquiétant médecin malgré moi se souvient d'avoir vu, je cite, « associé à une femme désirable prête à quitter ses vêtements » ? Cet homme est dangereux : quand il aperçoit une femme désirable prête à enlever ses vêtements, il pense impact sur les jeunes au lieu de songer à la baiser.

Cet homme est effrayant. Bien entendu, il se méfie du mot « liberté » au singulier, dont le triomphe serait la négation même de sa mission, et parle des « libertés » au pluriel, lesquelles permettent d'agir (mais sans excès) dans ma « vie comportementale » (c'est comme ça qu'il cause). Cet homme est terrifique. Il fait semblant de lutter contre les lobbies et la publicité des bières ou de la cigarette, mais puisque je ne peux pas le croire assez niais pour accorder la moindre influence à la publicité dans de pareils domaines, je suis obligé de me dire que, derrière cette prétendue lutte, se cache le rêve de prohiber non la publicité des bières ou du tabac, mais la bière et le tabac eux-mêmes.

Pour commencer.

Cet homme est malheureux, il sait sa voie étroite ; et qu'il ne pourra plus vraiment donner les leçons de morale qu'il voudrait. Certes, il y a le sida qui oblige enfin la société, comme il écrit, à « parler sérieusement de sexualité » (ce dont les hommes, ajoute ce triste sire, ont toujours eu horreur, mais apparemment pas lui). Hélas, la duplicité des êtres humains est grande ; ces « profils très divers » qu'il découvre, cohabitant ou se succédant parfois à toute allure « chez le même individu », le mettent mal à l'aise. La société n'a-t-elle pas eu que trop tendance, jusqu'ici, à s'accommoder de paradoxes, de contradictions, d'ambiguïtés ? Certes, cet homme a des petites joies (« contribuer à renforcer l'application d'une réglementation me satisfait »), et un idéal pas du tout immodeste (« faire évoluer la société dans le sens correspondant à mes idées ») ; mais il se sent contraint, et cette contrainte le force à des acrobaties qu'il doit trouver pénibles. Exemple : « Il est souhaitable que la liberté ne soit pas un conditionnement à sens unique et que les attitudes considérées socialement comme normales soient promues, si une majorité estime devoir le faire, tout en respectant les choix individuels » (ceci après un long développement sur le sida, les homosexuels, les artistes et philosophes qui sont des « aventuriers » et qui explorent toutes les « directions» en se cognant «à tous les murs et à tous les plafonds»).

Cet homme est dangereux, les plaisirs l'insupportent, il en voit les dangers («actions contraires à l'intérêt de la santé publique»). Cet homme est dangereux. Quand j'allume une clope, il évoque mon «conditionnement pharmacologique à la nicotine». Cet homme est dangereux, il a résolument choisi les intérêts du groupe contre ceux de l'individu. L'Hygiénisme est la religion collectiviste de l'an 2000 («l'intérêt de chacun, murmure ce M. Got au nom prédestiné, doit être traité à un niveau collectif»). Cet homme est dangereux, il rêve d'un «environnement social» néo-tribal qui saurait neutraliser les facteurs de risque individuel. Cet homme est dangereux, il écrit bucoliquement : «Promenez-vous dans une des villes du Mzab, par exemple à Béni-Izguen, enserrée par sa muraille et ses habitudes. La communauté est soudée par la religion, et une surveillance de chacun est assurée par le groupe. Peu de liberté pour s'écarter des règles, pas d'alcool, pas d'alcoolisme.» Dans l'actualité *allégée* des communautés d'après la fin de l'Histoire, le plaisir d'un seul ne saurait être préservé sans danger pour l'ensemble social. Le global, bientôt, n'aura même plus à donner ses raisons pour effacer le local. Tout ce qui est «privé» est mis en minorité. D'ailleurs Got délivre son programme sous habillage de «gauche» (la prévention, déplore-t-il, est aujourd'hui élitiste ; seul un tout petit groupe de privilégiés se protège, les autres n'arrêtent pas de se vautrer dans le tabac et l'alcool, ou d'essayer de se tuer au volant de voitures rugissantes, il faut que ça change). La prévention égalitaire universelle est en train de devenir le nouvel horizon indépassable du monde sans horizon.

Ô Got ! Mein Got ! Marionnette terrorisante du Bien-Être, c'est-à-dire du Bien commun irréfutablement incarné ! Planificateur prudent dont le but est la transformation des êtres en animaux sains et dociles, sujets de la Santé comme ils l'étaient déjà de l'État, mais qui te défends d'être le moins du monde «prohibitionniste» (comme si cette idée avait jamais pu venir à l'esprit de quiconque) ! Got ! Got ! Trompette de l'Intérêt général devenu Corps mystique ! Got ! Luminaire éblouissant du dogme du « tabagisme passif », par quoi l'idée de « nuisance à autrui », inscrite dans la formule de la Déclaration des droits de l'homme (« la liberté consiste à faire tout ce qui ne nuit pas à autrui »), s'illustre enfin dans toute son ampleur ! Ô Got ! Got ! Got ! Tu tiens le bon bout ! Tout est fini ! Ton ère de fer commence ! C'est gagné[1] !

1992

1. C'est aux États-Unis, on le sait, que le terrorisme de la santé connaît ses plus belles victoires. L'entrefilet suivant, paru dans *Le Monde*, indique que la chasse à la pulsion de mort bénéficie aussi, désormais, aux condamnés à mort, et se poursuit triomphalement jusque sur la chaise électrique. « Larry Wayne White, 47 ans, coupable d'avoir assassiné deux vieilles dames, a été exécuté vendredi 27 mai à Huntsville, Texas. Les gardiens, appliquant un “programme de prévention contre le cancer du poumon en milieu carcéral”, n'ont pas autorisé White à fumer sa dernière cigarette avant de mourir. » Mourir guéri, bien entendu *(mai 1997)*.

Mes Gitanes à l'heure européenne

Je n'ai absolument pas besoin de lire le traité de Maastricht, sécrétion mégalomane, pataquès comploté par douze potentats en phase maniaque, pour savoir ce que c'est que l'Europe. Seules les conséquences de ce micmac lugubre dans la vie quotidienne m'intéressent; pas les déclarations d'intention. Une « psychopathologie de la vie quotidienne » est d'ailleurs à réinventer : transmettre, à partir des moindres détails, à partir des plus futiles événements le dégoût de tout ce qui est sur le point de se mettre en place sous le nom d'Europe en serait l'un des axes principaux. Cette Europe, donc, j'en ai approché la réalité il y a quelques jours, quand je me suis fait refiler pour la première fois, au tabac du coin, mon premier paquet de Gitanes en chocolat formatées « aux nouvelles normes européennes ». La Gitane de l'an 2000 était arrivée ! « Son diamètre a légèrement diminué, passant à 7,9 mm », disait le petit mot d'excuse qui l'accompagnait. *Légèrement,* tu parles ! Elles n'ont plus que le papier sur les os ! Rabougries, ratatinées, rétrécies, abrégées, réduites, contractées, amaigries, nanifiées, ce ne sont plus des Gitanes, ce sont des résumés de cigarettes, des condensés, des digests, des saloperies dévaluées, amoindries, exténuées, des difformités.

On y a touché. On les a fait maigrir, on les a effilées, on les a émaciées, décharnées, efflanquées. On les a alignées sur les blondes en espérant que je ne m'en apercevrais pas, ou pas vraiment; ou encore que, devant cet ersatz misérable, je sauterais de joie en me répétant qu'il faut être absolument moderne et que les Gitanes à l'heure européenne c'est vachement moderne, youpi, puisque c'est vachement européen.

On les a épurées, purgées, euphémisées, édulcorées, litotées, mitigées, civilisées, émoussées, lénifiées, tempérées. On les a moralisées, voilà, c'est ça l'Europe et c'est ça Maastricht. On leur a donné une tronche *politically correct* (ou plutôt *culturally sensitive*, puisqu'il paraît qu'au pays de l'Euphémisme sanglant c'est cet euphémisme qu'il faut désormais utiliser pour désigner flatteusement la dictature euphémistique de la *political correctness*).

On leur trouvait un air de caverne et de sauvagerie qui discordait encore un peu trop, dans la vaste voie piétonnière hygiénique du Grand Marché de 93 où l'on ne veut plus voir circuler que des décideurs gominés et dénicotinisés.

Et en plus, il paraît que ce que raconte la Seita sur le rabat du paquet pour justifier sa carambouille est archifaux ; ce ne serait pas pour obéir aux normes des petits dictateurs bureaucrates de Bruxelles qu'elle aurait mis la Gitane à la bonne heure légale européenne. C'est toute seule qu'elle aurait pris cette initiative répugnante et juteuse. Les atroces « commissaires européens » seraient même ulcérés, dit-on, de servir une fois de plus de boucs émissaires. Ce chagrin de technocrates est bien touchant. Mais ce qu'il y a d'encore plus certain, c'est que si l'Europe de Maastricht et de Bruxelles permet ce genre d'imposture, c'est qu'elle est dangereuse. Quant aux « commissaires européens », s'ils n'existaient pas, personne n'aurait aucun prétexte pour s'abriter derrière eux et commettre ses mauvais coups. Qu'ils disparaissent donc, s'ils veulent qu'on cesse de leur attribuer tous les maux de la terre. Qu'on efface tout ! Qu'on reparte de zéro ! Et qu'on arrête de me vendre ces saloperies de Gitanes puritaines et végétariennes qui se fument toutes seules (un paquet vient d'y passer tandis que je composais mon petit poème), ces cochonneries de cigarettes frauduleuses, culpabilisées, atrophiées, inhibées, neutralisées, domestiquées, anémiées, pusillanimes, vertueuses, bref, maastrichiennes, donc maastricheuses.

1992

La colonie distractionnaire

Ça y est, c'est fait, j'en reviens, *j'ai vu Eurodisneyland*! Enfin vu. Entr'aperçu plutôt, surpris aux confins, sur les horizons, la Ninive interactive, la colonie distractionnaire du siècle en train de naître. Mais on ne pénètre pas si facilement que ça dans la gueule du monstre. Il faut le vouloir, d'abord, le chercher, le dénicher au fin fond de terres effrayantes, bien protégé derrière des kilomètres d'épandages et de friches industrielles. Je voulais visiter le jardin d'Éden en chantier. Ça m'intéressait de voir comment avancent les bulldozers de guerre du Meilleur des mondes, poussant leurs tombereaux de cochonneries en couleurs, leurs dorures, leurs fanfreluches philanthropiques, leurs hôtels en glace à la framboise et leurs majorettes en chou à la crème bardées de gentillesse et de zoophilie. C'était le bon moment, le dernier, pour apercevoir de cet univers les carcasses naissantes, juste avant que de pimpants omnibus à impériale et des cochers en livrée n'emmènent petits et grands de Town Square à Central Plaza au son d'un orphéon ou d'un piano jouant le ragtime.

Avant d'arpenter le Paradis, il a fallu que je m'acharne. Euro-babylone ne veut pas être surprise en plein maquillage, alors que bafouillent encore dans la boue ses grandes ambitions. Pour commencer, il y a cette autoroute A4 Metz-Nancy autour de laquelle un paquet de Lego géants semble avoir crevé en vrac, et qui fait tout ce qu'elle peut pour vous détourner. J'ai mis un temps fou avant de comprendre que Marne-la-Vallée appartenait à cette catégorie de pays où on n'arrive jamais. Comme toujours, l'étymologie a raison : la banlieue n'est pas un lieu, c'est le bannissement même de l'idée de lieu, une délocalisation radicale et définitive. La quincaillerie de malheur de ces endroits, où on a rejeté pêle-mêle, au cours des siècles, toutes les bavures du monde, usines désaffectées, réservoirs à gaz, pylônes à haute tension, conglomérats d'autoroutes et d'immeubles burlesques de Bofill sculptés à vif dans le brouillard de la désolation, se dresse de toute sa disgrâce pour vous égarer. Les panneaux ne sont là que pour promettre ce qu'ils seraient bien incapables de tenir. Ils disent Marne-la-Vallée, Torcy, Noisy, Val-Maubuée, ils disent Noisiel ou Lagny (le Cochons-sur-Marne de Bloy!), ils disent Émerainville, Bussy-Saint-Georges; et il vous faut du temps pour comprendre que ces noms ne correspondent à rien. Enfin, à rien. À des *résidences*, à des *piazzas*, à des *parcs urbains*, à des *galeries marchandes* avec vasques et lampadaires appropriés. C'est ce que je disais : à rien. Les routes d'autrefois conduisaient au moins d'un point à un autre; dans cet univers-là, il n'y a plus que des rocades en trame serrée, et elles n'ont d'autre intention que de vous emmener vers d'autres rocades.

Il ne faut pas se laisser intimider non plus par l'« Espace Eurodisney », bien en évidence comme un leurre à quelques mètres de l'autoroute. Prétendu « centre d'information », plus minable qu'une station-service mais coiffé du chapeau pointu bleu de Mickey dans *Fantasia* (mon préféré), c'est le trompe-l'œil en plein vent destiné à faire croire aux curieux qu'il n'y a rien d'autre à voir. Déjà des tas de gens venus de partout se pressent aux portillons et réservent leur entrée pour le grand jour : le 12 avril! Oh! je ne me fais pas de soucis pour la Souris sacrée : son Royaume est de ce monde et elle aura un succès fou, c'est tout vu. Par cohortes, les détraqués viennent prendre un avant-goût du Cauchemar à thèmes. On se bouscule dans la boutique, on s'arrache les pin's (comme pour Lautrec), les peluches, les blousons et les autres gris-gris équipés des deux oreilles noires obsessionnelles. D'ailleurs le voilà, justement : Mickey ! Là-bas ! C'est lui, sur le terre-plein, en chair et en peluche, envoyant des baisers à la foule en liesse ! Qu'est-ce que ça lui fait, au type ainsi accoutré, d'être un dessin incarné ? Quelle peut bien être sa vision du monde, derrière les hublots fumés de ce masque d'hydrocéphale, tandis que montent vers lui des cris d'enfants comblés ?

En voiture ! On repart ! C'est le château, moi, que je veux voir. Le château avec ses donjons et ses poivrières ! Son clocher en nougat ! Eurodisneyland morne plaine ! Les Américains, qui savent ce qu'ils font, n'ont sûrement pas décidé au hasard de venir planter sous ces irréparables cieux leur grande mosquée de la Rigolade permanente, alors qu'ils auraient pu s'offrir pour le même prix tous les soleils de l'Espagne. Est-ce que les ibériques corridas indomesticables (trop pré-fin de l'Histoire) les ont fait reculer ? Ou bien, géostratèges consommés, n'ont-ils choisi notre route de l'Est pour y déverser leur Pays des merveilles et soixante-huit mille mètres cubes de faux rochers que parce que c'était celle des grandes invasions ? Après d'intenses réflexions (en langage vaseline, ça s'appelle procéder à des études de faisabilité), auraient-ils jugé que nous étions plus mûrs, c'est-à-dire plus morts, que les Espagnols ? De toute façon, une telle installation est un bon indicateur de l'état de table rase d'un pays. Disneyland *in situ*, chez soi, dans ses meubles, en Californie, le « vrai » Disneyland, tel que je l'ai visité il y a près de dix ans, m'a toujours paru avoir sa cohérence amusante et funèbre comme concrétion, sous forme d'Eros Center infantile, d'un vieux rêve d'immigrants brutaux, où vingt-cinq mille ruées vers l'or se mélangent avec le mythe des sept cités de Cibola par-dessus l'effrayant souvenir refoulé du massacre des Indiens. Le château de la Belle au bois dormant, aux États-Unis, se dresse comme la copie d'une copie de Viollet-le-Duc. Mickey-le-Duc en majesté ! Est-ce vraiment illogique que la Suisse soit aujourd'hui la seule région d'Europe à se montrer réticente devant l'implantation de parcs à thèmes ? « Il n'y a que cet abruti d'Abetz qui n'avait pas compris que les nazis voulaient transformer la France en un vaste Luna-Park », écrivait Céline. Une France vivante, donc non encore complètement « européenne », était-elle compatible avec ce cheval de Troie de la *version nursery* du monde ? Un Paris vivant aurait-il pu admettre sans la rejeter cette greffe d'organe écœurante ? Est-ce qu'il ne fallait pas, d'abord, avoir effacé pendant vingt ans la capitale, aussi bien en lui arrachant le cœur (en déracinant ses Halles) qu'en détruisant ses palais, en coiffant la Coupole d'un cercueil de béton, en remplaçant ses cafés-tabacs par des succursales de banques, des fast-foods, des usines à voyages, en grévinisant enfin ce qu'on n'avait pu anéantir ? Le dôme astiqué des Invalides, la cataclysmique fête de la Musique, les voies piétonnières équipées de cracheurs de feu, les galeries d'art cancérigènes de la Bastille, les néo-tours, les néo-bureaux, l'ovni design de la Grande Arche, celui de la Géode, la sanisette de l'Opéra-Bastille et les sculptures ridicules abandonnées par le ministère de la Culture comme des petits poucets honteux à tous les carrefours d'une ville dont il était urgent d'humilier les derniers vestiges aristocratiques ; tout cela ne savonnait-il pas merveilleusement la pente conduisant à Eurocarnaval ?

Après tout, soyons honnête : l'étron disneylandesque n'est que la cerise américaine sur le gâteau de merde de la liesse planétaire. Nos nouveaux maîtres de droite comme de gauche, dans le fond de leur âme, s'appellent tous Mickey et Minnie. La bataille de la Marne était perdue d'avance ! Qui ne se rue pas pour contracter, comme on dit en business-langue, « des accords de partenariat » avec Onc'Picsou ? BNP, Kodak, Nestlé, Renault, France Télécom ! Renault s'occupera du « Visionarium », la BNP de l'« Orbitron », Nestlé interviendra dans les relais-bébés et l'accueil pour animaux ; quant à France Télécom, il s'associera à une des attractions majeures, *« It's a Small World »*, youpi ! de Fantasyland, poil aux glandes.

En vérité, en vérité, je ne devrais pas plaisanter. À Bucarest, dans le musée qui lui était consacré, Ceaucescu avait fait accrocher, à côté de ses titres de docteur *honoris causa* et des batteries de décorations, son diplôme de « Citoyen de Disneyland ». Tout cela est donc très sérieux, et les Américains n'ont jamais manqué de faire visiter leur Paradis à thèmes aux chefs d'État étrangers.

Partout on a compris, et depuis longtemps, que la véritable soumission, la soumission librement consentie, passait par le divertissement. Comment transformer des êtres parlants en « excursionnistes » ? La gloire de Walt Disney lui-même vient surtout d'avoir senti, bien avant les autres, que l'Histoire finissait et que le globe, exploré de fond en comble, désormais visitable par n'importe qui, était en train de perdre ses derniers attraits. Plus de planète. Plus d'Histoire. Plus de temps. Plus que du passe-temps. Quand je pense qu'il y en a encore qui se fâchent tout rouge devant la perspective de la « fin de l'Histoire », alors que cet énorme bubon d'Eurolunapark est en train de leur pousser sous le nez ! Comme si l'Histoire, d'ailleurs, avait jamais été compatible avec la « récréatique » !

À partir du moment où ce monde devenait sans intérêt, pourquoi ne pas en inventer un autre ? *Funworld !* Le pays de la rigolade où le négatif est inconnu ! La Ville dont le prince est un con entouré de feux d'artifices ! Cela dit, entre Goude (ou Decouflé) et Disney, je ne vois pour ma part aucune différence d'essence, seulement des degrés dans le savoir-faire. Là où nous ne sommes que des apprentis en autodécervelage enthousiaste, des écoliers timorés et prétentieux, à peine capables de défilés sophistiqués avec femmes-bulles « au second degré », retraites ploucs aux flambeaux et crétins marsupilamesques, les Américains, eux, en vrais grands professionnels, vont nous apprendre de quel corso fleuri ils se chauffent. Attendez un peu ! Vous allez voir ! Le 12 avril !

Il n'y a plus que la boue d'Île-de-France (qui, comme on sait, ne sèche jamais) dont on puisse espérer qu'elle les arrêtera. Tout en me perdant à nouveau dans la forêt des rocades, je me disais donc que c'était un monument élevé à notre effacement définitif que les entrepreneurs de consolation étaient venus nous dédier. Il m'a bien encore fallu une heure pour me dépêtrer des péages et des autoroutes, avant d'apercevoir enfin, sous un soleil rouge et malade d'hiver, au milieu de ces plaines basses, hideuses et pouillées, dont rien ne fera jamais oublier qu'elles ont si longtemps porté des betteraves, le fameux Château, oui, le Disneygraal de l'Idiote au bois dormant ! Leur Neuschwanstein en pistache ! Tout stuc et bonbon ! Poivrières, mâchicoulis, beffrois et merveilles ! Oriflammes et fanfares ! Ô tours divines ! Étoile de la mer ! Chartres et Lourdes !

Tel un pèlerin aux yeux brouillés de larmes émues, j'ai voulu m'en approcher. Mille chemins diarrhéiques y conduisaient, à l'entrée desquels veillaient des espèces de tontons-macoutes en treillis qui ne rigolaient pas. « Revenez le 12 avril ! », m'ont-ils tous répété avant de m'obliger à faire demi-tour. « Revenez le 12 avril ! » On sentait chaque fois que c'était la dernière sommation avant de tirer. À dix reprises, je suis reparti à la charge. Vingt fois, j'ai tenté de passer en ignorant les miradors. Ils m'ont stoppé dans mon élan. « Le 12 avril ! Le 12 avril ! » Ah ! elle est bien surveillée l'Eurosaloperie pur sucre et parpaing et cotée en Bourse ! C'est le repaire de Jim Jones, ma parole, à la Guyana ! Que celui qui n'a jamais essayé de pénétrer par la grande porte, avant le 12 avril, dans le « Camp Davy Crockett », me jette les premiers confettis !

J'ai exploré d'autres chemins creux, entre des talus, d'autres sentiers bouillonnants de fange. Les issues étaient bloquées. « Revenez le 12 avril ! » Les types, de plus en plus nerveux, tripotaient des choses sous leur treillis. Bien sûr, j'aurais pu, comme tant d'autres, m'offrir la visite officielle avec accompagnateur assermenté, mais je ne voulais pas ; on ne m'aurait, de toute façon, jamais ouvert les coulisses, jamais montré les oubliettes intéressantes de dessous le décor, le dédale de bureaux souterrains, les kilomètres de magasins enterrés, locaux de répétition, studios d'animation, esclaves au travail, salles d'ordinateurs pour actionner les automates de la surface, toutes ces cavernes du loisir. J'ai quand même réussi à tourner autour des zones de chantier. Je l'ai vu sous toutes les coutures le monstre en construction. Un récit de voyage aux États-Unis devra commencer ici, désormais : Eurodisneyland, porte du Nouveau Monde ! Des bâtiments informes et mesquins se dressent sur l'horizon comme de vieilles molaires de béton essayant de mastiquer les nuages du ciel lourd. Tout cela fera de bien vilaines ruines, dans un ou deux siècles...

Il était tard. Les hôtels en gâteau à la fraise commençaient à fondre dans la nuit. L'ensemble prenait l'aspect de ces villes fantômes de jadis, dans le Grand Ouest, quand les filons d'or étaient épuisés. Les malheureux arbustes hâtivement plantés grelottaient dans le désert. De derrière un talus, j'ai vu des ouvriers qui s'en allaient. Des portes claquaient. Les voitures et les camions démarraient. Des petites lumières s'allumaient sur la façade du Newport Bay Club, qui domine le lac Buena Vista. C'était peut-être le moment de foncer ? Allons-y ! Je me suis propulsé en avant dans les ombres. À l'assaut ! Mais voilà que, du fond de la nuit, sont montés des aboiements. Panique ! Demi-tour ! La prise du palais des Quatre Saisons n'est pas pour demain !

Que restera-t-il de la gauche au pouvoir en France, d'une cohabitation et de deux septennats ? Le refus d'acheter du sang non contaminé aux États-Unis (qui a entraîné la mort par le sida de nombreux transfusés) et, dans le même temps, l'implantation du plus viral des divertissements américains ? Des momies du Panthéon à la momie du Bois dormant ! J'ai sous les yeux une carte terrifique : c'est celle de l'Europe, et elle est destinée à vous convaincre que, quoi que vous fassiez, tous ses chemins mènent ici, au kilomètre zéro, au centre absolu du Grand Marché unifié. N'oublions jamais que le Parc a été baptisé *Euro* autant que *Disney*, ce qui signifie qu'à *Disney*, déjà assez pénible, on a ajouté le concept le plus patibulaire de la période actuelle.

Je ne sais d'ailleurs pas ce que j'aime le moins : *Euro* ou *Disney*? La compétition est serrée. Quoi qu'il en soit, braves Européens, vous pouvez dormir sur vos deux oreilles, tout est déjà calculé : de Séville, en avion, vous mettrez cinq heures quarante-cinq minutes ; de Marseille, trois heures quinze minutes ; de Rome, quatre heures quinze minutes. Munich ne sera qu'à huit heures de voiture et Londres à six. Mais de Londres, franchement, je vous conseille, dès 1994, le TGV : Londres-Magic Kingdom en trois heures quinze minutes, qui dit mieux ? Une immense toile d'araignée d'autoroutes et de voies aériennes se rassemble en la nouvelle Ville Lumière. Rêveurs de mégapoles, urbanistes, architectes tâtonnants, venez en prendre ici de la graine ! Vous trouvez l'esthétique Disney un peu trop rocaille et chalet ? Notre goût s'y fera. Je ne suis pas le premier à noter que Disneyland, Disneyworld ou Epcot Center sont les seuls chefs-d'œuvre *viables* de l'urbanisme contemporain (sans compter qu'à l'inverse de ce qui se passe dans nos vieilles agglomérations si mal surveillées, le taux de criminalité y approche du néant). Et puisqu'il n'y a plus rien à sauver de Paris, je propose des changements de nom de rues et de quartiers : Adventureland pourrait dès maintenant remplacer Saint-Germain-des-Prés, et Central Plaza la place de l'Étoile, tandis que Pigalle deviendrait Pleasure Island et l'Île-de-France Frontierland. Mais il est visible qu'ici on attend tout des Allemands, Hollandais, Norvégiens ou Danois qui arriveront par convois blindés, et pas grand-chose des Français, on a bien raison. L'Eurodisney-colonie ne traînera pas longtemps la France comme un boulet. Elle commence déjà à s'en débarrasser. À sa façon, elle est déjà un petit État dans l'État (d'où ces règlements cocasses touchant aux moindres détails, couleur des chaussettes des employés, longueur des ongles, etc.). Un jour viendra peut-être où les salariés y seront payés en disney-dollars plutôt qu'en francs ou même en euros.

Eurodisneyland ignore le temps ! Ce n'est pas demain la veille qu'ils l'auront, le foutu espace « superbement paysager » qu'ils annoncent, mais qu'importe : le développement à long terme des métastases de ce néo-despotisme éclairé n'est-il pas programmé jusqu'en 2017 ? D'ici là, bien des hivers ruisselants et pas mal de sirop auront coulé sous les *scenic railways.* Le « Camp Davy Crockett » se sera étendu. Les « Disney MGM Studios-Europe » auront ouvert leurs portes, miam ! Et treize mille chambres d'hôtels supplémentaires auront vu le jour, ainsi qu'un parc aquatique et un deuxième golf. Mais pourquoi arrêter les prévisions en 2017 ? Pourquoi pas 2164 ou 3022 ? L'avenir de l'Enchantement n'est-il pas illimité ?

1992

Le Bicentenaire est terminé

Puisque nous sommes dans le pays où la liberté est égale à la fraternité, laquelle n'est comparable qu'à l'égalité de la légalité, et que je ne suis pas capable de faire comme tout le monde et que cela m'est égal d'être égal à tout le monde puisque c'est encore moi qui finirai par tuer tout le monde, je vais me mettre esclave, Mère Ubu !

Alfred Jarry

La Commémoration ? Le Bicentenaire ? Comme tout cela paraît loin déjà, presque effacé. Tenter un bilan des festivités relèverait de l'exploit. Comment prendre la chose aujourd'hui ? Par le torrent de livres qu'elle a suscités ? Par ceux, rares, qui surnagent dans cette avalanche[1] ? Je crois qu'il vaut mieux aller tout de suite à l'essentiel, à la seule vraie actualité de l'année, au symptôme le plus applaudi et le plus voyant : le défilé de Goude. Et non pas même lui, mais ce qui en a été dit. Et non pas même ce qui en a été dit, mais ce qui en a été médiatiquement

1. Voir Olivier Blanc, *Les Hommes de Londres, histoire secrète de la Terreur*, Albin Michel (nombreux documents sur la Terreur « manipulée » de l'étranger, notamment l'Angleterre) ; Gérard Gengembre, *La Contre-Révolution ou l'Histoire désespérante*, Imago ; enfin, pour se placer au cœur même de l'affaire, dans son repli le plus épineux, au centre sexuel de l'agitation démonologique révolutionnaire : Chantal Thomas, *La Reine scélérate, Marie-Antoinette dans les pamphlets*, Le Seuil.

retransmis, donc aussi ce qui a été dit des modalités de cette retransmission, le flop télévisuel qui s'en est suivi et auquel, pour la symétrie, le flop du cortège des « anti-89 » du 15 août devait apporter un écho apparemment renversé. Si donner son avis sur une actualité quelconque est intéressant, il existe un plaisir supérieur qui consiste à donner son avis sur la somme des avis que les autres ont formulés.

Une fête est toujours une manière d'escamoter ce qui est censé être fêté. Une grande liesse populaire vaut une vaccination de masse. La façon dont la Révolution a disparu corps et biens dans l'innocente célébration en bande dessinée du 14 juillet me paraît exemplaire de l'ambivalence du sentiment collectif à son égard. Rappelez-vous comme les choses se traînaient funèbrement depuis des mois ; comme le Bicentenaire s'étalait dans sa propre agonie ; comme tout semblait perdu malgré les bombardements de propagande officielle. Des prophètes de malheur prédisaient le désastre. Et puis soudain, la surprise, la divine surprise ! Goude parut et tout s'arrangea ! Miracle ! Les affaires reprirent, des foules envahirent les Champs-Élysées, on se congratula, on avait eu chaud mais ça y était, on avait quand même gagné, le souffle de l'Histoire rétrospective était passé.

Dans cette petite comédie de quelques semaines s'est résumé ce qui reste, pour nous, deux cents ans après, de la Révolution française. C'est-à-dire quoi ? Très peu de choses, en vérité. Pauvre Révolution perpétuellement condamnée à passer au second plan, derrière d'autres événements ! À être gommée, comme si elle était trop gênante. Il y a un siècle, déjà, lors de la première commémoration, elle avait dû s'effacer derrière une autre attraction médiatique, l'érection de la tour Eiffel. On était en 1889 et l'avenir s'annonçait radieux ; la France, après les années d'agitation et de menaces putschistes (le boulangisme), avait bien mérité de vivre en paix dans une République modérée dont la Tour, nouvelle Arche d'alliance, constituait pour ainsi dire le signe métallique légendaire, le chiffre illuminé. Il aurait fallu être fou furieux pour prédire d'autres scandales, de nouveaux troubles, l'affaire Dreyfus, le grand massacre de 1914 et les autres déchaînements du xxe siècle.

Mais nous voilà, nous, en 1989, et derechef tout va pour le mieux, le consensus de l'an 2000 se met en place, les bons sentiments giclent sur les ondes, Moscou devient à toute allure le jardin des délices de l'avenir, l'Europe unifiée sous contrôle germano-russe est en marche. Il y a bien encore Beyrouth ou Pékin, mais chacun espère qu'il s'agit de bavures résiduelles, de poches de résistance ultimes contre la grand-messe généralisée du prochain millénaire et la communion par satellites au sirop d'orgeat. Un matin, au mois d'août, écoutant les informations à la radio, j'ai bien dû entendre prononcer le mot « optimisme » une cinquantaine de fois en dix minutes, les Polonais étaient optimistes, Solidarnosc était optimiste, le Poup était optimiste, les Libanais étaient optimistes, le gouvernement français était optimiste, les gendarmes étaient optimistes, le kremlinologue appointé était optimiste. On captait là, en clair, le message essentiel de la nouvelle religion des temps modernes, ce fanatisme consensuel devant lequel il est vivement déconseillé de ne pas filer doux.

À la fin du xixe, la figure derrière laquelle s'était escamotée la Révolution se présentait à la verticale ; le défilé Goude, lui, s'est manifesté à l'horizontale : voilà la différence, la seule. Pour le reste, même absorption automatique de ce qui est en principe célébré, même neutralisation. Comme si une loi presque physique, chaque fois que la Révolution revient sur le tapis, empêchait le contact direct, l'accès critique *à la chose même.*

Le marmonnement de cet été, dans les résidences secondaires, aura donc tourné hexagonalement autour du pèlerinage des Champs-Élysées. Comme il fallait se faire pardonner de ne pas l'avoir trouvé immédiatement transportant, on en a rendu responsable le réalisateur, accusé d'en avoir saboté la retransmission télé. Ce dernier ayant eu le mauvais goût, par-dessus le marché, de vouloir se défendre, et même d'exiger par voies légales un droit de réponse dans le journal qui éduque quotidiennement les mentalités françaises, l'affaire a connu quelques rebondissements qui ont alimenté les débats des vacanciers au parfum. Après un certain flottement, le discours correct s'est tout de même établi. Les *pies* (de *pius*, pieux : « Ne croyez que les pies ; parlez toujours en pie », conseillait Voltaire) ont fini par reconnaître dans l'apothéose goudienne toutes les mascottes bariolées de leur dévotion, depuis le mélange des cultures érigé en culte jusqu'à la fraternité planétaire obligatoire, en passant par les tambours africains, les vélos chinois et tout le bazar. Ainsi le défilé Goude est-il devenu un élément de notre *sacré*. Le propre du sacré est qu'on ne le discute pas. Le sacré est là pour empêcher la pensée. Mieux encore, il n'existe que pour nommer sacrilège le jugement. Tout le travail du sacré est d'arriver à faire croire qu'il a des droits sur nous, des droits d'origine, imprescriptibles et précis. Au nom du Bien commun, une vision conflictuelle (critique) de l'événement est donc aussitôt devenue blasphématoire. Le « bon » discours s'est imposé sur le mode de la ferveur sulpicienne la plus frissonnante : cette nuit-là, cette « nuit magique » du 14 juillet, chacun se serait senti « citoyen du monde », fusionné au cœur d'une vaste « fraternité planétaire » *(Libération)*. « On déconne rose dans l'espoir », écrivait Céline dans *Guignol's Band*.

Le sacré ne se discute pas, mais on peut juger ses desservants qui ont démérité. La Révolution elle-même ne pouvant plus être objet de débat, la comédie du Bicentenaire que nous nous sommes joué pendant un an ne pouvait connaître qu'un dénouement aussi tortueux que notre époque même. Il fallait bien un bouc émissaire, une victime expiatoire à cette soirée commémorant dans la liesse populaire ce qui n'a été, après tout, il y a deux cents ans, que le début d'un long lynchage, une sorte de *Kristallnacht* préludant à des massacres en série (« La Terreur, en France, a commencé le 4 août, c'est alors que le signal de la curée a été donné », constatait à la fin de sa vie Napoléon — lequel n'a pas toujours été aussi bien inspiré).

D'après la rumeur, la kermesse du 14 juillet aurait donc été, *in vivo*, sublime ; seule sa transposition télévisée aurait été ratée, et *elle seulement*. Mais c'est ce « seulement » qui fait rêver, dans un monde où ce qui n'est pas montré à la télé est comme n'existant pas.

En bonne logique, le spectacle de Goude (« réussi » ou non) n'a donc même pas *été*, puisque nous ne sommes plus capables de connaître d'autre preuve d'existence, d'autre test que celui de l'écran ; et que ledit écran n'en a montré, paraît-il, qu'une version désastreuse, c'est-à-dire publicitairement dissuasive. Mais comme il était impossible que ce spectacle n'ait pas *été*, il a fallu s'appuyer sur une argumentation d'un autre âge. Pour défendre un défilé « en lui-même » génial par postulat (c'est eux qui le disent), mais télévisuellement raté, on a fait resurgir cette opposition, qu'on aurait pu croire tombée dans les oubliettes, entre deux scènes · l'une bonne (celle de la réalité ou de la rue), et l'autre mauvaise (celle de l'écran). La première, dans ce cas précis, aurait été *trahie* par la seconde, comme s'il y avait encore deux mondes, l'un spectaculaire et l'autre « vrai ». Ou plutôt, comme s'il existait encore deux espaces de spectaculaire, l'un authentique et l'autre faux. Comme si toutes les fonctions et tous les espaces d'autrefois n'avaient pas été résorbés dans un seul, et qu'il était encore possible d'en appeler de la réalité contre l'image de celle-ci.

Pour les besoins de la cause, ce sont donc l'« humain », le « réel », le « vrai », et même le « corps », qu'on a fait ressortir des placards comme de vieux acteurs à la retraite, pour reprendre du service sur un théâtre où l'Histoire elle-même a pratiquement disparu, sombrée corps et biens en même temps que le social et le politique (ce n'est pas un hasard si ce défilé, hymne philanthropique à la communication planétaire, image d'un monde asexué et, pour cette raison, réconciliateur — voir les « Valseuses » maternelles avec leurs petits enfants de tous les pays dans les bras — ne faisait pas la moindre référence à 89-93).

C'est pourtant comme effet du spectaculaire intégré, pour reprendre l'expression de Guy Debord, que ce défilé aura été génial. En tant que faux sans réplique réduisant le « vrai » (la Révolution) au statut d'hypothèse désormais indémontrable, il aura été une complète réussite. L'Histoire vaincue par l'Hétéroclite rigolo, l'utopie révolutionnaire travestie en néo-troubadourisme électronisé, il fallait le faire. C'est fait.

Mais la Révolution réduite aux Droits de l'homme, même sous oripeaux « créatifs », c'est vraiment le coma terminal en couleurs. L'acharnement philanthropique ! Philanthrothérapeutique ! Je serais Jacobin, les bras m'en tomberaient de ce défilé encensé ! De cet opéra-schtroumpf ! Tant de sang pour des prunes, alors ? Toutes ces horreurs et ces guillotinés pour en arriver là ? C'était bien la peine ! L'éloge de la Terreur est sans doute hideux, mais sa décoloration dans l'eau de rose est pire. Ce que les contre-révolutionnaires les plus enragés n'avaient pas réussi, et pour cause, le Grand Magic Consensus Circus l'a fait. Deux kilomètres de sentimentalisme hellzapoppinesque ! La première Fête-Dieu du XXIe siècle, avec cornemuses, scoutisme de discothèque et binious hard-rock ! Le flop anti-89 des intégristes et des réacs, le 15 août (« le grand bide de l'Assomption » selon la presse bien-pensante) était prévisible : ces sinistres imbéciles n'avaient pas compris que la Révolution ayant déjà été enterrée en grande pompe un mois plus tôt, leur intervention n'était plus qu'un pléonasme incongru.

Tout cela fait qu'on se surprend presque à avoir envie de la défendre, cette foutue Révolution sanglante, quand on voit la façon supercool, hypersympa, dont, deux siècles plus tard, ceux qui la célèbrent avouent sans le savoir leur désir obscur de la liquider. Pour l'honneur, au moins, des définitions, de la logique, de l'Histoire et d'un peu de raison, on a presque envie de rappeler ce qu'elle fut, quel effondrement du consensus de l'époque elle opéra en un clin d'œil. Avec quelle puissance nette et noire elle fit disparaître ce qui n'était peut-être qu'un mythe (le *principe* royal d'*unité*), mais qui *tenait* depuis des siècles toute une société, tout un pays ; déchaînant aussitôt, en retour, la multiplication implacable des intérêts individuels. Certains contre-révolutionnaires ont quand même vu cela, et mieux que tout le monde. Sans 89 et ses suites, Balzac, plus tard, n'aurait pu déchiffrer la farce de l'humanité sociale selon les classifications de la zoologie : il fallait, pour que le roman moderne voie le jour, que l'origine *commune* de l'humanité et de Dieu ait été détruite (Balzac, c'est Saint-Simon *plus* la course aux places et la ruée vers l'or). Mais il n'est plus temps d'entrer à nouveau dans les détails. Au passage, signalons tout de même que le livre qui, à mon avis, domine de très haut toute la période, et dont je n'ai pas l'impression qu'on ait beaucoup parlé cette année, c'est l'énorme épopée de Taine, ses *Origines de la France contemporaine.* Le voilà, le véritable observateur méconnu de la métamorphose. Le peintre hallucinant et minutieux du basculement des mœurs. L'analyste caché de la vie quotidienne des bourreaux et des victimes. Celui qui a su détailler, et avec quelle précision, en n'arrêtant pas de multiplier les anecdotes, de *donner les preuves,* cette logique renversante mais efficace qui veut que, pour commettre des crimes en toute quiétude, ceux-ci soient d'abord *légalisés* par l'étalage verbal de leur contraire vertueux. La production de morts en série exige un enveloppement rhétorique qui nie la mort, et même la combat. Ne laissez jamais votre discours coïncider avec vos actes ! Je ne saurais trop recommander aux amateurs le tableau des Massacres de Septembre : toute la boucherie, minute par minute, pendant six jours et cinq nuits curieusement entrecoupées d'effusions, d'embrassades entre bourreaux et victimes, de flots de larmes attendries (rousseauistes) allant rejoindre les ruisseaux de sang[1]. Le Sentimenta-

1. Dédié à tous ceux qui, comme Élisabeth Badinter cet été, à « Apostrophes », revendiquent le droit à la lecture « au premier degré » de Sade (comme si ce droit n'était pas garanti de toute éternité par l'hystérie !) ; signalons-leur aussi que le « premier degré » et la Terreur forment le meilleur des ménages : en 1794, un comédien qui jouait dans une pièce le rôle d'un contre-révolutionnaire, et qui était donc amené, tous les soirs, sur scène, à crier « Vive le roi ! », fut arrêté, jugé et guillotiné en tant que contre-révolutionnaire.

lisme poursuivant le Crime pour l'accélérer. La Philanthropie mélangée à la Terreur. Le vertige du meurtre, enfin, fondant en direct, spontanément, la religion nouvelle de la Vertu.

Mais tout cela est loin, je le répète. Et si la Révolution paraît aujourd'hui une idée morte, si sa commémoration a semblé se dérouler au milieu du somnambulisme le plus complet, c'est que, ironie de l'Histoire, nous sommes nous-mêmes en pleine tentative plus ou moins consciente de refaire cette unité perdue en 89. Pas avec un roi, bien sûr, mais avec un monarque postiche, abstrait, une parodie, un simulacre de souverain de droit divin, que j'ai désigné plus haut, faute de mieux, sous le misérable nom de *consensus*. Comme le roi jadis, il ne peut déjà pratiquement plus, ce consensus, être remis en cause, problématisé, discuté. Tenter de le relativiser équivaut déjà à se suicider. Le consensus est la Jérusalem céleste d'un univers sans ciel, le Royaume de Dieu d'un homme sans Dieu, la Terre promise d'un globe sans ailleurs, le messie d'une Histoire qui ne va plus vers aucune fin, l'esprit d'un monde sans esprit. En un sens, le long fleuve goudien en aura été la traduction pétulante ; c'est pourquoi, si grotesque fut-il, il ne pouvait pas, il ne devait pas être attaqué.

C'est pourquoi aussi, plus que jamais, il n'y a que la littérature ou l'art à être réellement « révolutionnaires », donc anti-consensus. La littérature, l'art, le retour perpétuel de la sécession lumineuse. Mais ceci est une autre histoire.

Je reviens une dernière fois à ce fameux défilé. Il y aura eu, quand même, un moment de fraîcheur magique et justifiée, un instant furtif de grâce et de « réel » : ce fut, vers deux heures du matin, l'apparition de ces gros camions rituels, ces rhinocéros balayeurs verts à gyrophares, éboueurs extraterrestres surgis de nulle part qui se mirent en marche sur « la plus belle avenue du monde », avalant tout sur leur passage, nettoyant tout, fermant le cortège en grondant, de sorte que, derrière eux, quelques instants plus tard, ce fut comme si rien n'avait eu lieu, jamais, vraiment rien. Si on me demandait quelle image des festivités du Bicentenaire me paraît la plus mémorable, c'est celle-là que je choisirais, bien sûr, parce que c'est la plus drôle.

1989

La mondification
(Autopsie du pacifisme)

C'est lorsque la fureur de la guerre civile ou du fanatisme arme les hommes de poignards, et que le sang coule à grands flots sur la terre, que le laurier d'Apollon s'agite et verdit. Il en veut être arrosé. Il se flétrit dans les temps de la paix et du loisir.

Diderot

L'autre jour, en plein Paris, je m'arrête devant une terrasse de café, subjugué par le spectacle de cinq ou six individus assis en rond à une table. Dans un bistrot, me dira-t-on, la chose n'a rien de surprenant. Ce qui l'était davantage, c'étaient les masques qu'ils portaient. De superbes masques antipollution qui leur cachaient le bas du visage. Cinq masques blancs, nets comme la santé en soi, propres comme l'argent blanchi, purs comme l'enfant qui vient de naître. Qu'est-ce qu'ils faisaient là, à cette table, silencieux (et pour cause), sérieux comme des papes, sages comme des images ? Ils se protégeaient ? Ils se mettaient à l'abri des offensives malsaines ? Ils se dressaient comme des forteresses vivantes contre les agressions de notre triste époque : attaques sournoises de vapeurs méphitiques, poussières cancérigènes, nuées radioactives, violence à la télé, et autres brouillards empoisonnés dus à l'utilisation abusive de pesticides et d'engrais chimiques ?

À eux cinq, leur groupe un peu morbide et prophylactique était comme la métaphore de toute notre époque. Une sorte de métaphore à cinq ou six têtes de l'être humain contemporain lancé dans la seule aventure qui vaille encore la peine qu'on s'y hasarde : la protection de soi-même (redoublée de l'exhibition de cette protection et de la protestation qui va avec). Ils boycottaient, en somme, l'air du temps, comme s'il s'agissait de produits français sur des rayonnages d'hypermarchés allemands ou australiens en pleine reprise des essais nucléaires dans le Pacifique Sud.

Comment ils allaient se débrouiller pour siffler leurs sodas allégés, il m'a fallu repartir avant de le savoir. Je me suis donc éloigné, dans la rue, au milieu des pluies acides et des volutes d'oxyde d'azote. En me répétant qu'il ne fallait pas se moquer de l'écologie. Ni de la reprise des essais pacifistes contre le nucléaire. Ni de notre Sainte Mère l'Église humanitaire. Et encore moins de Greenpeace, notre avenir radieux. L'environnement, c'est grave. La santé, c'est sacré. Quant à la paix, n'en parlons pas. Qui songerait à la railler ?

C'est ce qui intrigue, justement : qu'on puisse trouver tant de gens prêts à se lever comme un seul homme contre (ou pour) des évidences. Qui fait l'éloge du trou d'ozone et de celui de la Sécu ? Même Chirac est contre la bombe atomique : il a tellement honte de ses « essais » qu'il en réduit le nombre chaque fois qu'il en parle. Comment peut-on, sans se lasser, enfoncer tant de portes ouvertes ? Tapager pour tant de causes qui n'ont pas de vrais ennemis ? Que l'on préfère la vie à la mort, le plein emploi au chômage, la civilisation à la barbarie, la paix à la guerre, la fraternité au racisme et la découverte d'un remède contre le sida à son extension à l'infini, sont des choses qui vont de soi. Des certitudes incontestables. Une fois qu'on l'a dit, qu'est-ce qu'on peut ajouter ?

Rien. Mais précisément : on peut recommencer. Et transformer les évidences en incantations. Les certitudes en exorcismes. L'aversion de la guerre en transe pacifiste. Le désarmement en formule magique. La lutte contre les méchants et pour les gentils en bouffée délirante à perpétuité. La répétition de l'évidence en illumination, l'illumination en démagogie, et cette démagogie, bien sûr, en système de pouvoir.

Ce que l'histoire ne dit pas c'est comment, dans ces conditions, on pourrait encore ne pas s'ennuyer à en crever.

La prise de contrôle du genre humain par la surenchère des beaux sentiments est d'une invention assez récente. L'ascendant des bonnes âmes sur les âmes tout court ne s'est pas réalisé en un jour. Avant, et même pendant des millénaires, c'est plutôt par le fer et par le feu qu'on imposait sa volonté. C'est dans le sang et les larmes que s'effectuaient les conquêtes. Il n'y a pas encore si longtemps, la victoire était au bout du fusil. Les promotions se faisaient au couteau. La tyrannie s'imposait avec des chars et des kalachnikovs. Ce n'était pas rose tous les jours. Les vertueux de profession ne couraient guère les rues. La force du Bien ne faisait pas encore recette. Tartuffe était une exception si pittoresque qu'on le montrait sur les tréteaux.

Aujourd'hui c'est Tartuffe qui mène le bal, organise les shows, manipule des foules qui ne demandent pas mieux et lance les best-sellers. Bras long et larme à l'œil. L'homme moderne a découvert un moyen de pression que ses brutaux ancêtres ne soupçonnaient même pas. Le loup de jadis s'est déguisé en Bon Pasteur. Les agneaux sont lâchés. Avec le petit gri-gri rouge supposé antisida à la boutonnière. M. Propre et la Fée du Logis défilent main dans la main contre le cholestérol, le tabagisme passif et l'arme nucléaire. Le devoir d'ingérence émotionnel est si profondément entré dans les mœurs qu'on se demande comment on avait pu, jadis, s'en passer.

Voilà les vivants engagés dans la croisade la plus redondante de toute leur histoire : la croisade pour la vie. C'est l'épopée du Pléonasme. Avec la charité généralisée, l'idéalisme obligatoire, la solidarité sans réplique, les droits de l'homme dans tous les coins et le souci hygiéniste à chaque étage, la passion de survivre est devenue plan de carrière et programme d'existence. Tout le monde se bat dans la même direction. À coups de positivité enthousiaste et de volonté de gagner. On a la haine de la haine. On fait la guerre à la guerre. C'est même là que ça devient cocasse : le négatif a été si bien ratatiné dans tous les domaines qu'on ne trouve plus de débats qu'entre gens du même avis. Quand on se crêpe le chignon, c'est entre opposants à la drogue et adversaires de sa dépénalisation ; entre partisans du cosmopolitisme et ennemis de la xénophobie ; entre éradicateurs du machisme et anéantisseurs du sexisme. On s'engueule entre nuances. C'est la grande rivalité du Même. Le combat du semblable contre son sosie. La cause du Bien a si peu d'adversaires qu'il faudra, dans les années à venir, se résigner à en créer de toutes pièces, des adversaires, et les salarier, si on veut continuer à soutenir l'intérêt. On ne pourra pas éternellement compter sur les Serbes, le Front national et les intégristes à turban. Ils finiront eux aussi par se fatiguer.

Les vérités qui ont toujours le dernier mot vont comme un gant à une société qui ne veut plus prendre de risques. Le culte du truisme (exemple : la vie c'est mieux que la mort) nous protège de l'imprévu et du paradoxe. Notre temps est furieusement truismocratique. Le truismocrate est le véritable maître de l'époque. C'est grâce à lui que le pacifisme, qu'on aurait pu croire enterré avec la « guerre froide », a repris un tel poil de la bête. Le truismocrate sait que les évidences, désormais, ont encore moins besoin que jadis de s'appuyer sur la réalité pour se payer un franc succès. Au contraire, le truismocrate n'ignore pas la grande loi des passions terminales : qu'elles aient réalisé leur objectif ne fait que les stimuler davantage. Voire les enrager. Ainsi de l'élimination des derniers vestiges d'inégalités qui devient, en temps d'égalité précisément, une occupation à temps plein. Ainsi de la multiplication des « droits à », dans les États dits « de droit ». Ainsi du désir légitime de vivre en paix, qui, les risques de guerre totale s'effaçant, mute en son pathos : le pacifisme.

Certes, l'horreur de la guerre remonte à la plus haute Antiquité. Elle doit même, en bonne logique, être contemporaine de la guerre elle-même, ce qui ne nous rajeunit pas. Notre passé est rempli d'horreurs de la guerre. À tel point que c'est devenu, dans l'histoire de l'art, un genre à part entière. Ce qui nous a donné les gravures de Callot, le *Trois Mai* de Goya, et bien d'autres chefs-d'œuvre comme ce Rubens du Palazzo Pitti, à Florence, où Vénus tente d'empêcher Mars, dieu de la guerre, de repartir au combat. Cramponnée, voluptueuse, admirablement nue, elle est prête à tout pour lui faire oublier ses envies de destruction. C'est là un des moments sublimes du pacifisme (j'attends le jour où les bonnes sœurs de Greenpeace prendront ce tableau comme logo). On en trouve peu de comparables dans la littérature. Ni dans la philosophie. À moins qu'on ne tienne à s'appuyer le *Projet philosophique de paix perpétuelle* de Kant. Ou les écrits très légèrement angoissants des quakers du XVIIe siècle. Encore appelés « Société des amis », les quakers sont les véritables inventeurs, vers 1674, de l'idée de paix définitive et obligatoire. Trois cents ans plus tard, avec la disparition de la menace soviétique et le triomphe quasi mondial du puritanisme anglo-saxon, leur prédication renaît de ses cendres. Mais il ne s'agit même plus d'en finir avec la guerre. Il s'agit, une bonne fois pour toutes, d'en terminer avec l'Histoire. De s'épargner à jamais ses affres et ses incertitudes. D'entrer enfin résolument dans la grande rue piétonne de l'avenir, remplie de musique, de sourires d'enfants, de magasins pour touristes et de jeunes femmes si sympathiques avec leurs petits sacs à dos et leurs grossesses optimistes moulées dans des collants de danse de toutes les couleurs.

Les truismocrates de Greenpeace et autres Milices vertes de la planète mobilisent sur du velours. Tout le monde est pour la paix. Tellement pour la paix que le pacifisme n'est presque jamais interrogé dans ses fondements, ses contradictions ni ses origines. C'est un pays assez mal exploré parce qu'on croit le connaître. Pour dire les choses autrement, le pacifisme jouit d'une présomption d'évidence (à l'instar de tant d'autres choses, l'antiracisme, la lutte contre l'« exclusion », le rejet des « discriminations »). Dans ces conditions, l'ériger en question, le *problématiser*, est presque un blasphème. Une incongruité, au moins. Une obscénité. Remonter ses filières, tenter son « archéologie », découvrir les cordes sensibles sur lesquelles il joue, la volonté qu'il exprime, les désirs qu'il satisfait, les illusions qu'il comble et les buts qu'il poursuit serait une espèce d'insulte à l'émotion sacrée dont on le voit détrempé. Qui aurait le cœur assez sec pour regarder froidement une émotion ? Détailler à la loupe une crise de larmes ? Une bouffée de lyrisme ? Qui hésiterait à fondre devant le monde féerique que nous annoncent les millions de petits hommes (ou femmes) verts qui, de par le globe, stigmatisent en ce moment l'*arrogance* de la France ? Qui resterait de glace devant ces masses de jeunes de partout, aux bouches toujours un peu entrouvertes pour mieux bêler, aux yeux luisants d'enthousiasme, à la tête bourrée de morale unidimensionnelle, et qui ne réclament qu'une chose : le bonheur universel ?

Il faudrait être fou. Fou, en effet, comme le siècle dont ils sont issus et dont ils n'ont pas la moindre idée. Fou comme l'écho profond que leurs braillements réveillent dans les cryptes du temps. Et puisque nous en sommes à parler de cryptes, c'est le bon moment pour évoquer le livre de Stephen Koch : *La Fin de l'innocence (Les intellectuels d'Occident et la tentation stalinienne)*[1]. Tout le dossier de la conquête des esprits occidentaux par l'Union soviétique d'avant-guerre, *via* la griserie pacifiste justement, s'y trouve étalé. De Moscou à Berlin (« ces capitales jumelées de la folie paranoïaque et de la haine »), en passant par Londres, Paris, Hollywood et New York, les vieux dossiers du Komintern ont craché leurs secrets. C'est le Grand Staline Circus des années 30. De la première opération géante d'aide humanitaire internationale (à l'occasion de la famine des populations de la Volga) à la guerre d'Espagne, en passant

1. Bernard Grasset, 1995.

par l'affaire Sacco-Vanzetti (« Les enfants donnaient leur argent de poche, les travailleurs versaient leur salaire, les philanthropes ouvraient leur carnet de chèques »), on voit frétiller dans le mirage communiste presque tout le gratin de l'élite occidentale. Pêle-mêle, Dos Passos, George Grosz, Piscator, Malraux, Gide, Brecht, Hemingway, Dorothy Parker, Aragon, Sinclair Lewis, Dashiell Hammet, E. E. Cummings. Pour un temps ou pour la vie (le réveil en sursaut de Gide, la brutale sortie d'hypnose de Dos Passos ne seront pas des grâces données à n'importe qui). L'Appareil recrute à la chaîne. Aussi bien en France qu'en Angleterre et aux États-Unis. Depuis les jeunes intellectuels contestataires de Londres, proches du groupe de Bloomsbury et de Virginia Woolf, jusqu'à l'avant-garde new-yorkaise et Hollywood, presque tout le monde passe un jour ou l'autre à la moulinette à staliniser. Sous le soleil enivrant de la paix à tout prix. Et sans que le problème de la contradiction entre cette paix et le régime soviétique qui en a plein la bouche (quoique issu d'une révolution encore toute fraîche : or la révolution, par définition, *c'est* la guerre) soit jamais abordé ; comme personne ne verra le pouvoir stalinien collaborer activement à la consolidation de l'horreur hitlérienne ; ni Staline lui-même piller et trahir l'Espagne républicaine qu'il prétendait sauver.

« Son objectif, écrit Stephen Koch, était de susciter chez les Occidentaux non communistes et bien pensants le préjugé politique qui allait dominer toute l'époque : la conviction que toute opinion favorable à la politique étrangère de l'Union soviétique était fondée sur les principes de l'honnêteté la plus élémentaire. » Et aussi, commentant la création en 1935, à Moscou, du Front populaire (alliance antifasciste du Komintern et de la gauche non stalinienne) : « L'enthousiasme qui salua la naissance de cette ère des bons sentiments, inaugurée par une offre de paix comme celle-là, fut à la fois exubérant et irrésistible. À Paris, à New York, à Hollywood et à Londres, une nouvelle variété d'orthodoxie stalinienne submergea l'élite culturelle de l'époque, conquise par ce nouveau chic. Presque aucun intellectuel n'y échappa. Staline avait eu raison, une fois de plus : résister au Front populaire aurait paru indécent — tout comme si l'on soutenait Hitler. L'aveuglement d'une époque était acquis. »

Ce qui étonne, en fin de compte, ce n'est pas le nombre faramineux d'individus illustres qui se sont laissé absorber par le grand buvard stalinien de l'impérialisme compassionnel ; c'est qu'il n'y en ait pas eu encore davantage. On se surprend à essayer de recenser ceux qui se montrèrent réticents devant cette *offre qu'on ne pouvait pas refuser.* Qui restèrent indifférents aux séductions du pacifisme incantatoire comme à ses avantages immédiats. Qui firent la fine bouche devant cette religion. Qui préférèrent leurs propres doutes. Qui ne devinrent pas tout naturellement missionnaires de l'Église pacifiste. On les conjecture un peu malades, tordus, ambigus. Perversement attirés par des visions malsaines. Secrètement critiques et mauvais coucheurs. Archaïquement laïques. Entêtés à barboter dans la « part maudite ». Tout ce que n'étaient pas un Romain Rolland, un Barbusse, un Heinrich Mann, pour ne citer que ces trois pionniers béats de la gauche sublime, roulés dans la farine soviétique et devenus, au nom de la concorde entre les hommes, d'insoupçonnables propagandistes de l'esclavagisme totalitaire en costume d'Utopie.

« Dans les clubs où l'on pratiquait la nouvelle vertu, la meilleure manière de prouver sans arrêt que l'on était vertueux était de donner de l'argent "pour l'Espagne" », écrit Stephen Koch. Finalement, ce que son livre nous raconte, c'est un Soviéthon. Un formidable marathon. Une immense collecte de fonds. Un racket géant. Tout cela est vieux ; et pourtant si contemporain, dans un sens, qu'on se surprend à chercher, en tête de cortège, derrière la fanfare, les sieurs Benetton et Toscani (de United Colors). À la place, dans le rôle d'organisateur du casting, on trouve Willi Münzenberg. Communiste fascinant. Tireur de ficelles (qui finira pendu). *Fundraiser* d'élite. Créateur émérite de bouffées délirantes. De bonnes œuvres à parrainer. De manifestations culturelles en faveur des persécutés. De congrès, de

« fronts » et de pétitions à n'en plus finir. Manipulateur infatigable de tous les compagnons de route du bolchevisme. C'est lui, le maître d'œuvre du Soviéthon. Lui, le violoniste génial qui a su faire vibrer le stradivarius de la Vertu à travers l'Europe. Lui qui a inventé, pour conquérir l'opinion occidentale, d'en séduire les maîtres : écrivains, artistes, professeurs, comédiens, prêtres, ministres, prix Nobel, hommes d'affaires, savants ; et d'offrir un débouché de rêve à leur soif de lutte contre le Mal (quand cette soif n'était pas suffisante pour les attirer, il y avait les femmes, les fameuses « Dames du Kremlin » : la baronne Moura Boudberg pour H. G. Wells, la princesse Koudatchova pour Romain Rolland, Elsa Triolet pour Aragon, etc.). Lui qui a recruté tant de porte-parole célèbres, tant de prestigieux « humanistes bourgeois », tout disposés à faire croire à l'univers entier que l'âge d'or était en train de se réaliser, là-bas, en URSS, sous l'astre de la douceur et de la bonté staliniennes.

Ces intellectuels en lévitation pacifiste, il avait une telle estime pour eux, Münzenberg, qu'il les appelait ses « innocents ». Un innocent ça ne sait pas. C'est pur et candide. Simple et ingénu. La plupart des sommités qui se mobilisèrent contre le fascisme imaginaient qu'elles ne tenaient leur engagement que d'elles-mêmes. Elles se croyaient (et on les croyait) indépendantes. Souveraines dans leur choix. Mensonge romantique, dirait René Girard. Touchante aberration sans laquelle rien, d'ailleurs, de la grande escroquerie soviétique n'aurait été possible. Et qui fait écho, sur le moment, à toute une série d'autres aveuglements (sur le marxisme-léninisme comme antagoniste absolu du fascisme, sur Staline adversaire héroïque d'Hitler, sur l'« indépendance » de Münzenberg lui-même par rapport à Staline, etc.). Comme elle se prolonge jusqu'à nos jours, et resurgit finalement intacte, à travers toutes les transformations qu'on voudra, dans le renoncement des intellectuels de notre fin de siècle à l'esprit critique, dans l'adhésion majoritaire des « philosophes » contemporains à toutes les formes de Transparence et de bonne pensée médiatisable, dans le nouvel apostolat des romanciers pieux et des essayistes de même métal dont on voit scintiller les homélies en tête des listes de « meilleures ventes » ou de « livres stars ».

Parle à mon cœur, murmure l'air de notre temps, ma tête est malade.

Les innocents se suivent et se ressemblent. Tout en devenant de moins en moins innocents, bien sûr, au fil des générations. Passer du livre de Stephen Koch à celui de Vladimir Boukovsky, *Jugement à Moscou (Un dissident dans les archives du Kremlin)*[1], c'est sortir de la préhistoire des illusions pour déboucher sur l'avenir des chimères. Certes, le Grand Staline Circus d'après 1945 ne retrouvera jamais ses belles couleurs d'antan. Le pacifisme des âges farouches, avec son arrière-fond d'abattoir et ses concerts d'anges pour couvrir les cris des persécutés, laisse la place à de nouvelles entreprises plus tortueuses et feutrées. Le tribunal Sartre-Russell de Stockholm contre la guerre du Vietnam, par exemple. La « commission Palme » (créée sur les instances d'Olaf Palme, alors Premier ministre de Suède) concernant les problèmes de désarmement et de sécurité, réputée « indépendante », comme de juste, vis-à-vis des blocs, réunissant des tas d'hommes politiques occidentaux à dominante sociale-démocrate et diffusant les propositions de l'URSS parmi les cercles influents du monde non socialiste. L'Appel de Stockholm, de joyeuse mémoire. Le « Mouvement pour la paix ». L'affaire des SS-20 et des Pershing (avec, dans les rues, ses millions de jeunes annonçant qu'ils préféraient être rouges que morts). La perspective de neutralisation de l'Europe, dénucléarisée sous contrôle de Moscou. Les coups de main de l'UNESCO et de l'ONU (décrétant les années 80 « décennie du désarmement »). Sans oublier, dans un coin du livre, cet étrange mouvement Pugwash dont Boukovsky exhume pertinemment la trace au fin fond des archives du Comité central du Parti communiste de l'Union sovié-

1. Robert Laffont, 1995.

tique : en 1970, dans le cadre d'un vaste programme de propagande, le CC du PCUS conseille chaudement à l'Académie des sciences de Moscou « d'étudier la possibilité d'attirer de nouvelles personnalités américaines du monde scientifique dans le mouvement de Pugwash » ; oui, ce bon vieux Pugwash, créé en 1957 pour « abolir à jamais la guerre », et qui vient comme par hasard, en octobre 1995, de voir ses efforts couronnés par le prix Nobel de la paix. « Je savais que j'étais pressenti, s'est benoîtement étonné son fondateur Joseph Rotblat, mais je n'avais pas beaucoup d'espoir parce que habituellement le prix est donné à des hommes politiques et non à des scientifiques. » Réflexion qui n'a pas dû manquer, aux yeux de Boukovsky, d'un certain humour rétrospectif.

Descente aux enfers des archives soviétiques d'après-guerre, tout son livre est admirable. On y voit s'agiter de nouveaux innocents cornaqués par de nouveaux Münzenberg. Les sociaux-démocrates européens noyautés de plus belle par le KGB sous la direction d'Andropov. Le terrorisme international, la désinformation et les mouvements de libération dans le tiers-monde, se déployant au même rythme que les campagnes « pour la paix ». Et ainsi de suite jusqu'à ce qu'il analyse comme l'escroquerie la plus fameuse, la mise en scène la plus formidable, peut-être, de toute l'histoire communiste. Son feu d'artifice aussi. Son bouquet, juste avant l'écroulement final. La « glasnost » de Gorbatchev et sa « perestroïka », mélange de printemps de Prague et de NEP, miracle d'une pseudo-révolution parfaitement contrôlée, aussi réelle, aussi concrète qu'un village Potemkine, mais permettant d'enflammer comme jamais les opinions publiques occidentales toujours prêtes à croire à l'existence de « colombes » au Politburo. Le chef-d'œuvre, en somme, le point d'orgue de cinquante ans de Soviéthon.

« C'était une sorte de psychose de masse, parente de l'hystérie pacifiste du début des années 80, inspirée elle aussi par les mêmes manipulateurs du Kremlin », écrit Boukovsky sans trop d'illusions sur ses chances d'être entendu.

C'est qu'il ne connaît pas seulement l'ex-Union soviétique ou la Russie actuelle. Il connaît aussi l'Occident. Il le connaît mille fois mieux que les Occidentaux. Il connaît les États-Unis dont il dresse (p. 332 *sq.*) un tableau d'une magnifique hostilité. Il connaît la Grande-Bretagne. Il connaît l'Europe en général, ses lamentables élites, ses miséreux intellectuels « concernés » et ses perpétuels *artisans de la paix.* Où sont-ils aujourd'hui ?, se demande-t-il vers la fin de son livre. Où sont-ils cachés, les nouveaux innocents ?

« Nulle part. Ils sont toujours là. Toujours, éternellement "concernés", les revoici qui, avec autant d'aplomb et de nobles trémolos dans la voix, prêchent leurs mensonges sur l'imparable catastrophe écologique, l'"effet de serre" et les "trous dans la couche d'ozone", comme naguère ils avaient ébranlé les nerfs fragiles des bourgeois en brandissant les horreurs nucléaires. Quant aux dames — notamment aux États-Unis, mais la contagion gagne... —, elles luttent maintenant pour se libérer à l'échelle planétaire de ces monstres d'hommes et rétablir le matriarcat. Et revoici notre intelligentsia de gauche, passablement mitée, certes, mais toujours sûre d'elle et le cœur brûlant de la même passion. Sans trace de honte ou de doute dans les yeux. Qu'on n'y prenne pas garde, et ces gens-là repartiront de plus belle. Car leur "lutte" n'a pas de fin : s'ils ont échoué à imposer une utopie au pauvre monde, ils essaieront avec une autre. Car peu importe le résultat. Seul compte le processus qui place entre leurs mains un immense pouvoir sur les âmes... »

À ses yeux, nous sommes entrés dans une seconde guerre froide, « avec une nouvelle race d'utopistes coercitifs qui s'efforcent de modifier notre culture, de contrôler notre comportement et, à la fin des fins, nos pensées ».

Simplement, le mot « paix » ne veut plus dire « victoire du communisme dans le monde entier ». Il veut dire monde entier tout simplement : nouvel ordre mondial, intégration européenne, cohabitation forcée, fraternité obligatoire entre les peuples, suppression de toutes les « discriminations » (jusqu'à la différence des sexes, des âges, des espèces, et plus si affinités). Le nouveau totalitarisme est en place. Sa défense de la grande cause de l'humanité *en général* devrait faire trembler l'homme considéré *séparément,* au lieu de le réjouir. C'est contre lui que se déchaînent ces forces noires de l'amour. Il n'y a pas de petits détails. La prohibition du tabagisme, la persécution des fumeurs, la prolifération de lois démentes (contre le « harcèlement sexuel » par exemple), le féminisme obsessionnel (avec ses quotas), l'écologisme délirant (l'escroquerie de l'« effet de serre »), sont autant d'étapes de la nouvelle oppression.

D'inépuisables belles âmes envahissent les écrans pour nous annoncer un monde sans frontières et sans caries, une humanité entièrement consacrée au nomadisme hilare et à la *world music.* En France, nous connaissons déjà quelques télévangélistes de choc : les Kouchner, Mgr Gaillot et Albert Jacquard. Ce sont nos trois mousquetaires de l'Apocalypse. Tous les jours nous arrivent de nouvelles bonnes nouvelles. L'un des plus grands noms de la génétique française, Daniel Cohen, annonce la création d'une association « la Science pour la paix ». Une amuseuse, Muriel Robin, se proclame « comique civique » (*Libération* des 4-5 novembre 1995). Les conversions se multiplient. Tout va très vite. Même moi, je ne peux pas jurer que je lirai demain, avec le même écœurement qu'aujourd'hui, cette prédiction de l'effrayant Eugen Drewermann : « Le temps viendra où nous ne serons moralement plus en état de faire la guerre. Du temps, il en faudra probablement encore un peu plus pour que nous cessions d'être en état de tuer et de manger des animaux. Pourtant, nous apprenons au moins déjà peu à peu à éprouver du dégoût là où il convient d'en éprouver. C'est un fort argument en faveur de l'espoir. Reste seulement la question de savoir si nous apprenons assez vite » (préface à *La Spirale de la peur, le christianisme et la guerre*).

La conspiration pour le royaume de l'Harmonie-et-de-la-Fraternité-sous-peine-de-bannissement progresse à grands pas. Nous n'avons déjà plus que des pamphlétaires du juste milieu (un Minc, par exemple). Des justiciers mais sans outrance. Des polémistes centristes. Doseurs de pour et de contre. Redresseurs de torts avec modération. Et des romanciers comme Thomas Bernhard qui vocifèrent dans le consensuel là où Léon Bloy tonitruait dans l'Absolu.

Par ailleurs, il devient facile de reconnaître un écrivain conformiste : c'est celui, tout simplement, qui se flatte le plus haut et le plus fort d'être politiquement incorrect. C'est qu'il faut encore croire, et faire croire, que la Cause a des ennemis. Et que s'y lancer à corps perdu relève de l'héroïsme.

Symptomatiquement, plus la guerre est devenue impossible, plus les citoyens *se battent.* Disent qu'ils se battent. Viennent sous les projecteurs raconter leur combat. La scène est connue, elle se répète tous les jours, on peut la voir se produire à la télévision cinquante fois par semaine, elle y passe comme une lettre à la poste. Et pourtant, ou peut-être à cause de cela, parce qu'elle paraît naturelle à tout le monde, parce qu'elle semble aller de soi, elle n'a pas trouvé son Molière, son Balzac, son Kafka ou son Courteline (si on veut mon avis, elle n'est pas près de les rencontrer).

Voilà par exemple, récemment, un couple sur un plateau. Deux Anglais moyens, très moyens, à qui on a fait traverser la Manche pour venir parler du fils qu'ils viennent de perdre, frappé par l'encéphalopathie spongiforme, la maladie dite de la vache folle. Photos du jeune disparu, séquences de vidéo familiale, témoignage des parents, larmes retenues. On est tout disposé à éprouver de la compassion. Mais l'interviewer, brusquement, pose à ce couple en deuil la question qui tue une seconde fois : « Et maintenant ? Quel est votre combat ? » Leur combat ? Quel combat ? Ils n'ont même pas l'air surpris, ces deux Anglais affligés. Ils répondent du tac au tac. Et qu'est-ce qu'ils répondent ? Qu'ils *se battent*, en effet. *Qu'ils ont fondé une association.*

Dans le Midi, à Aubagne, une mère vit un cauchemar qui dure depuis quinze ans. Pour se payer ses doses de drogue, son fils la rançonne, il la terrorise, la menace, la supplie, la bat, la vole dès qu'elle a le dos tourné. « En manque », il lui arrive de tirer au revolver dans l'appartement et de tout saccager. Et que fait la malheureuse mère ? Eh bien oui, *elle se bat*, vous avez gagné. Pour sauver son fils ? Bien sûr, mais pas seulement. Elle milite. Elle amplifie son cas. Elle s'amplifie. Elle fonde une *association* de lutte contre la drogue. Elle veut *alerter les autres parents* du danger. Comme si elle ne pouvait comprendre son propre drame qu'à travers l'extension de celui-ci en question de société. Comme si son problème ne pouvait trouver sens et valeur qu'en étant collectivisé. Communisé. Devenu groupe. Mis le plus à distance possible d'elle-même. Mais terminons cette triste histoire. Voilà bientôt le jour où son fils, qui marche sur ses trente ans, exige tout à coup qu'elle lui donne dix millions. Comptable à la retraite, la pauvre femme ne les a pas, bien sûr, alors elle envisage d'hypothéquer son appartement pour les trouver. Seulement, le jeune homme ne peut attendre ; il tire sur sa mère avec un pistolet à grenaille ; elle-même riposte avec une vieille arme de 14-18 et le tue. Fin de l'histoire ? Pas du tout. Arrêtée puis relâchée, elle révèle immédiatement son intention. Son intention de quoi ? *D'écrire un livre.* De raconter son histoire *dans le but d'aider les autres.*

On pourrait multiplier les anecdotes. Un animateur-vedette de station de radio annonce qu'il interrompt ses émissions pour cause de sida. Dans la foulée, il déclare que désormais il va *se battre* dans des associations, *lutter* avec les autres contre la maladie. Se généraliser, lui aussi. Se mondifier. Se collectiviser.

Un jeune boulanger allemand découvre sa séropositivité. Non seulement il se soigne, mais encore *il se bat.* Pour raconter sa vie. Révéler son calvaire. Il veut que la société sache l'ampleur de ses responsabilités quand un homme atteint du sida vit caché. Il écrit un livre, fait la tournée des émissions de télé, vend sa maladie comme un artiste son dernier tube. Exhibitionnisme ? Pas le moins du monde. Courage. *Il s'agit de faire sauter les verrous de la société!* s'extasie un journaliste en annonçant le passage du malheureux à la télé. Entrée du chagrin dans l'espace public.

De nos jours, on se bat. On se bat contre la maladie. On se bat contre la vieillesse. On se bat contre l'exclusion (des minorités, des immigrés, des malades, des SDF, de Mgr Gaillot). On se bat pour la solidarité culturelle. On se bat pour la Sécurité sociale. On se bat pour les acquis. On se bat contre le chômage. On se bat contre la solitude. On se bat contre l'échec scolaire. On se bat contre le handicap. On se bat contre ceux qui ne disent pas handicap mais infirmité. On se bat contre l'intolérance. On se bat contre les préjugés. On se bat contre la résistance des idées reçues. On se bat contre les mentalités. On se bat pour faire bouger les mentalités.

On se bat.

C'est une guerre, répète-t-on. Une guerre. Une lutte qui place ceux qui *osent* la mener en première ligne. Offerts à tous les coups. Jetés en pâture à une société *prompte à dénigrer quiconque affiche sa différence.*

Il y avait la servitude volontaire, mais elle n'existe plus. Tous les humains de l'après-Histoire sont des enrôlés volontaires. Des rengagés de la guerre virtuelle. Et moins il y a de guerre, sous nos climats, plus il y a d'engagés. Chacun aspire à disparaître dans le déploiement de la quantité en lutte. L'accidenté de la route crée une ligue contre les excès de vitesse. La mère de toxico fonde une association de lutte contre la drogue. La femme « harcelée » au bureau par son chef de service crée un groupe de soutien aux femmes « harcelées ». Le père divorcé qu'on prive de ses enfants rejoint la Fédération des pères persécutés. Les parents de Théodora, petite fille violée et massacrée par un sadique, créent une Fondation Théodora dans laquelle on donne aux enfants des cours d'autodéfense contre les sadiques.

Et ainsi de suite. Cette mondification de la victime (cette autocollectivisation) est un phénomène récent autant que peu interrogé. Dans l'impuissance de vivre pleinement l'effectivité de sa peine, l'être contemporain se retrouve dans la position de l'hystérique. Il n'a accès à la réalité de sa douleur que par l'intermédiaire d'une globalisation de son cas (dont il espère aussi qu'elle atténuera cette douleur) ; une globalisation, et même une représentation ; une ombre portée ; si possible gigantesque. Il souffre *à côté.* Il lutte *en général.*

Se battre contre les archaïsmes de notre civilisation patriarcale... Lutter contre le sida... La lutte contre l'exclusion doit être notre priorité... Qui s'étonne de ce phénomène de parfait retour de refoulé que constitue aujourd'hui, dans la bouche même de nos contemporains, tous pacifistes par définition et par profession, l'emploi systématique, toutes les trois phrases, de verbes polémogènes comme « lutter », « se battre », « gagner », « se bagarrer », « vaincre » ? Ce n'est plus la guerre contre la société. C'est la guerre dans la société ; et, d'une façon très claire, *pour* la société.

La liste des batailles est infinie. Les fléaux se multiplient au rythme des croisades que l'on mène contre eux. L'ozone. Les vaches folles. L'amiante. Tchernobyl. La loi du plus fort. L'égoïsme de l'Autre. Les trous dans le tissu social. L'échec scolaire. Les incendies de l'été. La toxicomanie. Les factures contestables d'EDF. L'usage du tabac. Le combat est éternel. Jamais complètement gagné. Ni perdu. Chaque nouveau front qui s'ouvre fait un peu plus reculer à l'horizon l'idéal de la Sécurité promise. Cette guerre de Troie n'aura pas de fin.

Et malheur à ceux qui ne se sentiraient aucun penchant pour la culpabilité ! Qui n'auraient aucune envie spéciale de *partager* moralement le malheur d'un autrui avec lequel ils oseraient, par-dessus le marché, dire qu'ils ne se sentent aucun point commun !

Malheur aussi, peut-être, à celui qui oserait s'étonner. Mais de quoi faudrait-il s'étonner ? Sans doute de ce qu'un individu ne paraisse plus capable d'envisager son propre salut (l'explication de sa propre aventure, de son aventure particulière) qu'à travers l'amplification, la généralisation, la sociologisation, l'induction et finalement l'anonymisation de ce qui lui arrive ; s'étonner de ce que l'individu contemporain ne semble plus imaginer aucune lumière possible hors du *on*, hors du règne de la généralisation ; hors de sa propre transformation en produit utile, quantifié, généralisable. Comme s'il ne pouvait plus se supporter qu'en se mondifiant. Jamais « je » n'a été autant, et aussi volontairement, un « autre ».

Étrange, ce groupisme, cet associationnisme. Et d'autant plus étrange que personne ne l'interroge comme le désir de disparaître qu'il est peut-être ; comme le symptôme d'une perte totale de confiance des individus en leur propre existence d'individus. Tandis que les bons apôtres du monde tel qu'il est et tel qu'il doit continuer poussent tous les jours des cris stéréotypés contre l'individualisme féroce dont notre société serait affligée, le désir de chacun d'en finir avec sa propre personne poursuit sourdement son petit bonhomme de chemin. Il paraît tout à fait normal qu'un père et une mère déchirés par la perte d'un fils fondent une association ; mais nul ne voit que c'est *parce qu'ils ne savent plus quoi faire avec leur chagrin*. Le chagrin personnel, l'horreur, l'indicible cri devant l'horreur : tout cela appartient au monde d'avant la disparition de la réalité. Le chagrin lui-même c'était du réel. Le groupe, c'est du virtuel ; c'est de la transformation du chagrin en attraction touristique ; ou en groupe de pression. La détresse est devenue un déchet dont même ceux qui s'en trouvent envahis ont perdu l'usage.

Terminé l'amateurisme du travail de deuil à la freudienne. Si la réalité a perdu toute consistance, l'épreuve de réalité (la démonstration *in concreto* que l'objet aimé n'existe plus) n'a plus, elle aussi, la consistance d'antan.

Le deuil était un « travail intérieur » ? Il est devenu public. Il appartient à la catégorie des travaux publics.

Les auto-reproches du mélancolique cachaient des reproches envers d'autres personnes ? Ces reproches ne se cachent plus. Ce sont des mises en accusation immédiates, claires et nettes.

Le mélancolique ou l'endeuillé torturaient indirectement leur entourage par le moyen de leur mélancolie ; tiraient vengeance des êtres aimés par des processus tortueux d'auto-punition ? Mais il n'y a plus d'entourage. Il n'y a plus de proches.

C'est la socialisation du malheur. Le pire des réactionnarismes serait de dire encore que l'on n'a que ce que l'on mérite : les individus ne peuvent en aucune façon être tenus pour responsables des drames qu'ils endurent. C'est la société qui est à interpeller et à stigmatiser. C'est le *système* qui est coupable. « Manifeste, chuchotent les médiateurs à l'endeuillé, manifeste ton envie avec tant d'insistance que tes efforts (vains) pour apaiser ta passion deviennent la base même d'une nouvelle législation. » Ou encore : « Envie de telle sorte qu'à tout moment la maxime qui inspire ton envie puisse servir de base à une législation valable pour tous. » Le ressentiment, disait Nietzsche, est éprouvé par ceux à qui la réaction appropriée, l'action, est interdite : ils se rattrapent par des vengeances imaginaires. Et par de pathétiques guerres de parodie, peut-on ajouter désormais.

Conclusion ? Dans tous les domaines, l'*alignement des provinces*, comme s'exprimait Kojève pour qualifier les événements contemporains, se parachève. La paix définitive est pour ce soir. Ou sinon pour demain. L'éternel repos n'est plus une menace à prendre à la légère. On comprend mieux l'ardeur de Greenpeace à faire rentrer la France dans le mouroir commun. La France. Cette petite singularité à balayer. Ou plutôt à domestiquer. À achever de rééduquer. La France qu'on soupçonne de servir encore de sanctuaire à quelques rares mauvais esprits, deux ou trois pervers archaïques, quatre ou cinq partisans de l'ironie et de la « part maudite », lointains héritiers, sans doute, de ceux qui ne figurèrent pas, avant-guerre, dans les listes d'innocents de Münzenberg. Voilà la mission civilisatrice de Greenpeace. Émancipé du communisme, le mouvement pour la paix, de Soviéthon qu'il était, mute et s'élargit en Fraternithon. Ce n'est plus le stalinisme qui se cache derrière lui, c'est la mondialisation.

Ou plutôt, la *mondification*. L'homogénéisation du monde. Sa mise aux normes touristiques planétaires par indifférenciation de toutes les manières de vivre et de penser. Son but, ce n'est plus l'interdiction des horreurs de la guerre, c'est le monde visitable. Ce que veut le jeune pacifiste allemand, australien ou anglo-saxon, c'est une France à prix cassés. Chirac se prend des raclées parce qu'il n'a pas compris ça. Il se croit président de la République, alors qu'il a été élu gardien de musée. Forcément, avec ses tirs nucléaires, il apparaît comme un délinquant aux yeux des nouveaux citoyens du monde en bermuda. Le pacifisme, comme toute chose, est entré dans l'ère des loisirs. Son souci fanatique et définitif, propre à enflammer les multitudes, c'est la cause des droits de l'homme et du tour-opérateur.

1995

L'envie du pénal[1]

De cette légifération galopante, de cette peste justicière qui investit à toute allure l'époque, comment se fait-il que personne ne s'effare ? Comment se fait-il que nul ne s'inquiète de ce désir de loi qui monte sans cesse ? Ah ! la Loi ! La marche implacable de nos sociétés au pas de Loi ! Nul vivant de cette fin du siècle n'est plus censé l'ignorer. Rien de ce qui est législatif ne doit nous être étranger. « Il y a un vide juridique ! » Ce n'est qu'un cri sur les plateaux. De la bouillie de tous les débats n'émerge qu'une voix, qu'une clameur : « Il faut combler le vide juridique ! » Soixante millions d'hypnotisés tombent tous les soirs en extase. La nature humaine contemporaine a horreur du vide juridique, c'est-à-dire des zones de flou où risquerait de s'infiltrer encore un peu de vie, donc d'inorganisation. Un tour d'écrou de plus chaque jour ! Projets ! Commissions ! Mises à l'étude ! Propositions ! Décisions ! Élaboration de décrets dans les cabinets ! Il faut combler le vide juridique ! Tout ce que la France compte d'associations de

1. Il va sans dire que le phénomène étudié ici a connu dans tous les domaines, depuis 1992, une extension prodigieuse qui ne semble pas près de s'interrompre. Il va sans dire aussi que les exemples que j'avais choisis, à l'époque, valaient pour bien d'autres qu'il était préférable (qu'il est encore, qu'il est plus que jamais préférable) de taire. Seul compte, en définitive, et comme toujours, le fait d'avoir vu la question alors qu'elle n'en était qu'aux prodromes de son sinistre développement *(avril 1997)*.

familles applaudit de ses pinces de crabe. Comblons ! Comblons ! Comblons encore ! Prenons des mesures ! Légiférons !

Saintes Lois, priez pour nous ! Enseignez-nous la salutaire terreur du vide juridique et l'envie perpétuelle de le colmater ! Retenez-nous, ligotez-nous au bord du précipice de *l'inconnu* ! Le moindre espace que vous ne contrôlez pas au nom de la néo-liberté judiciairement garantie est devenu pour nous un trou noir invivable. Notre monde est à la merci d'une lacune dans le Code ! Nos plus sourdes pensées, nos moindres gestes sont en danger de ne pas avoir été prévus quelque part, dans un alinéa, protégés par un appendice, surveillés par une jurisprudence. « Il faut combler le vide juridique ! » C'est le nouveau cri de guerre du vieux monde rajeuni par transfert intégral de ses éléments dans la poubelle-média définitive.

Il en a fallu des efforts, et du temps, il en a fallu de la ténacité, de l'habileté, des bons sentiments et des causes philanthropiques pour incruster bien profond, dans tous les esprits, le clou du despotisme légalitaire. Mais maintenant ça y est, c'est fait, tout le monde en veut spontanément. L'actualité quotidienne est devenue, pour une bonne part, le roman vrai des conquêtes de la Loi et des enthousiasmes qu'elle suscite. De nouveaux chapitres de l'histoire de la Servitude volontaire s'accumulent. L'orgie procédurière ne se connaît plus aucune borne. Si je n'évoque pas ici les affaires de magistrats vengeurs, les scandales de fausses factures, la sombre « révolte » des juges en folie, c'est que tout le monde en parle partout. Je préfère aller chercher mes anecdotes en des coins moins visités. Il n'y a pas de petites illustrations. En Suède, tout récemment, un type saute au plafond d'indignation : dans un film de Bergman qui passe à la télé, il vient de voir un père donnant une gifle à son fils ! Dans un film ? Oui, oui. Un film. À la télé. Pas en vrai. N'empêche que ce geste est immoral. Profondément choquant, d'abord, et puis surtout en infraction avec les lois de son pays. Il va donc, de ce pas, porter plainte. Poursuivre en justice. Qui n'approuverait cet homme sensible ? Le cinéma, d'ailleurs, regorge d'actes de violence, de crimes, de viols, de vols, de trafics et de brutalités dont il est urgent de le purger. On s'attaquera ensuite à la littérature.

Dura lex, sed lex ! Il y a des soirs où la télé, pour qui la regarde avec la répugnance requise, ressemble à une sorte de foire aux lois. C'est le marché des règlements. Un *lex-shop* à ciel ouvert. Chacun s'amène avec son brouillon de décret. Faire un débat sur quoi que ce soit, c'est découvrir un vide juridique. La conclusion est trouvée d'avance. « Il y a un vide juridique ! » Vous pouvez fermer votre poste. Le rêve consiste clairement à finir par interdire peu à peu, et en douceur, tout ce qui n'est pas encore absolument mort. « Il faut combler le vide juridique ! » Maintenant, l'obsession pénaliste se réattaque de front au plaisir. Ah ! ça démangeait tout le monde, de re-criminaliser la sexualité ! En Amérique, on commence à diriger vers des cliniques spécialisées ceux à qui on a réussi à faire croire qu'ils étaient des *addicts*, des malades, des espèces d'accrocs du sexe. Ici, en France, on a maintenant une loi qui va permettre de punir la séduction sous ses habits neufs de « harcèlement ». Encore un vide de comblé ! Dans la foulée, on épure le Minitel. Et puis on boucle le bois de Boulogne. Tout ce qui se montre, il faut l'encercler, le menotter de taxes et décrets. À Bruxelles, de sinistres inconnus préparent l'Europe des règlements Toutes les répressions sont bonnes à prendre, depuis l'interdiction de fumer dans les lieux publics jusqu'à la demande de rétablissement de la peine de mort, en passant par la suppression de certains plaisirs qualifiés de préhistoriques comme la corrida, les fromages au lait cru ou la chasse à la palombe. Sera appelée préhistorique n'importe quelle occupation qui ne retient pas ou ne ramène pas le vivant, d'une façon ou d'une autre, à son écran de télévision : le Spectacle a organisé un nombre suffisant, et assez coûteux, de distractions pour que celles-ci, désormais, puissent être décrétées obligatoires sans que ce décret soit scandaleux. Tout autre genre de divertissement est un irrédentisme à effacer, une perte de temps et d'audimat.

Toutes les délations deviennent héroïques. Aux États-Unis, pays des *lawyers* en délire, les homosexuels de pointe inventent l'*outing*, forme originale de mouchardage qui consiste à placarder à tour de bras des photos de types connus pour leur homosexualité « honteuse », avec la mention « *absolute queer* » (parfait pédé). On les fait sortir de leur secret parce que ce secret porte tort, dit-on, à l'*ensemble* du groupe. On les confesse malgré eux. Plus de vie privée, donc plus d'hypocrisie.

Transparence ! Le mot le plus dégoûtant en circulation de nos jours ! Mais voilà que ce mouvement d'*outing* commence à prendre de l'ampleur. Les chauves s'y mettent, eux aussi : ils affichent à leur tour des portraits, des photos de célébrités qu'ils accusent de porter des moumoutes (pardon, des « compléments capillaires ») ! On va démasquer les emperruqués qui ne s'avouent pas ! Et pourquoi pas, après ça, les porteurs de fausses dents, les bonnes femmes liftées, les cardiaques à pacemakers ? L'ennemi héréditaire est partout depuis qu'on ne peut plus le situer nulle part, massivement, à l'Est ou à l'Ouest.

« Le plus grand malheur des hommes, c'est d'avoir des lois et un gouvernement », écrivait Chateaubriand. Je ne crois pas qu'on puisse encore parler de malheur. Les jeux du cirque justicier sont notre érotisme de remplacement. La police nouvelle patrouille sous les acclamations, légitimant ses ingérences en les couvrant des mots « solidarité », « justice », « redistribution ». Toutes les propagandes vertueuses concourent à recréer un type de citoyen bien dévot, bien abruti de l'ordre établi, bien hébété d'admiration pour la société telle qu'elle s'impose, bien décidé à ne plus jamais poursuivre d'autres jouissances que celles qu'on lui indique. Le voilà, le *héros positif* du totalitarisme d'aujourd'hui, le mannequin idéal de la nouvelle tyrannie, le monstre de Frankenstein des savants fous de la Bienfaisance, le bonhomme en kit qui ne baise qu'avec sa capote, qui respecte toutes les minorités, qui réprouve le travail au noir, la double vie, l'évasion fiscale, les disjonctages salutaires, qui trouve la pornographie moins excitante que la tendresse, qui ne peut plus juger un livre ou un film que pour ce qu'il n'est pas, par définition, *c'est-à-dire un manifeste*, qui considère Céline comme un salaud mais ne tolérera plus qu'on remette en cause, si peu que ce soit, Sartre et Beauvoir, les célèbres Thénardier des Lettres, qui s'épouvante enfin comme un vampire devant un crucifix quand il aperçoit un rond de fumée de cigarette derrière l'horizon.

C'est l'ère du vide, mais juridique. La bacchanale des trous sans fond. À toute vitesse, ce pseudo-monde en perdition est en train de recréer de bric et de broc un principe de militantisme généralisé qui marche dans toutes les situations. Il n'y a pas de nouvelle inquisition, c'est un mouvement bien plus subtil, une montée qui sourd de partout, et il serait vain de continuer à se gargariser du rappel des antiques procès dont furent victimes Flaubert ou Baudelaire : leur persécution révélait au moins une non-solidarité essentielle entre le Code et l'écrivain, un abîme entre la morale publique et la littérature. C'est cet abîme qui se comble chaque jour, et personne n'a plus le droit de ne pas être volontaire pour les grands travaux de terrassement. Qui racontera cette comédie ? Quel Racine osera, demain, composer les *Néo-Plaideurs* ? Quel écrivain s'échappera du zoo légalitaire pour en décrire les turpitudes ?

1992

Purification éthique

À quoi servent les « affaires », les mises en cause, ces bouffées d'inculpation ou de condamnation d'hommes politiques, ces révélations fiévreuses de leurs malversations, ces fausses factures, cette Haute Cour et ces basses amnisties, toute cette euphorie de pénal, cet emballement fantastique de la machine de Justice, elle-même réélectrisée sans cesse par la machine à Spectacle devenue la donnée de base de la société ? D'où viennent cette passion de moralité, cet essor de la vertu, cette épidémie bouffonne de ressentiment pénaliste et justiciaire ?

Oh ! je suis bien d'accord, ça n'a rien de désagréable de voir tous ces « élus », les socialistes surtout, se prendre dans la gueule les leçons de morale par lesquelles ils sont venus au pouvoir, et jouer en direct, soir après soir, « les Marches de l'opprobre », « la Nuit des escrocs » ou « Perdu de réputation », avant de plonger dans un « Perdu de vue » total et définitif. Ça n'a rien de triste qu'ils trouvent enfin, sur le théâtre où ils se sont donné tant de mal pour grimper, la guillotine qui va les raccourcir.

Mais tous ces « scandales », à mon goût, lèchent un peu trop le spectateur dans le sens interactif du poil. Si le bouc émissaire a tant de succès c'est qu'il gonfle l'audimat. La vindicte est la meilleure des marchandises. C'est LA marchandise par excellence. Demain, ce sera autre chose. La télé elle-même, peut-être ; ou l'angélisme qui coule d'elle comme une sécrétion naturelle (la mode, chez les pires canailles, n'est-elle pas depuis quelques semaines de dire du mal du Bien ?). Malheureux hommes politiques ! Leur destin est inexorable : ils croient s'en sortir en venant dans les médias se plaindre d'être victimes de « lynchages médiatiques ». Ils essaient de protester, ils se défendent, ils exhibent leur innocence comme des plaies. Par-dessus tout, ils mettent en avant leur « devoir de Transparence », ce truc répugnant, ce stéréotype parmi d'autres du programme d'asservissement de la société, sans se rendre compte qu'ils affûtent le tranchant qui leur coupera le sifflet.

À la roulette de la Téléfortune, ces survivants d'un âge qui meurt ont été choisis comme victimes à exhiber. Leur accession à la scène ne se fait déjà pratiquement plus qu'à la condition qu'ils y paraissent comme accusés. Le Spectacle ne les trouve rentables qu'en tant que coupables. Ce ne sont que de vieux pères de horde qu'on abat l'un après l'autre. Chaque époque a intérêt à noircir la précédente, de sorte qu'elle-même sera déclarée idéale et délectable. Le « ténébreux » Moyen Âge a été inventé par la Renaissance comme son repoussoir. Aujourd'hui où tout s'accélère, où les unités temporelles ne cessent de se rétrécir, les périodes à pénaliser sont plus courtes, plus proches. Les « années 90 » (toute personne qui emploie les expressions « années 90 », « 70 », etc., a droit à mon mépris immédiat) ont leur bête noire : les « années 80 ». C'est passionnant. Chaque « nouveau monde », pour se croire nouveau, a besoin d'un ancien monde, d'un Ancien Régime blâmable et condamnable à merci. Au besoin, on l'invente. L'innocence du temps présent ne peut s'établir que sur la culpabilité du passé, même tout récent. Par le dévoilement des turpitudes de la vieille société (en l'occurrence de la « classe politique »), l'homme de l'époque actuelle se découvre encore plus propre qu'il ne croyait, encore plus beau, plus sain, plus réconcilié, plus colorisé, plus innocent et plus moral. Plus soumis aussi, et avec quel enthousiasme. La télé est pure, nous sommes purs. *Vous êtes formidables.* Quelques salauds, pour le contraste, défilent sur l'écran. C'est la grande purge. On liquide. On liquide. L'argent « sale » est une part de la part maudite, une miette du mal essentiel. Le désigner comme responsable évite de regarder l'économique devenu harcelant, et la marchandise emballée. On liquide, on lave, on épure. D'ailleurs, l'argent, la « tournoyante volute de l'or » comme disait Balzac, c'est à la télé aussi qu'on fait semblant de le penser, maintenant, dans « Combien ça coûte ? » par exemple, et « Combien ça coûte ? » n'est que l'un des instruments de la Transparence devenue diktat : moins on épilogue sur le monde, plus on le veut diaphane.

Inutile d'incriminer la folie démesurée d'une poignée de juges incontrôlables. Ils occupent très bien leur terrain, je trouve, ces chasseurs de sorcières, exactement comme les médecins campent sur le leur. L'ère du pénal s'harmonise admirablement avec celle de la santé. Triomphe de la Loi à feu et à sang ! Tout non-inculpé est un suspect qui s'ignore. Gendarme d'après la fin de l'Histoire, trône de la Justice, missionnaire du Bien, le Spectacle s'engage dans toutes les campagnes édifiantes de prohibition des jouissances qui s'offrent à lui parce qu'il y découvre une chance inespérée de survie. Il n'est pas indifférent que la Showcratie ait fait du « rejet » ou de l'« exclusion » ses phobies essentielles : c'est d'être elle-même rejetée ou exclue, bien sûr, qu'elle n'arrête pas de trembler. En devenant un tribunal permanent des flagrants délits, elle ne fait que poursuivre son but unique : la perpétuation de son omniprésence à travers la domestication sans cesse affinée de la société.

La morale aime l'audimat et l'audimat aime la morale. Les grandes tyrannies restent généralement mémorables par leurs grands procès. Notre dictature du Bien et des solidarités de voisinage ne fait pas exception à cette règle de démonologie élémentaire. On fait exister des coupables comme, dans *1984*, l'Eurasia et l'Estasia, ces deux puissances mondiales mythiques avec lesquelles l'Océania est en pseudo-guerre perpétuelle, ce qui permet de canaliser les énergies, de nourrir les haines nécessaires à la prolongation de la servitude, et garantit que l'on continuera en toute tranquillité à faire des affaires. Les politiques sont devenus des coupables professionnels, et les coupables passent bien à l'écran. Le corrompu est télégénique. Et que l'on n'aille pas objecter que la télé elle-même est attaquée, notamment dans la personne de l'une de ses vedettes, ce qui prouverait que la Justice est supérieure au Spectacle. Ah ! là, ce serait le moment de relire et de méditer Kafka ; et de se souvenir que l'officier de *La Colonie pénitentiaire*, pour démontrer à son interlocuteur l'excellence de la machine à punir, n'hésite pas à se placer lui-même sous la grande herse de verre où il subira le supplice jusqu'à en mourir.

La clé de tout ça ? La vraie de vraie ? Le secret des secrets ? Dans la société actuelle, *il n'y a plus rien pour occuper le désir.* Les limites du sexe de masse sont atteintes depuis longtemps. Après des siècles d'obscurité, le plaisir et les corps, exhibés pendant une petite vingtaine d'années, se sont ternis, épuisés, volatilisés comme une ressource naturelle non renouvelable. La libido est veuve, désormais, des formes érotiques classiques qui l'investissaient. La vieille, l'éternelle énergie errante cherchant toujours où s'attacher, par où, par quoi être excitée, a besoin de s'employer. Où retrouver, dans l'univers transsexuel d'aujourd'hui, des lieux de jouissance ? Des ersatz de zones érogènes ? Dans la Loi ? Dans les guerres de procédure ? Dans les « affaires » ? Dans la chasse aux coupables ? Dans les fausses factures ? Dans la surveillance de tous par tous ? *La Loi est-elle libidinisable* ? Et la moralité ? Et la santé ? Et les loisirs ? Et l'écologie, notre *political correctness* à nous ?

Le voilà, le vrai enjeu de l'an 2000 ! Et les médias ont intérêt à pousser à la roue, en usant de tous les instruments de l'acharnement judiciaire, pour ressusciter un peu de charme et de trouble noirs. La pire chose qui pourrait leur arriver, aux Showcrates, c'est que les gens, brusquement, soient trop pris par de furtifs plaisirs privés pour continuer à leur prêter attention. Y aurait-il de nouveau du vice caché, dans le monde, plus personne, d'un seul coup, ne regarderait les écrans. Le sort de ces derniers est lié à celui de la vertu. Certes, celle-ci est facile de nos jours, grâce à l'ennui qui retient les gens chez eux, puisque dehors il n'y a plus qu'une réalité dévastée. Mais demain ? Après-demain ? Un jour ? Qui sait ? Oui, un jour ? Le Bien, dans ses habits neufs, sera-t-il éternellement capable d'éponger ce qui reste d'excitations virtuelles dans l'humanité ?

1993

La grande battue

La chasse est ouverte. Pour les scouts de la bonne pensée, pour le petit peuple des commentateurs, biographes, universitaires, journalistes d'investigation et fabricants de thèses, c'est devenu une occupation à temps complet. Ces gens-là désapprouvent la chasse réelle, mais ils raffolent du gibier symbolique. Tout homme illustre, entre leurs mains, peut devenir une bête aux abois. Le nouveau monde vertueux des louveteaux de la Vigilance a en horreur les écarts de conduite des individus d'exception. Ils les dénoncent en chaire. Ils les stigmatisent. Ce sont les propagandistes de la nouvelle foi. Mouchardage et cafardage sont leurs deux mamelles.

Chaque jour nous apporte sa brassée de révélations. Tantôt c'est Michel Foucault dont on nous explique l'œuvre complète à travers sa fréquentation des boîtes sado-masos californiennes ; tantôt c'est Brecht, qu'on nous montre en tyran répugnant, signant des pièces écrites par ses maîtresses. Et voilà encore Cioran admirateur, dans sa jeunesse, du fascisme roumain ; Graham Greene haineux, pédophile et raciste ; Bruno Bettelheim plagiaire, bourreau d'enfants, menteur, imposant à ses proches les méthodes des camps nazis faute d'avoir pu en surmonter le souvenir. Quant aux frères Lumière, qui devaient orner les nouveaux billets de banque, c'est de justesse qu'on s'est rappelé leur admiration pour Pétain ainsi que les francisques dont ils se laissèrent décorer pendant l'Occupation.

À qui le tour ? Que ne va-t-on encore découvrir ? Que Beethoven tournait autour des pissotières ? Que Stendhal attendait les petites filles à la sortie des écoles ? Que Cervantès a volé le manuscrit de *Don Quichotte* à sa voisine ? Nous avions déjà eu Marx pourvoyeur de goulags et séducteur de bonnes ; Heidegger nazi jusqu'au bout du *Dasein* ; Henry Miller érotomane et antisémite ; Picasso et ses épouses martyres ; Hemingway et son impuissance. On peut désormais écrire à peu près n'importe quoi sur n'importe qui, à condition que celui dont on parle en ressorte disqualifié, ruiné, ridiculisé. À condition qu'il devienne *une affaire*. Un dossier sordide à classer. Un sujet d'enquête d'intérêt général. Il y a quelques mois, j'ai même entendu, à la télévision, une dame (auteur d'un livre sur les artistes et leurs « muses ») déclarer que Balzac ne devait son génie qu'à Mme de Berny. C'est elle, la Dilecta, qui lui avait tout appris. Et d'ailleurs, lorsqu'elle est morte, continuait cette poufiasse, Balzac n'a plus rien fait de bon. Plus rien, en effet. À part *César Birotteau*, *Splendeurs et misères des courtisanes*, *Le Cabinet des Antiques*, *La Rabouilleuse*, *Une ténébreuse affaire*, *La Cousine Bette*, *Le Cousin Pons* et une bonne cinquantaine d'autres chefs-d'œuvre.

On n'étudie plus les génies d'autrefois. On ne les admire plus. On les débusque. On les capture. On les fourre à l'autoclave, et on voit ce que ça donne. Et malheur à ceux qui se laissèrent aller, fût-ce sous forme de plaisanterie, à exprimer le moindre soupçon de misogynie, de xénophobie ou de désapprobation du monde tel qu'il va ! On ne leur fera pas de cadeaux (voir, dans *Don Juan à Hull* de Martin Amis, préfacé par Charles Dantzig, les édifiantes mésaventures posthumes de Philip Larkin, poète anglais). Le passé, tout le passé doit être massacré.

C'est aux États-Unis que la chasse à l'instinct de mort (cette traque du NON sous-jacent à toute grande création artistique) fait ses plus beaux ravages. En ce domaine comme dans bien d'autres, la France a pris du retard. Elle essaie de se rattraper. Nous avons eu pourtant quelques précurseurs. Dans les années 50, le regretté Henri Guillemin, par exemple, à qui rien de ce qui était indiscret (Hugo coureur de jupons, Vigny délateur, Benjamin Constant arriviste) ne fut étranger. Ou Sartre, une ligue de vertu à lui tout seul (« La littérature doit se rendre compte qu'elle existe dans un monde où des enfants meurent de faim »), dont les safaris moraux à travers les âges sont encore dans toutes les mémoires : Baudelaire ne fut qu'un pauvre type œdipien et réactionnaire, Tintoret un épicier frénétique, Flaubert se conduisit comme un salaud au moment de la Commune et Dieu n'est pas un artiste.

Encore ne s'agit-il là que de démolitions artisanales. C'est aux États-Unis que le mouvement a pris son envergure industrielle parce que universitaire. Là-bas que James Miller a conçu sa biographie exterminatrice de Michel Foucault, et John Fuegi son *Brecht & Cie.* Féministes, néomarxistes, sémioticiens, déconstructionnistes derridiens mènent l'épuration au pas de charge. C'est ce qu'Allan Bloom appelle « l'école du ressentiment ». La mode de l'*outing* (de la révélation forcée, du terrorisme de la Transparence) s'élargit à la « recherche », aux sciences humaines, aux études littéraires. Plus question d'être, ou d'avoir été, quoi que ce soit secrètement ! Les homosexuels de pointe invitent les individus les plus en vue à révéler leur goût des hommes. Sinon, on le fera à leur place. On ordonne à chacun de *sortir du placard.* D'en terminer avec l'*hypocrisie.* D'être enfin *honnête avec soi-même.* De mettre sa vie privée en accord avec son existence publique. De vivre dans la Transparence. Dans la livide, dans l'insipide, dans la frigide Transparence.

En d'autres termes, l'idée de liberté personnelle n'est plus aujourd'hui qu'un lointain souvenir.

Quelques certitudes bétonnées guident le chasseur contemporain dans ses expéditions punitives :

1°. Les « valeurs » au nom desquelles il sévit sont absolues, non seulement pour aujourd'hui et demain, bien sûr, *mais surtout pour hier,* à la différence des « valeurs » du passé, toujours relatives, et qui ne valaient que pour le passé.

2°. Les cimetières de l'Histoire sont bourrés de choses honteuses et de cadavres qui remuent encore.

3°. À tout moment, les artistes d'autrefois sont susceptibles de se voir inculper pour des crimes ou des délits qui n'existaient pas de leur vivant. Nous sommes si fiers de nos « valeurs » que nous les avons rendues rétroactives : c'est ce qui les différencie des lois ordinaires qui, comme le dit le Code civil, « ne disposent que pour l'avenir ».

Muni de ces certitudes (mais sans cesser de répéter bien fort, comme au bon vieux temps, qu'*il est interdit d'interdire*), le chasseur contemporain peut partir à l'aventure.

Que va-t-il faire ?

Il va soulever des lièvres.

Et, si possible, les abattre en pleine course.

Grosso modo, le souleveur de lièvres se dédouble en deux types principaux, que j'appellerai « interne » et « externe ». Le souleveur de lièvres « interne » a généralement été en contact étroit avec le sujet de son ressentiment. C'est souvent un fils ou une fille de notable qui exerce des représailles posthumes sur son géniteur ou sa génitrice. Voir le livre de la fille de Jacques Lacan, il y a quelques mois. Ce peut être aussi une ex-compagne : François Gilot réglant ses comptes avec Picasso dans *Vivre avec Picasso*. La plupart sont très colère contre le génie qui les a génités. Ils l'auraient souhaité un peu moins génial et beaucoup plus géniteur. Ils écrivent des livres pour s'en plaindre. Ils donnent des entretiens. Ça pourrait même devenir un genre littéraire. Dans le style « Ma rancœur mise à nu ». J'ai entendu l'une des petites-filles de Picasso confesser qu'elle haïssait son grand-père (« Il a fait tellement de mal à ses proches ! »), mais que, tenant de lui un assez bel héritage, elle le consacrait à aider l'enfance malheureuse. Ainsi se retrouve blanchi l'argent si mal gagné de cet odieux aïeul. Quant à la fille unique de Céline, on lui doit cet aveu : « Je préfère être la fille de "Louis" plutôt que celle de Céline. »

L'ennui c'est que *Voyage au bout de la nuit*, ce n'est pas « Louis » qui l'a écrit.

Le souleveur de lièvres « externe », pour sa part, n'a jamais approché, de près ni de loin, celui dont il se promet de démasquer les turpitudes. C'est un professionnel de la Vertu. Un assermenté du Bien. Il sait renifler de très loin le parfum du scandale. On le paie pour son flair. De la suspicion, il a fait son métier. Il exerce ce sacerdoce sans faiblesse, mais également sans parti pris. Son acharnement n'a rien d'arbitraire puisqu'il s'applique au nom de l'intérêt commun. Ses enquêtes sur le passé « douteux » des génies et leurs écarts biographiques n'ont qu'une fin : subordonner une bonne fois l'art (ou la philosophie, la littérature, etc.) à la morale. Ses recherches ne sont pas des recherches, ce sont des rafles. Ses biographies ne sont pas d'abord des écrits : ce sont des actes d'accusation. Tout sujet d'étude est un mis en examen qui s'ignore encore.

Comme on l'imagine bien, ce souleveur de lièvres, jaillissant de son bureau, tout fier d'avoir bouclé un nouveau dossier d'instruction, et jetant à sa femme : « Chérie, j'ai rétréci Hemingway ! » (ou Heidegger, Flaubert, Brecht, Miller).

La chasse aux péchés des grands hommes est le résultat du nouveau mariage de la morale avec toutes les formes de communication. En 1994, un nommé Edward Bond, théâtreux anglais, a brusquement décidé de crier très haut son indignation devant la bassesse de Shakespeare face aux malheurs des paysans pauvres dépossédés de leurs terres par les grands propriétaires. Edward Bond ne pouvait plus tenir ! Il fallait qu'il parle ! Qu'il nous montre l'auteur d'*Othello* dans toute sa lâcheté ! Refusant de lever le petit doigt pour soutenir les victimes du « remembrement » ! Dédaignant de signer la moindre pétition ! Ni de venir gueuler sur une chaîne de télé locale ou nationale ! Préférant se saouler dans les tavernes avec Ben Jonson plutôt que d'entamer une grève de la faim !

D'un pareil scandale, Edward Bond fit une pièce. Qui

fut montée avec succès au festival d'Avignon. En d'autres temps, il se serait trouvé quelques esprits rebelles, peut-être, pour en rire. Pour parler de pharisaïsme. Ou même citer Sade : « C'est l'homme de génie que je veux dans l'écrivain, quels que puissent être ses mœurs et son caractère, parce que ce n'est pas avec lui que je veux vivre, mais avec ses ouvrages, et je n'ai besoin que de vérité dans ce qu'il me fournit ; le reste est pour la société et il y a longtemps que l'on sait que l'homme de société est rarement un bon écrivain. » Nous n'en sommes plus là. « Shakespeare tabassé par Edward Bond », titrait *Libération*, le lendemain de la première.

J'ai connu quelqu'un qui ne décolérait pas contre Racine. Il y a des gens comme ça. Il avait pris Racine en grippe parce que celui-ci s'était tu quand Louis XIV persécutait les protestants des Cévennes, en 1702, puis quand il détruisait Port-Royal, en 1709.

Comment lui faire admettre que Racine était mort en 1699 ? Impossible. Au royaume du Bien, les dates n'existent pas, l'Histoire est un préjugé, la réalité une contingence absurde.

Au royaume du Bien, la délation est une vertu. Les plus minimes « délits » sont susceptibles, désormais, d'être montés en épingle par nos innombrables « criminographes », pour reprendre une belle expression de Kundera dans *Les Testaments trahis*. Changeons de domaine, ouvrons le catalogue de l'exposition Barnes, en 1993, et jetons un œil sur le commentaire (par Christopher Riopelle) d'un admirable tableau de Renoir représentant des baigneuses. Croyez-vous que ce monsieur va succomber au charme ensorcelant de ces nudités étalées ? En perdre la voix ? Ce serait mal connaître nos Incorruptibles. Froidement, avec l'assurance tranquille du flic débitant au malfaiteur ses droits constitutionnels, l'Incorruptible constate que « l'assimilation du féminin aux forces élémentaires de la nature, l'exaltation insistante de la passivité et de la désinvolture des femmes, confèrent à cette œuvre un caractère discutable ». Discutable. Renoir, poursuit-il, trahit dans cette toile « une attitude profondément défensive à l'égard des femmes ». Défensive. Par-dessus le marché, ce coupable artiste commet le crime de mettre lesdites femmes « sur le même plan que la nature pour les déposséder de leur individualité au moment même où s'engage une lutte politique pour les droits des femmes ». Il faut apprécier ce « au moment même » : la proximité c'est la causalité. Comme dans les procès staliniens de la grande époque.

Désormais, nous savons que les génies d'autrefois sont comme les fumeurs d'aujourd'hui : des « individus à risque », et surtout pour les autres. Il s'agit donc de les isoler. De désencombrer de leur présence notre camp scout. Les souleveurs de lièvres travaillent pour nous. Ils font de la restitution au public. En dégradant les grands hommes de jadis, ils les rendent proches des gens. C'est l'opération « portes ouvertes » du patrimoine culturel. Nos grandes expositions, nos rétrospectives de prestige sont toujours plus ou moins l'occasion de règlements de compte édifiants. L'année dernière, c'était au tour de Derain d'y passer. Derain considéré comme irrécupérable, d'ailleurs, condamné dans sa peinture même, à cause de son voyage en Allemagne de 1941. Les textes du catalogue du musée d'Art moderne en frémissent encore. On y apprend que Derain, tout bien pesé, était « ce qu'on appelle un "bon peintre" et, du même coup, un "mauvais artiste" » : qu'attendre d'autre, en effet, d'un « personnage douteux qui se rend à Berlin au beau milieu de 1941 » ?

Cette année, c'est Cézanne dont on nous dit (*Libération* du samedi 30 septembre 1995) qu'il avait toutes les tares : « désagréable, acariâtre, asocial, bigot, réactionnaire, casanier, petit-bourgeois et mari querelleur ». Et hostile, par-dessus le marché, à l'art et aux artistes. Le contraire de notre monde contemporain rayonnant de joie de vivre (ce qui explique son génie, mais passons). Un personnage à tel point inintéressant que, si on l'aime, « ça ne devrait être que pour sa peinture ». Suit une analyse fouillée au terme de laquelle le louveteau de *Libération* délégué aux arts plastiques nous démontre que les toiles de Cézanne, où les

« lointains » sont plus importants que les « premiers plans », retournent « la formule démagogique du "je me sens plus proche de mon frère que de mon cousin, de mon cousin que de mon voisin, etc." pour en révéler l'indécrottable ânerie » Et puisque les « lointains » c'est « l'étranger, l'immigré », eh bien nous pouvons en déduire que Cézanne, ou plutôt la peinture de Cézanne (et malgré Cézanne), combat ardemment pour un monde zéro défaut, à la façon de Greenpeace et de Mgr Gaillot.

Ainsi va le nouveau Royaume enchanté. Ainsi se couvre de maisons-champignons notre espace de jeux décontaminé, riant et voluptueux comme nos centres-ville réhabilités, nos quartiers piétonnisés, *rendus au public.* Un univers où les best-sellers s'appellent Bobin, Coelho, Pennac ou Gaarder (du *Monde de Sophie*) : rien que des petits saints.

Ionesco, de nos jours, son *Rhinocéros,* il faudrait qu'il le refasse ; on n'y verrait plus les personnages se réveiller avec une corne au milieu du front : c'est un joli bonnet bleu de Schtroumpf qui leur serait poussé pendant la nuit.

Comme disait Proust : « On devient moral dès qu'on est malheureux. » Sans doute ne l'a-t-on jamais été, malheureux, plus qu'aujourd'hui.

1995

Le Père Noël vous parle

Coucou ! C'est moi, me revoilà. Vous ne me reconnaissez pas ? Pourtant, vous m'avez chaque année dans votre cheminée.

C'est moi, oui, Big Father, avec ma grande barbe hydrophile, mon traîneau à clochettes et des cadeaux dégueulasses plein ma hotte, emballés dans du papier clignotant.

Vous ne m'avez pas vu venir, une fois de plus ? C'est normal. Personne ne sait jamais comment je débarque. Chaque année, je trompe mon monde. On ne m'entend pas arriver, et puis un matin, c'est fait, ça y est, tout est joué. La torture des féeries recommence.

Une fois encore j'ai réussi à suspendre, pendant la nuit, mes guirlandes grotesques en travers des rues, comme autant d'insultes anonymes. Une fois encore, mes boules multicolores et mes illuminations pernicieuses sont apparues aux vitrines. Sans que personne me voie. Sans que personne me voie jamais.

Une fois encore, ma grande terreur s'installe. Les semaines vont se dérouler comme des veilles funèbres. Les gens vont courir partout épouvantés, le long des façades, avec leurs paquets obligatoires.

Il est revenu, ça y est, il s'est réinstallé, celui qu'on redoutait. Celui dont on évitait même de prononcer le nom, de crainte de le voir surgir. C'est fait. La Bête est là.

L'Éminence rose est de retour. La ville n'existe plus, ni la vie, ni rien. Tout est redevenu Noël.

Comme je m'amuse, à contempler la joie qu'ils affichent et à connaître le fond noir de leurs âmes angoissées ! Qu'ils me craignent, pourvu qu'ils me célèbrent ! En vérité, ma menace les rend malades bien avant décembre. Chaque année, on voudrait espérer que je ne vais pas revenir. Chaque année, on me sent approcher comme un mal inconnu, un cauchemar, une fièvre. Le Père Noël fait peur. L'année dernière, au restaurant, j'en ai entendu plusieurs, à voix basse, dès la fin d'octobre, qui parlaient de moi avec la trouille au ventre : « Qu'est-ce que tu fais pour les fêtes ? — Mais je ne sais pas. — Comment, tu ne sais pas ? — Non, pas encore. — Tu n'as rien prévu ? Mais tu es fou ! Il faut que tu t'en occupes ! Noël c'est demain ! Et la Saint-Sylvestre ! Tu ne te rends pas compte ! D'ici quinze jours, peut-être huit, il y aura des trucs partout ! Des guirlandes ! Des boules lumineuses ! »

Oui, je flanque la panique ; mais il n'y a que depuis quelques années que je commence, chez certains, je le sais, à susciter de la haine.

Oh ! pas une haine bien dangereuse ! Rien de grave. Le monde est beaucoup trop définitivement ensucré, gnangnantifié sans retour, colonisé par les bonnes intentions, la prudence et les mièvreries, pour que je me sente en péril. L'horreur du bonheur est peut-être une idée neuve en Europe mais elle ne risque pas de faire beaucoup d'émules. Je sais qu'il y en a, chaque année, qui rêvent de vomir tout le mal qu'ils pensent de ma fête du Cœur venimeuse, de cette apothéose ravageante de l'approbation du monde, de cette culmination de la résignation enfestée. Mais je suis bien tranquille. J'ai été si souvent honni pour de mauvaises raisons que les excellentes de maintenant ne risquent pas d'être saisies avant longtemps.

Tout semble avoir été dit contre moi. La critique est recuite. C'est mon plus beau triomphe, d'avoir fatigué jusqu'à ceux qui me détestent. Quel ennui les saisit, quel accablement, dès qu'ils envisagent de me vitupérer !

Quelle sensation effarante d'inutilité ! Ils savent déjà tellement tout ce qu'on va leur balancer ! Les accusations de banalité, de trivialité, qu'ils vont endurer ! Rentrer dans le lard du Père Noël, cette vieille porte ouverte ? Composer le millième rappel de la transformation du rite païen du solstice d'hiver en fête chrétienne à son tour sécularisée par le business ? La cent millième attaque futile contre la Nativité détournée de sa destination par le monde marchand, frauduleusement déviée de sa pureté originelle, noyée sous les cadeaux paralysants, les téléphones qui parlent, le super-Nintendo parfumé à la framboise, les chocolats à quartz et toutes les autres saloperies en multiplication galopante ? Vous êtes tombé sur la tête ?

Le Père Noël est une ordure ? Comme vous y allez ! Regardez-vous un peu. *C'est tous les jours Noël, maintenant.* Ma grande réussite, c'est qu'on croit que mon oppression ne dure que quelques semaines par an, alors que je suis le ressort des illuminations des douze mois de l'année. Noël c'est Noël. Et Pâques c'est aussi Noël. Et le 15 août. Et la Saint-Sylvestre. Et le bonheur de merde des vacances, cette paix des grands cimetières sous le soleil. Les mains à Nikons valent les tronches à boudins blancs. Les gueules de camping-cars valent les têtes de bûches au chocolat. Toutes les fiestas conduisent à moi. Et toutes les rages, et toutes les ruées, et toutes les foires. Et toutes les roues de la Fortune. Et tous les Manèges de la télé. Et toute la quincaillerie clinquante de l'égalité par la joie, de la fraternité par l'extase niaise, de l'apothéose du Rien tonitruant qu'on étend par couches de plus en plus épaisses sur la violence toujours recommencée, mais de plus en plus niée, du genre humain.

Qui est plus philanthrope, plus humanitaire, plus tartuffien solidaire que moi ? Qui règne davantage sur les plateaux ? L'avenir m'appartient. C'est moi le Cavalier suprême de l'Apocalypse en rose. Je préfigure si parfaitement la société future, l'humanité de demain bien gâteuse, bien transparente et transfrontières, bavante de positivité dans ses centres-villes toilettés, avec ses Twingo fœtales aux chouettes banquettes sièges-bébés, ses cadeaux infantiles, sa classe dominante d'apparatchiks du loisir, de tour-opérateurs, de charlatans de l'urbanisme rigolo, de promoteurs guimauve de la babyphilie définitive, d'entrepreneurs meurtriers de gaieté publique, qu'il faudrait la subtilité géniale d'un Kojève au moins (ce drôle de type qui avait placé sa fortune en actions de la Vache qui rit et qui avait des ennuis avec ses femmes parce qu'il refusait farouchement de leur faire des enfants) pour comprendre ce que je fabrique vraiment ; Kojève qui avait découvert, et dès 1943, qu'avec la fin de l'Histoire allait disparaître l'inégalité juridique entre l'enfant et l'adulte. « Ne pouvant pas supprimer le contrôle de l'action enfantine, on introduira donc un contrôle de l'action adulte », prévoyait-il. Mais c'est ça, Noël ! C'est exactement moi ! Mais ce qu'il n'avait pas deviné, Kojève, c'est que ça se ferait en pleine foire, en plein rideau de fumée de carnaval. Joyeux Noël ! Bonne santé ! C'est maintenant que mon règne de corso fleuri peut démarrer. Quinze cents ou deux mille ans de préhistoire, qu'est-ce que ça pèse en face de la longue durée de bonheur étale et de fantasias programmées qui nous attend ? Si le bubon Eurodisney pourrit là-bas, en pleine Marne, c'est peut-être qu'il fait double emploi. Le château de la Belle au Bois dormant n'est qu'une pauvre métaphore de la grande demeure terminale et de l'immense bâillement porcin de dimanche de la vie sans début ni fin que je vous ai préparés.

La plus belle ruse du Père Noël, croyez-moi, c'est d'arriver à faire croire qu'il n'existe pas, donc qu'on ne croit pas en lui. Avec ça, je suis bien tranquille. Le monde m'appartient, cette post-Histoire à l'agonie qui, comme tous les régimes aux abois, appelle sous les drapeaux enfants et vieillards (je veux dire : l'enfant et le vieillard qui sont en tout adulte et qu'il ne faut jamais beaucoup d'efforts pour réveiller). Une puérilité sans limite prend possession de la planète sous mon contrôle. Puisque je n'existe pas, tout m'est permis. Le cinéma ne va déjà plus chercher son public que dans les garderies. La religion de la Santé fout tout le monde au lit. Refuser de s'occuper de ses maladies est devenu une insulte à la communauté. Au soulagement du plus grand nombre, la comédie du règne de l'« urgence » et de l'« actualité » s'est substituée à la réflexion et au recul critique. Les sondages-minute sont aussi vite bouffés et oubliés que le goûter de quatre heures. Toute notion de vie privée ou d'intimité disparaît (un enfant n'en a pas : pourquoi un adulte en aurait-il ?). Le monde contemporain est rempli de choses enfantines devenues folles. Morale en noir et blanc (ce qui fait pleurer le petit Jésus et ce qui lui fait plaisir), valeurs scouts (le cœur sur la main), universel envahissement des images (l'univers est une BD où les bulles elles-mêmes tiennent de moins en moins de place), le Petit Prince de Saint-Exupéry sur les nouveaux billets de cinquante francs, la positivation du spontané et du naturel, la négation morbide de la mort, le sport évidemment, l'idéal d'unisexe, parodie de la « période de latence », la vie pour la vie, le parler chimpanzé, ce télépatois national (« crapoto basta », vous savez, et puis « miam miam double télé »), la musique, envahisseur universel, Alien des néo-cerveaux en route vers l'outre-monde, l'interdiction d'être « nostalgique », « frileux », « pessimiste », « de mauvaise humeur », « esprit chagrin » ou « négatif », non communicant, non dialoguant, non fusionnant, brebis galeuse qui menace le contrat social en refusant de s'amuser avec les autres dans la cour de récréation, nos amis les bêtes, halte à la tauromachie, protégeons la Nature, sauvons les baleines.

Ah ! je peux me vanter d'avoir bien travaillé, moi le Père d'après la fin des pères et de la fonction paternelle comme on dit. Moi le vieux mais vrai Dieu, le Père éternel dérisoire, nordique et omnipotent. Moi l'antique Noël, incarnation du tréma, cette ponctuation suspendue, ces deux points de Damoclès au-dessus du néant. Le millénaire nouveau peut arriver, avec sa société transformée en fratrie universelle, soucieuse d'ordre, de paix, d'harmonie et de vigilance, délirante de méticulosité et de mises aux normes NF et label CE. La refonte de la pensée par l'euphémisation terroriste du politiquement correct peut commencer à remplacer avantageusement l'institution primitive de l'interdit de l'inceste. Tout ce qui ne ressemblera pas à un conte de Noël, désormais, sera prohibé. Tout ce qui ne sera pas *poetically correct* devra disparaître ou s'amender. L'histoire de la littérature, l'histoire de l'art, l'Histoire tout court, seront réécrites dans ce sens précis. Ça commence seulement. On ira plus loin encore, toujours plus profond, dans le passé douteux des grands hommes, dans leurs biographies pendables et leurs pensées inconvenantes. Tout sera revisité, refait, rejugé, trié sous le soleil de la gentillesse la plus lamentable. C'est qu'on ne peut pas laisser n'importe qui participer au grand réveillon de l'avenir ! Sympa ? Pas sympa ? Frère ? Pas frère ? Clean ? Pas clean ? Un Henry Miller, par exemple, ne sera certainement pas invité à venir ouvrir les huîtres (si nos lois contre le harcèlement sexuel avaient existé de son temps, il n'aurait pas fait de vieux os en liberté). Et Picasso ? Hum. Pas sûr. Et Heidegger ? Ah non. Et Machin ? Et Chose ? Et Stendhal ? Et Sade ? Et tous les autres ? Entreront-ils dans la crèche ? Pourront-ils devenir santons à leur tour ? S'embrasser sous les guirlandes avec nous ? Autour de mon beau sapin roi des forêts ? Mystère, suspense et boules de gui. La fête commence, je vous répète ! Elle commence tout juste ! En musique ! Et la nuit va être longue !

1994

Mitterrand avant

Il est probable que Mitterrand, dans la mesure où il excite tant les journalistes, soit le sujet le plus dépourvu d'intérêt actuellement sur le marché. Les « révélations » diffusées par la domesticité médiatique ne sont jamais que les sites qu'elle vous autorise à visiter, triés sur le volet de l'irréalité contemporaine selon son goût gaffeur et ses visées éminemment suspectes. Tout autour de ces lieux sélectionnés, s'étend le gisement infini de ce qui, n'étant jamais dit, est donc déconseillé, caché ou interdit : c'est là, bien entendu, que se trouvent les révélations saignantes, les informations innommées et les secrets dangereux.

Les tour-opérateurs de la médiacratie hégédémoniaque ne sont donc pas près de nous laisser fureter dans les vrais pourtours de Mitterrand, c'est-à-dire l'énigme bourbeuse et profonde de sa longue présence au pouvoir, le mystère en somme de *son origine en tant que chef d'État.* Qui l'a mis là, à l'Élysée ? Qui l'a voulu deux fois et revoulu tous les jours ? Une génération, tout simplement. La génération en soi, celle qui seule mérite, sans doute, d'être appelée ainsi parce qu'elle se confond désormais avec le monde tel qu'il a été reformaté. La génération des gens de quarante ans. Des « quadras », pour employer l'ignoblissime langage d'aujourd'hui. De ce point de vue, Mitterrand n'est, en France, que son produit le plus remarquable, sa trouvaille la plus caricaturale, le résultat le plus sombrement reluisant de sa volonté pure. Il a été son désir, son rêve réalisé, sa traduction condensée. Il restera sa signature. Sa griffe. Qu'elle veuille maintenant le liquider, en multipliant les « bilans impitoyables », les « investigations sévères » et les « révisions déchirantes » est surtout la preuve de son intention féroce de lui survivre.

Mitterrand n'est que le fourgon blindé dans lequel cette génération a pris elle-même le pouvoir avec ses armes terrorisantes et ses bagages de nuées : romantisme au miel, griserie poétique, collectivisme musical, pornographie de la bonne santé, tyrannie de la Fête, dictature cynique du Consensus, business de la morale, morale dans le business, solidarisme oppressif, pleurnicherie obligatoire, chantage au cœur, Transparence et tous les autres ingrédients nécessaires pour substituer à ce qui restait de monde, de « directement vécu », l'extase somnambulique de l'irréalité enfin réalisée, descendue sur la terre afin d'y installer le Pays des merveilles, ses fables, ses bonnes fées et ses méchantes sorcières. En mai 81, dans l'inimitable jargon *new age* fanfaronnant de la classe moyenne progressiste en quête de légende où se mirer, cette installation a été appelée « passage de la nuit à la lumière ». Il est touchant mais logique qu'on ait baptisé victoire de la gauche l'entrée de la France dans le processus de déréalisation généralisée, son passage de l'autre côté du miroir, dans l'univers des illusions et des effets spéciaux.

Mitterrand a été voulu, fabriqué, imaginé, élu par le peuple enthousiaste des Enfants trouvés (au sens du « roman familial » freudien des névrosés). Son élection fut un pacte avec l'Idylle en soi (laquelle implique, bien sûr, la disparition des individus, d'où sa complicité avec la technique), un contrat de féerie réciproque, le triomphe de l'ivresse comme méthode totale de gouvernement. De cette ivresse, un Jack Lang, par exemple, n'aura été que le plus constamment aviné des représentants. S'il mérite tout de même une mention spéciale, c'est dans la mesure où sa fonction, en tant que ministre de la Culture, aura consisté à noyer partout le poisson de la négativité (constitutif de chaque art) dans le conte de fées institutionnel et la Fête hagarde. C'est au prix de l'éradication par la Culture de l'insupportable NON sous-jacent aux créations artistiques du passé que tout le monde, aujourd'hui, peut lyriquement se dire *artiste.*

Mitterrand création des créatifs piaffants et poétisants. Mitterrand chef-d'œuvre des jeunes loups philanthropes et des golden boys éthiques. Mitterrand enfant des Enfants trouvés. Mitterrand trouvaille de la « génération Mitterrand ». Mitterrand apothéose du carnaval *lyrique* de toute une époque. Qu'est-ce que la génération lyrique, ce ventre encore fécond d'où est sortie la Fête immonde ? Là, je ne saurais trop conseiller la lecture du génial François Ricard et de sa *Génération lyrique* justement (sous-titrée *Essai sur la vie et l'œuvre des premiers-nés du baby-boom*), l'ouvrage de loin le plus passionnant que j'aie lu depuis des années (mais il faut vouloir le trouver d'abord : publié en 1992 au Québec, chez Boréal, il est si bien distribué en France par le Seuil que sa recherche peut facilement devenir une activité à temps complet). Tout y est. Toute la carrière édifiante des millions de petits gardes roses qui, après avoir brièvement rejoué, en mai 68, l'ensemble des révolutions passées sous forme de bergerie héroïque, s'est recyclée dans le somnambulisme light, la disneylandisation des centres-villes, l'ingérence humanitaire, le rock universel comme accomplissement de l'être-ensemble, les « agoras » partout, la Culture en option ménagère, les défilés écrémés de Goude, la chasse aux mauvais glucides, Decouflé sous vide, le Grand Louvre vivagélisé, la Pyramide, ses pompes, ses œuvres, sans oublier tous les ratons-laveurs qu'on n'en finirait pas d'énumérer si on voulait constituer la somme hétéroclite des « années-Mitterrand ». Mariage kitsch du réel et de l'imaginaire, ou de la poésie et de la prose, et utopie de leur dépassement réciproque comme fable par excellence dans laquelle roule le rêve de tout Enfant trouvé. Génération qui n'a semblé « révoltée », « contestataire », « insurgée », enfin hostile au monde, que tant qu'il existait un monde ; mais qui s'est mise à collaborer ardemment avec son temps, et à en devenir la pire des gardiennes morales, dès que les représentations et les effets spéciaux ont commencé à remplacer toute réalité.

Mitterrand sait ce qu'il lui doit. C'est pourquoi, comme elle (donc comme toute la société), il n'a pas arrêté de fonctionner à la bouffée délirante. Quand les collectivités deviennent ingouvernables, il ne reste plus qu'à essayer de leur insuffler, pour les tenir encore, des enthousiasmes hallucinatoires. Montée au Panthéon avec flonflons beethovéniens. Commémoration de 89 avec courses en sac rénovées. Disneyland. Eurodisneyland. Encore Disneyland. Disneyland partout, et jusqu'à Carmaux, l'été dernier, avec Jaurès et les prolétaires de jadis ressuscités par leurs petits-enfants en costume d'époque sous mille faisceaux de lasers enfumés de merguez. Sans oublier Maastricht, bien sûr, la plus belle bouffée, la dernière, le bouquet. Maastricht vendu au public des Enfants trouvés comme une maison-champignon de Schtroumpf. L'Europe structurée comme un téléthon. Quelle aventure ! Quelle belle histoire !

Si elle a l'air aujourd'hui de se terminer mal, c'est tout simplement qu'elle se termine. Les présidents passent, la génération lyrique reste. Depuis longtemps déjà elle cherche ses voies de substitution, tâtonne, s'interroge, essaie un peu de tout, SOS-Racisme, pathos humanitaire. Le Bien et la Vertu dont elle s'estime odieusement l'incarnation légitime l'aident maintenant à accabler son président pour écarter d'elle-même tout soupçon de culpabilité. *Nous sommes bons !* clament-ils. *Nos intentions étaient bonnes ! Nous sommes beaux ! Nous sommes innocents ! N'en doutez pas ! Surtout ! Ne quittez pas l'antenne ! Nous restons éperdument et complètement crédibles ! Nous sommes purs comme des enfants trahis !*

Autrement dit : *Ce n'est qu'un Président, continuons l'illusion !*

1995

Enfin raide
(Mitterrand après)

Entre cabotinage nihiliste et possession dostoïevskienne, il y avait quelque chose de « surnaturel » chez Mitterrand. Toute l'extravagante ferveur *new age* par laquelle les médias viennent d'orchestrer sa mort a explosé comme un vieux renvoi empesté de l'encens du Panthéon inaugural de ses deux septennats. C'est l'ultime acte de sorcellerie du Raskolnikov de l'Élysée. Son hypnose d'outre-tombe.

Il fallait entendre Jack Lang, l'arme fatale du cher disparu, son revolver culturel à flinguer les Français d'hébétude festive, proclamer qu'on ne devait pas pleurer, que *le* Président n'était pas mort, qu'un peu de son âme, maintenant, revivait en chacun de nous.

Il fallait voir les jeunes. Tous les jeunes. Le chagrin des jeunes. Les sanglots juvéniles de ces poupées de cire qui se prennent pour l'avenir alors qu'elles n'auront jamais de passé. Tous ces garçons et ces filles qui se souvenaient, le 10 mai 81, place de la Bastille, d'avoir fêté l'élection de Tartuffe à dada sur les épaules de papa ou maman.

Et ces perles lexicales qui leur giclaient de la bouche : « Chez nous, on est socialistes de manière chromosomique » ; « Dans notre famille, on est traditionnellement à gauche » ; « Voter Mitterrand, à la maison, c'était viscéral ». Cette utilisation récurrente, par les Enfants de Marie du socialisme funéraire, de syntagmes biologisants, familialistes ou territoriaux qui vaudraient vingt ans de prison pour racisme organique larvé à n'importe quel homme de droite s'il osait les employer.

Et le courrier déploratoire publié par *Libération* ! Ces lettres de pleureuses et de pleureurs mitterrandiens, tous ces poèmes incroyables, tous ces chefs-d'œuvre du réalisme lacrymal-bolchévique ressuscité, tous ces fragments de kitsch qu'on croirait ressortis des archives de *L'Humanité* de la bonne époque, celle des obsèques de Staline ou Thorez : « Il était, pour toute une moisson d'enfants, cet homme qui était apparu sur les écrans au sourire de l'espoir » ; « Non, il n'est pas mort, il est allé faire une longue promenade dans l'au-delà » ; « Dieu n'est plus, Tonton est parti, mais dans nos pensées il sourit » ; « François Mitterrand vit à présent dans les limbes éthérés de l'humanité ».

Même le trépas de De Gaulle, pourtant déjà bien secouant pour un cerveau rationnel, n'avait pas conduit à de pareils rabâchages d'émotion incompressible. Avec sa journée unique de deuil national, de Gaulle ne fut qu'un nain auprès du minusculissime Mitterrand bénéficiant de quinze jours de deuil médiatique. En novembre 1970, la piété de la nation « unanime » cacha le ricanement ou l'indifférence de toute une jeunesse *qui ne perdit pas cinq minutes*, je m'en souviens bien, à discuter de cette mort. La ferveur d'aujourd'hui ne dissimule rien d'autre que de la ferveur sans ambivalence : celle des néo-Français de tous les âges, les jeunes *qui n'ont connu que Mitterrand*, comme on ne cesse de le répéter pour nous faire croire qu'ils vont connaître autre chose à présent, et leurs parents qui, paraît-il, ont tous débouché le champagne en mai 81. Il n'y a pas d'antagoniste à ce consensus de deuil. Il n'y a pas d'*autre*. Le respect, désormais, ne s'adosse plus à rien qu'à lui-même. C'est à ce genre de signe que peuvent s'observer, comme un lent phénomène d'envoûtement, les progrès de l'unification de la société.

Funérailles mystiques ! Tout avait été préparé pour ce spectacle. D'abord les grandes grèves de décembre, avec leurs envols de ballons multicolores et leurs fumigènes (le fumigène vient d'être découvert par le gréviste de base, c'est le nuage de poésie dont il environne sa révolte implacable). Ensuite, aux approches de Noël, le sacrifice d'une nouvelle fournée d'adeptes du Temple solaire grimpant se carboniser à mille mètres d'altitude. Et puis, sans souffler, quelques jours plus tard, alors que la presse et la télé résonnaient encore de déplorations sur les ravages des sectes (cette réponse désolante des fous de Dieu au non-sens de notre vie sociale, comme chacun sait), voilà que le Grand Gourou lui-même disparaît ! Et que des milliers de Pentecôtistes du mitterrandisme rappliquent à la Bastille ! Bougie tremblotante à la main, comme dans un *remake*, justement, des bandes vidéo du Temple solaire !

Et tout cela pour accoucher de quoi, en fin de cérémonie, alors que les larmes des fous du « Dieu » de l'Élysée ne sont même pas séchées ? De la merveilleuse affaire posthume du cancer présidentiel qui, à travers les aventures du livre du docteur Gubler, son interdiction puis son échappée dans le monde encore si mal contrôlé d'Internet, devrait permettre enfin de prendre à la gorge le dogme le plus antipathique, le plus religieusement terroriste, le plus mortellement *new age* de la fin du siècle : celui de la *Transparence.*

Transparence ? L'éclat de l'eau ? La profondeur impalpable du ciel ? L'illumination des choses transpercées de lumière ? Aucun dictionnaire, jusqu'à notre époque, n'a eu le malheur d'être obligé d'assimiler la Transparence à un impératif moral. Dans le Littré ou le Larousse du bon vieux temps, la « transparence » n'est encore qu'une propriété physique. Comme énoncé prescriptif, destiné à réordonner le monde en lui imposant le bréviaire de la Vérité, la Transparence a l'allure d'une sorte de monstre conceptuel. Son apparition est contemporaine des septennats de Mitterrand. C'est la goutte de néant que la gauche française en agonie pendant quatorze années a fini par distiller dans son athanor. Elle a une histoire, sans doute, cette Transparence, elle a une généalogie, mais ce serait un travail de Romain de les reconstituer. D'autant plus qu'elle n'est réellement soutenue d'aucun discours. Elle apparaît on ne sait quand, mais lorsqu'on s'aperçoit qu'elle est présente dans tous les esprits, il est trop tard pour en repérer la naissance. C'est déjà un fait de nature. Une expression spontanée du nouveau monde moral. Quelque chose que les éléments ont produit en dormant, pour ainsi dire.

Il faut se méfier des mots sans histoire. Ils n'existent que pour liquider les histoires individuelles, ramener les êtres concrets à des schémas simples, facilement nivelables et vite encadrables. Comme énoncé prescriptif, je crois bien que la Transparence est « née » en France, plus généralement sans doute en Europe, de la traduction du mot russe *glastnost.* C'est le cadeau empoisonné que nous a laissé Gorbatchev en sombrant. Il faudrait inventer une discipline nouvelle pour étudier cette saloperie toute neuve. La diaphanologie peut-être (du grec *diaphanès*, transparent) ? Un diaphanologue pourrait nous apprendre à déchiffrer ce moment de notre post-Histoire où le nouveau tyran (le médiateur) parle la langue de la liberté ; où il nous fait croire, comme le marxiste naguère, que nous sommes aliénés (aliénés de la lumière) ; et où il nous propose, à l'imitation du mythologue d'autrefois, de démystifier avec nous tout ce qui paraît. Qu'est-ce que la Transparence ne souffre pas ? L'indétermination. C'est-à-dire la liberté. Elle déteste ce qui est vague, furtif, un peu sale, obscur, indéfini. Humain, en somme. Et réel. Rien n'est plus abstrait que la Transparence. On connaît, en architecture et en urbanisme, depuis les visions paradisiaques de Le Corbusier, les effets de son vandalisme. La destruction bétonnière et vitrifiante des villes s'étale sous nos yeux. Au Grand Louvre, le fanatisme de la Transparence s'incarne dans la Pyramide de Pei, ce monument du nouveau totalitarisme applaudi. Et comme il a l'éclat du verre, il en a la frigidité. Le vitrage Saint-Gobain, ce droit d'ingérence architectural, a imposé sa « philosophie » jusque dans les bureaux et les lofts infernaux. Plus de cloisons ! Plus de secrets ! Plus de placards obscurs ! Plus le droit de se cacher ! L'année dernière, *Le Nouvel Observateur* titrait euphoriquement : « Homosexuels : la fin du mensonge ». Ô formule admirable ! La fin du mensonge ? Mais c'est le suicide des lemmings ! Mais c'est la fin du sexe ! Homo ou hétéro ! Et ils ne le voient même pas ? Pas plus qu'on ne remarque, j'en suis sûr, la volonté de meurtre en filigrane de cette pub accompagnant la photo souriante d'un animateur de télémagazine économique : « Ce journaliste n'ennuie que les entreprises qui ont quelque chose à cacher. » Comme s'il s'agissait seulement des entreprises.

La Transparence n'est même pas une valeur, c'est un ordre. Et cet ordre ne tolère aucune opposition, même pas l'équivoque, le paradoxe, la minuscule dissidence de l'ironie. Les diaphanocrates ne rigolent pas. Leur succès trahit le touchant désir de la société de posséder la limpidité frémissante des lagons non pollués. D'en finir avec sa propre opacité, cette « grande ennemie de l'homme » comme disait André Breton, dithyrambiste sans limites des vertus du cristal, et inventeur du *mythe moderne* des « Grands Transparents », ce concept surréaliste en kit pour design néo-techno. La Transparence est-elle une idéologie ? Un idéal ? Une utopie ? Il fallait voir, l'autre jour, à l'émission de Laure Adler, trémulante Méduse de la Culture en cave, cinq ou six invités essayer de traiter ces questions en faisant semblant de ne pas pédaler dans la semoule de leur propre ignorance. Seul le transparent académicien Poirot-Delpech eut le courage d'associer (sans le savoir) Transparence et infantilisation généralisée : « *Nous ne sommes pas des enfants* », ne cessait-il de marteler symptomatiquement. « *Il faut arrêter d'infantiliser le citoyen ! Le pouvoir nous doit la vérité !* » Avant de lancer le vrai message qui lui tenait à cœur : « *Les garçons et les filles de la jeune génération, cette génération dont on dit tant de mal, ils ont peut-être des défauts, mais il y a quelque chose, au moins, qui leur est étranger : l'hypocrisie ! Le mensonge ! Les jeunes en ont fini avec l'hypocrisie ! Ils n'ont rien à cacher !* »

Tant mieux : n'avoir rien à cacher, c'est être plus qu'un petit peu beaucoup mort. En avoir fini avec l'hypocrisie, c'est avoir renoncé à tout désir d'être désirable. Ce qui nous ramène à Mitterrand et à la façon dont la Transparence lui est revenue en pleine figure alors même qu'il venait d'en faire, concernant son état de santé, un mot d'ordre intransigeant. On ne le plaindra pas d'avoir enduré quelques désagréments sur ce Golgotha diaphane que personne ne lui avait demandé d'élever. On ne le plaindra pas d'avoir vu le *devoir de Transparence* se boomeranguiser aussi rondement à ses dépens. Il est étrange, bien sûr, il est plein d'humour noir que cette grenade mise au point comme technique hypocrite de gouvernement se soit dégoupillée si vite, dès 81, juste après le triomphe, et que celui-ci, aussitôt, ait commencé à sonner à travers l'Élysée comme un rire de tête de mort. Mais la façon dont on a tempêté, judiciairement et moralement, autour du livre du bon docteur Gubler a permis de ne pas dire ce qu'il y avait de sensationnel dans les révélations de ce médecin. Tous les débats sur la question du secret médical ou du mensonge d'État sont à côté de la plaque. La vraie leçon de l'affaire Gubler, c'est que *le mensonge c'est la santé*. C'est le fait même de mentir pendant quatorze ans qui a permis à Mitterrand de survivre. C'est d'avoir violé la règle qu'il avait lui-même établie avec tant d'imprudence. S'il fallait une preuve que la Transparence tue, le fait qu'il l'ait rejetée, aussitôt après l'avoir promulguée, pour survivre quatorze ans alors qu'on lui prédisait trois mois d'existence, devrait faire réfléchir tous ceux qui croient niaisement que la Transparence c'est le Bien parce que les médias ne cessent de nous la mettre en scène dans des petites opérettes grotesques où on la voit lutter contre l'Obscurité comme Ormuzd contre Ahriman.

Si Mitterrand a survécu aux pronostics médicaux qui le condamnaient, c'est qu'il avait quelque chose à cacher. Il faut l'avoir regardé, un mémorable soir de septembre 1994, interrogé par Elkabbach sur ses années vichyssoises. Il faut l'avoir vu reprendre du poil de la bête au fur et à mesure que s'écoulait l'émission où il était censé se justifier. D'abord rauque et momifié, son masque mortuaire se ranimait à vue d'œil. Et que je te papillote des paupières. Et que je te siffle des petites phrases entre mes lèvres parcheminées. Et que je te joue le coup de la tortue avec mes deux mains endiablées, la droite sur la gauche, la gauche sur la droite. À la fin, il ne voulait même plus partir. Il se cramponnait aux projecteurs. Encore une petite minute, Monsieur le Micro ! Il jouissait tellement que c'en devenait une gêne pour le spectateur. Il dévorait ses propres métastases au fur et à mesure qu'il faisait semblant de lever sur son passé des voiles successifs de ténèbres, comme les feuilles d'artichaut d'un mensonge ontologique tellement gros que lui-même aurait été incapable de parvenir jusqu'en son cœur.

La Transparence tue, l'opacité conserve. Tous ceux qui s'imaginent encore que les croisés médiatiques de la Transparence poursuivent un autre but que de liquider les êtres humains (les individus concrets) devraient méditer la morale immorale de l'histoire de Mitterrand. La *fable* de cette mésaventure de Transparence médicale, pas plus tôt érigée en loi fondamentale que bafouée dans les grandes largeurs par instinct de conservation, sabotée au nez et à la barbe des médias tout-puissants qui ne veulent la Transparence, devenue synonyme de Vertu, que pour justifier leurs exactions contre les existences privées sous le nom de « journalisme d'investigation ». Le cliché de Mitterrand « héros de roman » traîne dans toute la littérature stéréotypée d'aujourd'hui. Mais Mitterrand personnage d'Ésope ou de La Fontaine est encore vierge. Que l'exigence de Transparence se soit retrouvée, avec une telle promptitude, défiée par la maladie, puis piétinée jour après jour pendant quatorze ans, donne à cette histoire l'allure d'une fable ou d'un conte moral. On connaissait les retours de bâton, on n'avait encore jamais vu les retours de Transparence. On ne savait pas non plus qu'on pouvait passer de Transparence à trépas. Si deux septennats mitterrandiens, c'est-à-dire quatorze années de rémission clandestine, n'avaient servi qu'à détériorer la pire escroquerie de la fin du siècle, ils n'auraient peut-être pas été, finalement, si nuisibles que ça.

1996

Et pourquoi des artistes en temps de culture ?

Admettons une minute que la prophétie de Nietzsche, dans *Aurore*, ait fini par se réaliser : « L'art des artistes doit un jour disparaître, entièrement absorbé dans le besoin de fête des hommes : l'artiste retiré à l'écart et exposant ses œuvres aura disparu. »

Imaginons que c'est fait. Nous y sommes, ça y est, dans ce temps d'extrême détresse de la liesse extrême. Le « besoin de fête des hommes » a bu, a gobé, avalé « l'art des artistes ». Bien sûr, ce « besoin de fête » lui-même n'a plus le moindre rapport avec les fêtes du passé. Lorsque toute la réalité se retrouve carnavalisée, lorsque c'est toute la vie qui est clownée, institutionnellement festivalisée, il n'y a plus de fêtes partielles, distinctes, isolées, il ne reste qu'un immense applaudissement redondant, une nouba perpétuelle, un Mardi-Gras quotidien noyant dans la joie précuite de son approbation globale les négativités qui venaient danser aux bals de jadis.

Quand l'art est à la fête ça s'appelle la Culture. Le monde artistique n'était intéressant que dans un décor qui ne l'était pas. N'importe quel tableau, alors, vous donnait le grand frisson de l'altérité en soi. L'univers en liesse a changé tout ça. Son despotisme nous mène à la baguette magique. C'est la Fête des Fous intégrale autant qu'organisée. Homo festivus ne sait plus où donner du serpentin et de la guirlande. Les médias lui serrent férocement la *vis comica.* On ne veut plus entendre qu'un seul oui enchanté. Et le reste à la trappe. À la trappe festive, le génie diviseur, séparateur et désagrégateur des arts ! Au bercail collectiviste ! Dans la kermesse planétaire du narcissisme de masse, Van Gogh ou Matisse, métamorphosés en éloges sympathiques de l'espèce par elle-même ! Tous dans le grand bain multicolore du consentir liquéfiant.

« Des artistes en plus, de nos jours, on en a mis partout par précaution tellement qu'on s'ennuie », s'étonnait Céline dans *Voyage.* « On décore à présent aussi bien les chiottes que les abattoirs et le Mont-de-Piété aussi. » C'était encore une nouveauté. Les bons apôtres de la Culture, ces anges gardiens gaffeurs, ces bergers idéaux, n'avaient pas encore fini de remettre dans la bonne ornière de la bienpensance le troupeau dispersé (qui ne trouvait son énergie que dans sa dispersion). La besogne est achevée. Mission accomplie. Toute la vitalité négative des arts s'abîme dans l'océan joyeux de la Positivité subventionnée. La fin de l'art elle-même est bafouée. Duchamp, Malevitch, sont récupérés *comme artistes* par les gardiens du Temple culturel. À coups redoublés de festivals, musées, écomusées, commémorations, cités de la musique, du timbre-poste ou des enluminures, l'énergie critique des siècles est ramenée à de meilleurs sentiments, retapée en conte de fées, puis transportée de l'autre côté du miroir, là où s'élèvent les tourelles et les mâchicoulis de notre palais terminal : le château de la Culture au Bois dormant.

Quand le monde s'artistise, c'est l'art qui perd son « autre », son ombre, son contraire ; pas seulement ses ennemis, mais le monde lui-même, le monde étranger, tout ce qui n'était pas lui. L'artistisation de la société entraîne la destitution de l'art par effacement de toute distinction entre art et non-art. *L'art n'a plus de sexe opposé.* Il n'y a plus rien qui ne soit artistique ou artistisable, et toutes les ripostes inventées par les artistes pour traiter ce désastre (se le réapproprier, l'ironiser, le détourner) sont vouées à l'échec, ne serait-ce que parce que la Culture, maternellement, accueillera toujours ces ripostes en son sein. Elle se les ajoutera. Elle s'en grossira. Et le monde deviendra toujours plus artistique.

La Culture n'a pas le même projet que les artistes, mais ils ne le savent pas. La Culture n'est qu'une des voix par lesquelles parle l'espèce ; et l'espèce ne veut qu'une chose : perdurer au détriment des individus. Ce que les artistes de jadis savaient. Ce que les prétendus « artistes contemporains » ignorent. Preuve qu'il ne s'agit pas d'artistes.

On joue sur les mots quand on fait encore de la Culture l'éminente expression de la dignité humaine, un facteur essentiel de la liberté et puis quoi encore ? Il faut en finir avec ce chantage. Ce n'est plus du tout de ça qu'il s'agit. Dans ce domaine aussi, comme pour les autres marchandises, le nom survit à la transformation du contenu. La Culture, de nos jours, est l'un des agents les plus efficaces du Bien radical, cet horizon de notre fin de siècle vers lequel pérégrinent avec ferveur tant de libidos inoccupées. C'est le brouillard lyrique à l'intérieur duquel tout art particulier devient irrepérable, sauf comme élément parmi d'autres de l'établissement de la Bienfaisance planétaire. Il existe la même différence entre la Culture et l'art qu'entre la procréation et le sexe, entre l'instinct de survie anonyme de la collectivité humaine et cette négation rayonnante de toute collectivité que représente un acte érotique isolé en coulisses. Qu'on ne s'étonne donc pas si l'art a pu, de nos jours, aux applaudissements de tous, devenir une des régions de la pédagogie : c'était vraiment que la famille, la collectivité, l'anonyme Positivité, l'avaient récupéré sous forme de sépulture. L'école n'enseigne jamais que ce qui est bon pour l'espèce parce que toute vie s'en est retirée. Éducation sexuelle hier, éducation artistique aujourd'hui : même domination de la volonté de persistance de l'humanité en général sur les individus périssables. Même triomphe de la Totalité sur les cas particuliers. Triomphe en musique, bien sûr. En poésie. En lyrisme. Avec l'aide de l'art. Et pour le bien de l'art. Pour sa disparition dans le Bien commun. Besoin de fête des hommes, escamotage de l'art : les deux choses sont liées comme la cause et l'effet.

Je n'ai pas eu le temps, cette fois, de parler de la littérature ; mais qu'importe, je viens d'en faire. Un dernier mot seulement. Toutes les fêtes tournent mal, c'est pour ça qu'elles sont drôles. Comme la littérature qui s'ouvre pour les noyer.

1995

Homo Festivus

En juillet 1996, comme chaque année à la même époque, la ville de Berlin a été la proie d'une de ces fêtes musicales monumentales et totalitaires dont notre fin de siècle a le secret. Des heures et des heures d'exultation décibélique absolue. Sept cent mille jeunes descendus dans les rues, « non pas pour refaire le monde ou décréter l'insurrection, mais tout simplement pour danser », ainsi que s'en pourléchait *Libération* le lendemain. Là où les nazis, avant-guerre, aimaient à parader, c'est une *véritable marée humaine* rythmée par des camions sono qui a pris d'assaut la ville, devenue à cette occasion « capitale mondiale du rêve techno ». Entre carnaval ressuscité et émeute du bonheur, ce fut la Love Parade berlinoise, « signe d'amour sur terre » à en croire le disc-jockey qui est le « père fondateur » de ce déferlement.

Quelques jours plus tôt, cette fois dans *Le Monde*, un autre journaliste vantait l'initiative du maire de Nœux-les-Mines (Pas-de-Calais) qui avait eu l'idée remarquable de transformer certains terrils de son agglomération en pistes de ski synthétiques jaune et vert fluo (jaune et vert fluo, vous êtes sûr ? oui, le blanc aurait viré trop vite au gris d'après les spécialistes). Ainsi les petits-enfants des anciennes « gueules noires » du bassin minier (rebaptisé Loisinord) pourraient-ils désormais goûter tous les plaisirs des *amateurs de glisse*. Ainsi les descendants des personnages de *Germinal* auraient-ils accès aux joies du remonte-pente. Une entreprise pour le moins *iconoclaste*, d'après l'employé du *Monde* tout émoustillé d'héroïsme et qui sait bien qu'aucune initiative, de nos jours, n'aurait la moindre stature si elle n'était présentée comme une victoire de l'impertinence novatrice sur les forces ténébreuses de la réaction et du ringardisme.

À Brest enfin, ce même mois de juillet, c'est une autre « marée humaine » dont on a salué l'apparition tout au long des quais, un rassemblement formidable de spectateurs piétinant dans l'espoir d'admirer des *bateaux du passé*, des *goélettes hollandaises* et des *voiliers de légende*. Une fête très réussie, nous apprend à nouveau *Libération*, même si les touristes n'ont pas vu grand-chose d'autre, hélas, que les dos ou les têtes des autres touristes qui les environnaient. Ce qui compte, c'est que Brest ait fait le plein : là où on attendait huit cent mille personnes, il est probable, d'après les organisateurs, que l'on a largement dépassé le million et demi.

Je pourrais multiplier les anecdotes[1]. Elles révèlent toutes le même chaos festif et touristique devenu la trame presque unique de nos vies concrètes. Elles ont toutes un point commun : elles sont racontées comme des sommets de positivité. Notre actualité quotidienne fourmille d'événements d'autant plus extraordinaires qu'ils sont montés en épingle sans jamais susciter de la part de quiconque, au moins en apparence, le plus léger doute sur leur légitimité, le plus furtif ricanement, la plus minime distance laissant supposer que quelqu'un, même une seule personne, aurait encore conscience de leur cocasserie profonde, quand il

1. Les choses, depuis ce texte, se sont bien entendu aggravées. La civilisation festiviste a poursuivi sa marche en avant. L'invraisemblable Jack Lang, revenu enthousiasmé de la Love Parade berlinoise 1997, a fait campagne pour que s'organise à Paris une manifestation analogue. On sentait, en effet, que quelque chose manquait dans ce pays. Catherine Trautman, ministre de la Culture, est aussi de cet avis : elle se déclare « convaincue que la capitale peut accueillir un événement fort et d'une très grande ampleur ». On remarquera au passage quelle belle langue est devenu le français, et comme il a su s'adapter, dans la forme, aux nouveaux sujets qu'il a à traiter *(janvier 1998)*.

ne s'agit pas de leur pure et simple atrocité. Les milliers de *jeunes* de la *Love Parade* berlinoise éventrant toute une ville de leur vacarme d'apocalypse hilare deviennent des agents de l'amour universel. Les amateurs de *voiliers de légende* embouteillés sans remède dans l'obscurité des tunnels de l'Arsenal de Brest, ou s'amassant sur le port au milieu des stands de « mascottes en peluche » et de « frites à peine jaunies », représentent l'avant-garde admirable d'une humanité vouée à la déambulation approbative dans un monde qui se réaménage à toute allure en *espace de loisirs.* Quant aux skieurs descendant les terrils du Pas-de-Calais barbouillés de vert fluo, ce ne sont même plus des pentes de neige virtuelle qu'ils dévalent, ce sont les bienfaits en soi de la modernité carnavalisée.

Arriver à faire tenir des personnages là-dedans, au milieu d'un tel magma, envers et contre un tel magma, parvenir à les faire vivre, s'entrechoquer, dialoguer, s'aimer, se haïr de telle sorte que leurs aventures, en fin de compte, éclairent ce magma (et les raisons pour lesquelles il est inéluctable), c'est tout le problème du romancier d'aujourd'hui. C'est ce qu'a réussi François Taillandier avec ses *Nuits Racine.* Le décor de son roman, ce n'est pas le monde tel qu'il est ou tel qu'il devrait être, mais *le monde tel qu'on le vante.* En choisissant comme cadre de son récit la « féerie » d'un festival de théâtre, au mois de juillet, dans les ruines romaines d'une petite ville du midi de la France, Arausio, c'est la croyance unanime à la « féerie » de tous les festivals, aux bienfaits du théâtre lui-même, des ruines romaines et du midi de la France, dont il entreprend d'explorer et de révéler, à sa manière subtilement détachée, cruelle en sourdine, compatissante aussi, l'effroyable comique. La réalité contemporaine dans ce qu'elle a de plus collectivement respecté et approuvé est mise à l'épreuve à travers quelques personnages aux ambiguïtés parfaitement dosées. Une jeune journaliste débutante, pas très sûre d'elle et plus maligne qu'il n'y paraît. Un metteur en scène à la mode mais hanté par le doute. Un universitaire dix-septiémiste comblé d'honneurs. Un autre dix-septiémiste à la retraite, aigri et frustré. Quelques comparses enfin, travaillant d'arrache-pied à l'expansion irrésistible de l'industrie conviviale de la Culture, de la Commémoration et de la Communication réunies. Voilà les protagonistes d'une histoire qui oscille entre drame et vaudeville, sans cesser de s'enrouler autour d'une question « théorique » à la fois très sérieuse et très ironique : celle de l'interprétation des pièces de Racine et du comique qui s'y dissimulerait comme une image dans le tapis. Le tout sur fond de festivaliers théâtrophiles, heureux de s'engouffrer, le soir, par des brèches de vieilles ruines romaines, pour exercer leur droit saisonnier et imprescriptible à ne pas bronzer idiots en écoutant déclamer des vers du « Grand Siècle ».

Le monde présent ne cesse d'offrir à la littérature romanesque des sujets inouïs. La difficulté à les traiter vient de ce qu'il faut commencer par les dégager de la propagande effervescente qui les environne et les protège de toute menace d'impertinence. Le burlesque est partout; les obscénités inconscientes d'elles-mêmes prolifèrent, mais elles sont offertes à l'admiration de tous comme autant de chefs-d'œuvre du génie moderne, ou comme des émanations parfaitement naturelles, donc incritiquables, de la réalité nouvelle. Cette réalité ne dépasse plus la fiction, elle la bat à plates coutures, mais c'est une réalité artificialisée, clownisée, savamment métamorphosée en Mardi-Gras perpétuel pour servir d'environnement à l'individu d'aujourd'hui, un individu encore peu étudié sous l'angle de la paléontologie humaine, et que j'appellerai Homo festivus; ou encore touristanthrope, en hommage au pithécanthrope et au sinanthrope, ses très lointains ancêtres.

Si le roman contemporain est si décevant, la plupart du temps, c'est qu'il néglige de se mesurer à la nouvelle réalité sociale et psychologique créée par et pour l'Homo festivus. On pourrait baptiser « romans touristiques » tous ces romans actuels d'où l'actualité, justement, c'est-à-dire le tourisme, est soigneusement et systématiquement évacuée. Touristiques à la façon dont seraient touristiques, par exemple, des photos de Venise sans vacanciers en bermudas ou des chromos de la Butte Montmartre dépourvue de ses cars climatisés à trois étages. Ce sont des œuvres qui répondent au désir de mythification d'Homo festivus. S'il y a quelque chose que le touriste a en horreur, c'est de se voir et d'être vu comme un touriste. Le propre du touriste est de passer sa vie à déplorer la présence de touristes sur les sites qu'il visite. La défiguration du monde et des rapports humains par le développement infini de l'industrie des loisirs engendre une industrie de dénégation romanesque de cette destruction même. Le touriste (c'est-à-dire aussi quatre-vingt-dix-neuf pour cent des lecteurs) cherche à voir les choses comme elles étaient *avant le tourisme*, autrement dit *avant lui-même*. Il souhaite qu'on lui offre à contempler ce qui n'existe plus du fait de sa présence. L'une des particularités d'Homo festivus est de se nier en tant qu'Homo festivus, de refuser de se concevoir dans son environnement disneylandisé, pour mieux s'imaginer vivant et évoluant dans un univers *de toujours*, un décor pittoresque, infantilement « authentique », d'où lui-même serait absent puisque c'est lui qui le voit. Cette négation est à elle seule un facteur de comique sans fin.

Les Nuits Racine sont très exactement le contraire d'un « roman touristique ». Un roman touristique se veut toujours foncièrement antitouristique ; et se croit sauvé de la trivialité touristique par la mise en scène d'« artistes » ou d'universitaires. Un roman touristique est un livre où, dans la plus grande candeur, se trouvent opposés le tourisme et la Culture, comme si celle-ci n'avait pas grandi en même temps que celui-là, et on peut dire qu'est touristique toute œuvre dont l'auteur ne voit pas l'unité du monde touristico-culturel. Non seulement, chez Taillandier, Homo festivus n'est pas absent, mais il est l'élément vivant et grouillant sur lequel se détachent les personnages principaux et leurs aventures, elles-mêmes conditionnées par ce moment de jubilation si spectaculaire, cette période si propice à l'épanouissement du touristanthrope qu'est un festival de théâtre, l'été, dans une petite ville du sud de la France. C'est pour lui, c'est pour Homo festivus que l'on va commémorer le tricentenaire de la mort de Racine en jouant trois de ses tragédies (*Andromaque*, *Iphigénie* et *Mithridate*) dans le théâtre antique d'Arausio. Malgré ses aspects surannés, ou justement à cause d'eux, le théâtre est très apprécié par Homo festivus, qui y trouve une occasion prestigieuse de se nier lui-même. L'anachronisme théâtral constitue un milieu rêvé pour ce dénégateur-né. Plus il a l'air dépassé, condamné sans appel par toutes les techniques de notre temps (cinéma, télévision, etc.), et plus le théâtre est aimé par le touristanthrope. Pendant des siècles, le théâtre a servi la cause de la réalité. Le spectateur payait pour avoir le sentiment que tout n'est pas théâtre dans le monde (et en lui-même). Autrement dit, plus c'était « du théâtre » sur la scène, et moins c'en était dehors. Plus c'était faux sous les cintres, et plus c'était vrai partout ailleurs. Par l'irréel dont il était l'une des plus hautes formes d'expression, le théâtre permettait une perception aiguë du réel. Ce qui impliquait, bien sûr, qu'il y eût un réel ; un *ailleurs* par rapport au théâtre ; un *autre* par rapport à l'illusion. Une illusion *et* un négatif de l'illusion. Quelque chose de différent de l'affabulation montée sur les planches. De l'« existant › consistant par rapport à l'« inexistant » théâtral. Pendant des siècles, le théâtre a été au service du réel. Il en a incarné magiquement l'extériorité artistique. Tout cela supposait, bien entendu, que le monde et ses représentations ne se confondent pas. Aujourd'hui (depuis que le réel est passé du côté de la fiction), le théâtre se retrouve dans un rôle que personne n'avait prévu pour lui : celui de renforcer *a contrario*, par l'illusion qu'il est censé véhiculer *encore*, une réalité qui gagne chaque jour, aux applaudissements de tous, des galons supplémentaires dans l'ordre de l'illusion. Ainsi est-il devenu l'une des régions les plus activement « collaboratrices » (et tant pis pour l'énormité du mot) de l'esprit du temps, dans la mesure où il sert les intérêts vitaux d'Homo festivus. C'est sur ce chemin qu'il a commencé par perdre ses auteurs (Beckett et Ionesco furent en France les derniers aventuriers de la *chose théâtrale*) avant d'entamer, avec ce qu'on appelle le « théâtre de rue », avec les défilés publicitaires à la Goude et tant d'autres animations, un retour démagogique et misérabiliste aux cortèges dionysiaques indifférenciés, sans acteurs (sans personnages), qui précédèrent, dans la Grèce d'avant le VIe siècle, l'« invention » par Thespis de la tragédie[1].

Mais quel théâtre serait assez puissant, désormais, pour conforter, même de loin, la très étrange « réalité » d'un terril du Pas-de-Calais institutionnellement déréalisé par sa transformation en piste de ski vert fluo ?

À quoi sert le théâtre ? À quoi servent les festivals ? À quoi sert Racine ? Les mises en scène de ses pièces aujourd'hui ? La « relecture » supposée dépoussiérante qu'en fait Jean-Paul Grimm dans le roman de Taillandier ? À quoi sert la Culture ? L'héroïsation de la Culture ? Cette illusion collective de sa bienfaisance absolue, à la fin du XXe siècle, rappelant d'assez près la foi quasi unanime en la bienfaisance de la science à la fin du XIXe ?

Que veut le public, ce public « qui a si souvent tort, mais, même quand il a tort, a raison ; et en tout cas raison de tout, à la façon dont la marée a raison de ce qu'elle recouvre », ainsi que médite Grimm en personne ?

Qui, dans *Les Nuits Racine*, s'illusionne ? Qui s'abuse ? Oreste (personnage bouffon, d'après Jean-Paul Grimm, dans la mesure où il *pose sa candidature au tragique et se prend les pieds dans le tapis*) ? Agamemnon, ridiculisé par sa propre lâcheté ? Grimm lui-même, avec son analyse de Racine vaguement déconstructionniste, chargée d'éclairer la face cachée de ses tragédies, d'en *visibiliser* le secret plus ou moins *refoulé* ? De carnavaliser Racine, en somme, pour le démocratiser ?

1. Ce retour, élégamment appelé « maillage social », a résorbé la définition même du théâtre, désormais tombé dans la catégorie du tricot festif. En janvier dernier, dans *Libération*, un directeur de compagnie théâtrale ayant *travaillé sur les thèmes du jardin, du dimanche, etc.*, s'exprimait ainsi : « Il ne s'agit pas pour nous de faire des miracles, mais de participer au maillage social d'une ville. L'idée est moins d'amener des spectateurs que de démultiplier les rencontres avec les gens de la ville » *(octobre 1997)*.

De subordonner la tragédie à la comédie, tandis que se déroule, à l'intérieur de la farce culturelle et festivalière, le vaudeville réel qui met aux prises les personnages ?

Qui fait rire le plus, dans cette magistrale pièce à machines que sont *Les Nuits Racine* ? La jeune et jolie journaliste Graziella Corneau, avec son incroyable prénom de poésie dans son nom de prose désert ? Lechampit, le professeur Lechampit, universitaire docile, élégant, souple, honoré par la société parce qu'il sait en ménager les règles du jeu ? Ou Coitelet, son jumeau noir, son frère maudit ? Aimé Coitelet, le vieux prof grotesque, le réactionnaire à la malédiction entre les dents ? Coitelet, le perdant de la farce moderne, vociférateur inopérant, spécialiste méconnu de l'œuvre racinienne. Coitelet, l'homme qui *demande réparation.* Le plaideur tragique égaré dans la canicule et dans la fête. La « voix venue des ténèbres extérieures ». Coitelet, l'accident dérisoire, le déraillement minuscule du roman, la micro-explosion au cœur de la technologie admirablement rodée du festival. L'ange exterminateur en loques. Celui qu'on n'avait pas invité au banquet de l'humanité en cours de réunification. Le visiteur du soir débarquant comme le négatif révélateur de la négativité triomphante de la Culture sous son masque de positivité inattaquable.

Et si c'était d'abord la Culture elle-même ? La Culture telle qu'on la vit et la vend et la vante à la fin du XXe siècle. La Culture comme mécanique de disparition de ce qu'elle met au pinacle. La Culture comme dépôt de candidature non plus au tragique, comme autrefois, mais au sublime. La Culture, dans le rayonnement maximal de sa gloire marchande, comme fête et comme vie.

La Culture, enfin, telle qu'elle se matérialise sous sa forme alléchante quand viennent les mois d'été et que la vieille prétention néo-soixantehuitarde de ne pas bronzer idiot reprend, pour l'individu domestiqué d'aujourd'hui et fier de l'être, pour Homo festivus, la force d'un impératif catégorique. Donc idiot.

1996

In vitro veritas

> *Chez les femmes aussi et pour les mêmes raisons, ce qu'on appelle la matrice ou l'utérus est un animal qui vit en elles avec le désir de faire des enfants. Lorsqu'il reste longtemps stérile après la période de la puberté, il a peine à le supporter, il s'indigne, il erre par tout le corps, bloque les conduits de l'haleine, empêche la respiration, cause une gêne extrême et occasionne des maladies de toute sorte, jusqu'à ce que, le désir et l'amour unissant les deux sexes, ils puissent cueillir un fruit, comme à un arbre, et semer dans la matrice, comme dans un sillon, des animaux invisibles par leur petitesse et encore informes.*
>
> Platon

De plus en plus, au fil du temps qui passe, je me rends compte que la littérature n'est jamais rien d'autre qu'un prélèvement forcé, forcené, plus ou moins joyeux et dramatique, sur la toute-puissante *nécessité*, dont l'une des formes visibles est la reproduction ou la procréation. Le mouvement perpétuel qui *veut* de la progéniture. Un prélèvement, pour être concret, sur la demande d'enfant puis la présence et la croissance d'enfant. La littérature est ce qui s'arrache à cette demande. La littérature est ce qui est *sauvé* du déluge de demande d'enfant. La littérature est une arche sur le flot amniotique.

Même parlant d'autre chose, toute la littérature finit

par commenter de près ou de loin cette volonté et cette demande et cette fabrication d'enfant dont elle est la *rescapée.* S'il y a de la littérature, c'est qu'*il n'y a pas que de la reproduction.*

La littérature est la miraculée du vouloir-l'enfant, et chaque livre est un Moïse sauvé du rêve d'eaux matricielles dans lequel tournent le globe et les passions de l'espèce.

Le sujet dont je m'occupe, le sujet du roman que je suis en train d'écrire[1], est le plus banal et le plus fascinant des sujets. Le plus lumineux dans son évidence. Les personnages entrent, sortent, parlent, s'agitent, montent des intrigues et méditent des calculs qui, la plupart du temps, ne concernent au fond que cette question-là, à laquelle tout effort et toute lutte se ramènent. Grandes manœuvres derrière des portes. Micmacs d'alcôve. Conspirations. Si tout cela peut être présenté aujourd'hui sous une forme drôle, celle d'une sorte de vaudeville pathétique, c'est que la question, ces derniers temps, a jailli au premier plan de l'actualité sous l'aspect hypersérieux d'innovations biologiques et gynécologiques, sous le masque gravissime du tripotage scientifique et du bricolage technique ; et que, du coup, la reproduction elle-même, cette chose nécessairement vieille comme l'Histoire et sans fin comme le monde, cette chose qui va de soi et qui n'appelle pas l'analyse, à peine le constat, se révèle soudain comme possible objet historique *pénétrable* par la pensée et révélable par le roman, c'est-à-dire désacralisable. C'est un événement. C'est peut-être l'Événement même de l'ère moderne. Le fait que, dans la reproduction, cette affaire inessentielle et silencieuse qui a l'air de venir de l'éternité et d'y retourner, il y a, oui, de l'événement. Le dernier de l'Histoire, peut-être ; et peut-être aussi parce qu'il n'y a plus d'Histoire[2]. Et qui tient sans doute, enfin, à ce que cette affaire,

1. *Postérité,* 1988.

2. Si le retour à l'animalité pleine et entière accompagne, comme le dit Kojève, la « fin de l'Histoire », la disparition récente de l'antique aversion générale pour la femme enceinte (jusques et y compris chez les femmes elles-mêmes, qui, dans les siècles passés, mettaient un point d'honneur à

jusque-là naturelle par excellence, soit précisément sortie de la Nature pour entrer dans la Culture…

Voilà le sujet. L'un des sujets. La procréation dans ses ébats scientifiques modernes. Les mille et une manières de s'assurer de la postérité. Le plus résistant sujet qu'on puisse imaginer. Le plus vaste. Le plus excitant. En fin de compte, je suis stupéfait qu'il y ait si peu de romans centrés à vif, déclarativement, sur la question ; qu'on saute en général, dans les romans, des escarmouches d'antichambre, amours et peines, frissons de boudoirs, aux démêlés ultérieurs, familles et clans, scènes conjugales, lignées, dynasties, gestion grenouillante des patrimoines ; en évitant soigneusement la guerre sainte à la charnière, la vraie lutte exaltée, le complot fatal de l'ombre… Complot pour quoi ? Pour qui ? Pour quelle victoire inconsciente ?

S'il y a bien quelque chose qui travaille tout le monde sans exception, malgré les apparences véhémentes et ricanantes, c'est l'immortalité de l'âme. Il y a plusieurs manières de parvenir à cette immortalité, puisque chacun se doute sourdement que l'âme ne peut pas être tout à fait détruite en même temps que le corps — et la manière la plus simple c'est évidemment de se perpétuer. Voilà comment la bataille fait rage, et comment les scènes de ménage autour de cette bataille peuvent donner corps à un roman. Parce que les gens ne s'occupent que de cela, finalement, qu'ils aient l'air de s'y consacrer de toute leur ardeur ou qu'ils fassent semblant de penser à autre chose ; et que, dans cette bataille, les femmes, bien sûr, occupent les premiers plans, juste sous les projecteurs, puisque ce sont elles qui ont le pouvoir de décider et les moyens de réaliser. La guerre sainte, amusante et constante, menée auprès de leurs partenaires par des femmes en état de vouloir-l'enfant afin de s'obtenir une sorte d'immortalité, qui, jusqu'ici, a fait

faire oublier leur « état ») est un symptôme sûr. La réanimalisation particulière du monde passe non seulement par le sacre de l'Enfant, mais aussi par la glorification du spectacle de la grossesse, c'est-à-dire par la liquidation de cette marque de l'ancienne civilisation qu'était l'éloignement vis-à-vis de ce spectacle *(octobre 1997)*.

l'effort de la regarder et d'essayer d'en parler dans le détail ? Si cette guerre surgit aujourd'hui sans masque dans les médias, si on en discute, écrit, débat, c'est qu'elle peut être livrée désormais (du moins expérimentalement) en dehors de la *corvée sexuelle* qui l'accompagnait jusqu'ici. Se reproduire sans action copulatrice, par toutes les techniques possibles et imaginables, est le rêve sourd de ce long exode vers la félicité indifférenciée qu'est l'histoire de l'humanité. Que la science avoue soudain pouvoir assurer la pérennité de l'espèce (au moins en théorie) sans coït, et voilà le vaudeville romanesque qui se corse et se colore. On a vu cet été, sur tous les murs publicitaires de France, l'énorme face de bébé, le gigantesque Superbaby qui nous regardait et nous rappelait qu'« *il n'y a pas que le sexe dans la vie* » ! En plein dans le mille ! Gagné ! Pile dans l'attente exaltée ! Freud soupirait, il y a longtemps, que celui qui promettrait à l'humanité de la délivrer de la sujétion sexuelle, quelque sottise qu'il dise, serait considéré comme un héros. Raisonnable vision prophétique. Sauf que les « héros », aujourd'hui, ne disent pas de sottises puisqu'ils tiennent le discours responsable de la science.

La raison scientifique épaulant enfin le délire inconscient de l'espèce, son horreur secrète du concret sexuel et son goût pour le sirop poétique mystique, telles sont à mon avis les dernières nouvelles les plus surprenantes que nous ayons à enregistrer dans l'actualité ; et qui peuvent parfaitement se raconter, se mettre en images cocasses ; et s'analyser, par en dessous, de la façon la plus crue. Tous ces drames, ces répétitions, cette volonté de répétition... Qu'est-ce que vouloir se reproduire, si ce n'est affirmer de manière animée qu'on sait que ce sera toujours pareil et qu'on s'en félicite ? Antique cheval de bataille psychanalytique, la répétition. Ça servirait, expliquait Freud, à maîtriser le déplaisir. En répétant une expérience pénible, on s'en assurerait la maîtrise. On répéterait activement ce que l'on a subi passivement. Drôle de prise en main de son échec par son propre prolongement. Mais qui marche et qui remarche, et doit absolument continuer à marcher et remarcher afin que le jeu se poursuive... Ces mystères nous dépassant, on peut encore, en effet, choisir la solution d'avoir l'air d'en être les organisateurs surnaturels... « Œuvre de chair », comme on dit si bien. Le mystère saisi au moment même où se prend la décision de l'incarner. Avec quels efforts douloureux, d'ailleurs, quelles démarches, quelles tensions et contorsions, quelles épreuves sidérantes, quelles rages de la volonté puisqu'il n'y en a plus qu'une, bien sûr, de volonté, plus qu'un seul vouloir, et qu'il concerne la production d'enfant : cet instant extraordinaire où elles *veulent*... La volonté, le mot qui explicite l'énigme du sujet de la connaissance... Comme disait Schopenhauer, « j'appelle les organes sexuels les foyers du vouloir ». Ce qui est amusant, c'est qu'aujourd'hui ces organes mâle et femelle sont envisageables *séparément*, et que l'espèce n'a plus besoin de leur rencontre pour assurer sa pérennité ; mais que le seul organe féminin peut désormais être regardé comme l'unique et persistant foyer flambant du vouloir. Raison pour laquelle, esquissons-le en passant, les hommes, protagonistes secondaires et passagers du drame, ombres perpétuellement hésitantes ou réticentes dans la question procréation, chipoteurs de paternité, bafouilleurs génitaux plus ou moins en attente de se faire forcer la main pour prendre leur place dans la ronde de la perpétuation, alourdis qu'ils sont par le souvenir mélancolique de leur gloire passée — celle qu'ils connurent du temps où il y avait de l'Histoire — n'ont plus qu'un intérêt secondaire comme personnages romanesques...

Autrement dit, il serait peut-être légitime de se demander si nous n'avons pas là une des raisons majeures de l'appauvrissement du roman, justement, et de ses crises, dans les cinquante dernières années. Cette accumulation, dans les fictions, de personnages mâles paumés, dérivants, marginaux, sans but, en procès, exténués, divagants, détériorés, sans identité, sans nom, sans aventures, sans prise sur la réalité, sans *vouloir* enfin et par-dessus tout, dont le prototype génial est le héros beckettien, en pleine autodévoration inutile; pendant que l'autre personnage, le féminin, continue à savoir, lui, ce qu'il veut, ne divague pas, n'erre pas, ne se sent pas injustifié le moins du monde... Le problème étant, à partir de là, de trouver la forme de récit qui recueille le mieux cette façon admirable de se penser nécessaire et de vouloir avec constance le démontrer. À travers calculs et machinations. D'où le roman. D'où l'*intrigue*, puisqu'il faut bien, à chaque fois, parvenir à convaincre quelqu'un de se reconnaître du point de vue de la paternité, de s'en introjecter la *mission*. D'où les coups de théâtre et rebondissements. D'où le romanesque formidablement corsé et poivré, sacrément accéléré par quelque chose qui couvait jusqu'ici sous tous les romans mais qui éclate maintenant dans la lumière la plus nue.

Tout le monde sait ou sent qu'un tremblement considérable a commencé de prendre l'espèce, concernant ce que la liturgie (mais pour une seule mère et un seul bébé) appelle le fruit des entrailles. Comme si la machinerie humaine passait sous rayons X. Nativité renversée. « Nous voilà enfin arrivés à ces temps, tant désirés par nos pères, de la venue du Messie » (Bossuet)... Hélas! Hélas! Nous voilà arrivés, nous, dans les temps de l'aveuglante vérité, que nous désirions si peu, et nos pères encore moins. Comme un seul homme, au même appel, toutes les sommités de la société sollicitées par les médias se sont ruées sur l'événement pour donner leur opinion. Sommités morales, sommités ecclésiastiques, sommités politiques, sommités psychanalytiques, médicales, ethnographiques. Tout a été ruminé. Et tout s'est passé comme si cet événement, qui place désormais la procréation, le fait de vouloir, de faire, d'avoir, de demander, d'attendre l'enfant — toute cette obscure affaire de quantitatif évitant indéfiniment de se voir comme tel à force d'enthousiasme qualitatif —, qui place donc cette affaire de la reproduction dans la catégorie, désormais, du *tripotage*, de la *manipulation*, du *bricolage*; qui place tout ça désormais sous la catégorie *labo*, la catégorie *science*, la catégorie *médecins* et *chercheurs*; tout s'est passé, dis-je, comme si cet événement gigantesque devait être sur-le-champ rebouché par des tonnes de blabla éclairé, éthique, juridique, pour que personne ne risque de se glisser dans la fissure soudain ouverte, et n'en profite pour regarder vraiment — pour la première fois peut-être dans l'histoire des êtres humains — cette affaire à partir d'une extériorité irrévocable et résolue (celle de la littérature, celle du roman).

Enfin du nouveau, pourtant ! De l'absolu inédit ! Et qui illumine la réalité la moins interrogée qui soit depuis toujours puisqu'elle va de soi, paraît-il, la réalité la plus naturelle, celle qu'il aurait été jusqu'ici le plus absurde, par conséquent, de vouloir interpréter ; et que seules d'ailleurs, je l'indique en passant, les religions ont prétendu interpréter. Comme par hasard. Avec des conclusions, il faut l'avouer, assez évasives. On raconte que le christianisme est populationniste, mais j'ai des flopées de textes sous la main où la chose, au contraire, est décrite comme une fatalité plutôt encombrante. Saint Jérôme. Saint Thomas. Saint Ambroise. Les évaluations dubitatives de saint Augustin, qui ne trouve en fin de compte, comme justification de l'espèce à se reproduire, que la nécessité où elle est de remplir le plan de Dieu en faisant le nombre d'enfants connu de Lui seul au terme duquel surviendra la fin du monde. Perspective qui se trouve déjà dans l'*Apocalypse*, au chapitre où est rompu le Cinquième Sceau et où les âmes des martyrs qui demandent quand arrivera le Jour du Jugement s'entendent répondre de patienter parce que le chiffre de ceux qui sont comme eux destinés à être mis à mort n'est toujours pas atteint. Attitude encore plus frappante dans le *Talmud de Babylone*, où on raconte que deux écoles, celle d'Hillel et celle de Chammaï, s'affrontent pendant deux ans et demi, l'une soutenant qu'il eût mieux valu que l'homme ne fût jamais créé, l'autre pensant qu'il était préférable que sa création ait eu lieu. La question est finalement mise aux voix et une majorité se dégage en faveur de la non-apparition de l'humanité sur terre. Ça ne change rien ? D'accord. Mais ça apporte un éclairage salubre sur le phénomène. Et ça confirme qu'en son essence aucune religion véritable ne peut être d'abord nataliste (l'Église catholique ne s'y est résignée que poussée *a contrario* par les hérésies gnostiques frénétiquement opposées à toute procréation et qui divinisaient du même coup l'« union » sexuelle). Ce sont les Tyrannies qui sont natalistes, et avec acharnement, parce que l'idéologie c'est le culte de l'Avenir et que l'avenir c'est l'enfant, pas l'annulation de tout dans la fin du monde et son jugement.

Pourquoi ? Pourquoi nous nous reproduisons ? Pourquoi nous avons à nous reproduire ? Pourquoi cette volonté, toute nue désormais depuis que la possibilité de ne pas se reproduire est offerte elle aussi, techniquement, au genre humain ? C'est la question des questions en suspens à travers le temps. L'essence même du pourquoi. En attente de réponses qui ne viendront pas, sauf sous cette forme, peut-être, à géométrie variable, d'un roman. Réplique mouvante et fuyante. Riposte à multiples entrées. Le roman, c'est la rumination colorée de points d'interrogation. La verbalisation d'hypothèses inaudibles. C'est pour ça, parce qu'il développe une activité très exactement heuristique (l'heuristique c'est l'art de procéder par inventions, par découvertes), que le roman permet de continuer à penser et à avancer là où s'arrête la démonstration logique. Substitutions, déplacements, changements. On ne peut pas en rester, pour les explications finales et les dénouements, à l'information, à ses stratifications de dossiers et d'enquêtes. Il est plus que temps de se pencher, avec toute la bienveillance romanesque souhaitable, sur la passion des médias pour les dons d'ovules, les ventres à louer, les mères porteuses, donneuses, de substitution, les dons de sperme, les paillettes, les fivettes, les congélations d'embryons. En s'apercevant, pour commencer, que tout tourne désormais précisément autour de ce cas particulier dans la reproduction, cet aspect minoritaire dans le théâtre de la procréation qu'est la stérilité, celle de papa ou celle de maman, peu importe ; ce cas particulier, j'insiste, qui envahit soudain et recouvre l'activité reproductrice, qui devient une sorte d'englobant explicatif, le tout de la question, la seule et unique manifestation expressive de la reproduction en général…

Peut-être bien qu'il fallait que l'Occident commence à se dépeupler de façon spectaculaire pour que la stérilité, l'angoissante et inquiétante étrangeté de la stérilité immémoriale, se révèle comme la *mémoire* même de la machinerie procréatrice, ce point de particularité ou de marginalité s'avérant le centre gravitationnel de toute la mécanique. Et peut-être bien qu'il fallait cette crise spectaculaire pour que le roman sorte de la sienne… Dénouements croisés… Réapparition du romanesque sur fond de stérilité tripotée, rafistolée, « guérie », en passe de devenir l'avenir technique de la reproduction… L'horizon indépassable et perpétuellement charcutable de l'humanité… La réponse jusque-là dérobée au mystère des mystères qui fait que nous ayons à nous perpétuer…

Je me suis intéressé d'assez près, naguère, avec mon *XIXe siècle à travers les âges*, aux cadavres dans les placards. Allons un peu plus loin maintenant : les polichinelles dans les tiroirs, pour changer un peu sans avoir à beaucoup se déplacer. Car dans ce formidable arrivage sur l'avant-scène de fivettes, paillettes, éprouvettes, dans cette apparition de personnages jusqu'ici inconnus de la littérature de tous les temps et de tous les pays, ces nouveaux types humains, le donneur, la mère porteuse, la donneuse d'organes, la loueuse, le papa stérile, la maman sous traitement, dans ce panorama fabuleux de nouvelles situations cocasses où on peut envisager d'avoir comme père quelqu'un qui est mort depuis des années, où une femme peut théoriquement porter l'embryon de ce qui sera son petit frère ou sa petite sœur, où des légions de paillettes attendent dans l'azote à moins 196° centigrades l'occasion de se faire un jour ou l'autre incarner, et où toutes les opérations clandestines possibles, tous les marchés parallèles, toutes les banques de sperme souterraines, tout le décor de nouveaux feuilletons sont déjà en place, toute la panoplie de nouveaux mystères de Paris et d'ailleurs, tout l'arsenal de nouveaux vaudevilles déchirants; eh bien il me semble que voilà du romanesque à l'état pur et qu'il n'y a qu'à se baisser pour le ramasser! Les contes des mille et une façons nouvelles de vouloir incarner. Manœuvres, trafics, machinations. Carnaval de petites histoires racontant l'utilisation par chacune et par chacun des trouvailles de la science pour essayer d'*officier* toujours plus efficacement, remplir toujours mieux sa *mission*. Remous picaresques, au jour le jour, des efforts missionnaires féminins auprès des hommes à convaincre de jouer leur rôle, d'entendre enfin l'appel de leur vocation. Propagation de la foi. Apostolat.

Comment se fait-il, je le répète, que si peu de romanciers, jusqu'ici, aient osé accoucher franchement, si j'ose dire, la question? Est-ce que le refoulement qui pèse sur celle-ci est plus violent encore que celui qui étouffe la représentation sexuelle (Freud en 1895 croyait que c'était la seule à être soumise à refoulement)? Est-ce que c'est la même chose? La même obligation de silence et de torpeur? Au nom de la même dévotion autour de la même messe perpétuelle de la mère et de l'enfant? Est-ce qu'il est permis ou pas, aujourd'hui, d'ouvrir les yeux? D'entendre? De mettre en scène les protagonistes du flot coloré, de la procession? D'oser imaginer qu'un savoir fantastique, un savoir comique comme tout grand savoir puisqu'il est soudé à la question vie-ou-mort (tout roman comique digne de ce nom a pour thème une question de vie ou de mort, on doit ce trait de génie à Flannery O'Connor), peut se dégager de la mise en scène des conséquences quotidiennes du vouloir-l'enfant passant à travers les nouvelles techniques de procréation? Est-ce qu'il est permis d'essayer de *jouir de la situation*? C'est-à-dire de constituer un roman avec ce qui le méconnaît forcément et l'exclut? Il existe une vieille phrase célèbre de Mallarmé, jetée comme ça dans les fiches de son *Livre* impossible, quatre mots souvent cités mais jamais envisagés, au fond, comme une question qui pourrait se voir rejointe un jour par sa réponse étrange, c'est « Que dire a enfanter ? ». Avec, en écho, l'autre question célèbre, celle de Freud, la question qui fait naître, paraît-il, chez le petit d'homme, au choix, les mythes, les délires paranoïaques ou les romans : « D'où viennent les enfants ? » Eh bien voilà, c'est arrivé : on peut aujourd'hui imaginer un ensemble romanesque prenant en compte les découvertes traficotantes de la science, toute cette « science-fiction » parfaitement vraie de la médecine sur le point archi-sensible de la perpétuation, un roman faisant défiler les figures du drame et qui répondrait tout du long qu'il y a en effet beaucoup à dire sur la décision moderne d'enfanter, sur le *travail* énorme, pathétique, qui remet l'enfant dû et attendu là exactement où l'esprit émancipateur et philanthropique du siècle ne voulait pas le voir : dans la sphère de la « maladie », dans la plus grande proximité possible avec le médical, dans la surdétermination nauséeuse de l'hôpital. Au point culminant de l'histoire de la clinique…

Dernière remarque, pour en rester à l'analyse de l'impact de ces bricolages génétiques sur l'accélération d'inspiration du roman : non seulement ceux-ci emportent toutes les positions de parenté et toutes les vieilleries pseudo-analytiques sur l'Œdipe et les secouent dans leur centrifugeuse, mais encore ils viennent frapper et réveiller le romanesque lui-même, le roman dans son essence, et lui proposer une dislocation complète suivie d'une recomposition intégrale. Pourquoi ?

Qui dit roman dit toujours plus ou moins *saga*, virtuelle ou pas, et il n'y a pas beaucoup de romanciers conséquents qui n'aient trouvé à l'horizon, même lointain, flottant, de leur projet, la saga comme éventuelle mélodie ultime et rassemblante. C'est fatal. C'est joué d'avance. Dès qu'on touche au roman, on touche au bouillonnement des liens du sang. Guirlandes de nœuds de serpents des familles. Prolongements des conséquences de la Faute dans la durée à travers les mannequins humains. Un crime obscur oublié, l'ombre d'une vengeance, la chaîne au loin des ancêtres et des hérédités. Reproduction, transmission des démêlés et des générations. Qui dit sagas dit familles, retour d'histoires, d'émotions, échos et enjambements de matériel génétique. Or nous voilà aujourd'hui dans une situation où justement les transmissions ne sont plus du tout assurées dans leurs formes répertoriées. Où il y a des interruptions possibles, des sauts de côté, des dérapages. Où on peut être fils ou fille d'une éprouvette, d'un ventre anonyme, d'une goutte immortalisée dans l'azote. Où l'ovule maternel peut ne pas être celui de maman. Où papa peut depuis longtemps moisir sous la terre quand maman décide d'incarner enfin son ultime dépôt. Où n'importe qui peut se raconter qu'il n'est pas l'issue vivante du quiproquo enchanté d'un coït, mais le produit d'une simple manipulation *in vitro.* Et voilà, du coup, tout le principe des sagas remis en cause, rebroussé, à refaire. Toute la tartine traditionnelle des piétinements familiaux cloisonnés à réévaluer. Un romanesque tout neuf à saisir. *In statu nascendi,* c'est le cas de le dire.

Toute l'usine qui fait tourner le prodigieux truc balzacien du *retour des personnages,* repris par Zola, rêvé par tant d'autres, réinventé de fond en comble par Proust, étendu géographiquement par Faulkner (cf. sa carte du comté de Yoknapatawpha, capitale Jefferson, cf. son étonnant *Appendice Compson*). À retraiter, réanimer, repenser. Puisque ça ne s'enchaîne plus, tout simplement, comme par le passé. Il y a des trous possibles maintenant. Des verrous. Des lacunes. Des étapes de congélation. Ça ne *coule* tout bonnement plus comme autrefois. Le sang. Le sperme. La circulation du sang et du sperme dans les conduits de la société. À la place de quoi vous avez, à présent, le spectre de la paillette congelée dans l'azote comme une espèce de butte-témoin virtuelle à l'entrée de chaque vie. Comme, à la sortie, on trouve l'euthanasie programmable. Balzac a écrit toute sa vie ce que les notaires savaient mais qu'ils ne savaient pas écrire ; je crois qu'on peut désormais essayer d'écrire ce que les médecins savent mais qu'ils ne diront pas, ça nous changera. Et ce que les médecins savent, ce qu'il y a à savoir sur le savoir des médecins, au bout du compte, dans le fond du fond, vertigineusement, ça concerne la place presque effacée du Père (de l'homme) atteignant le dernier chapitre de l'histoire de sa destitution ; conservé, au mieux, comme spectateur passif dans la nouvelle Trinité composée du Médecin, de la Mère candidate et de l'Enfant à faire consister[1] ; réduit au rôle sympathique, définitif et hébété, de *père nourricier*. Si, plus ou moins, depuis toujours, la partie masculine de l'espèce a pu se raconter qu'elle avait comme saint modèle Dieu *le Père* en personne, elle va devoir réduire ses prétentions d'urgence à des personnages moins dominants comme Zacharie, par exemple, ou saint Joseph, ces mâles discrets qui font ce qu'on leur dit de faire quand on le leur dit et qui disparaissent sans bruit, dans les textes, au moment où, la volonté d'enfant s'étant réalisée, on n'a plus besoin d'eux[2]...

1. Je me dois aujourd'hui d'ajouter à cette Trinité un quatrième personnage : l'inventif, l'infatigable Législateur. L'appétit de lois et la prolifération des lois, pour la plupart nuisibles ou inutilisables, ne sont que des conséquences de la disparition radicale de la loi symbolique (le père) *(octobre 1997)*.

2. Dans ce domaine comme dans tant d'autres, les choses sont allées à un train d'enfer. Treize ans plus tard, on peut noter que la destitution du mâle (du père) s'est elle aussi accélérée. Un nouveau rôle lui est désormais proposé, une nouvelle mission lui est assignée : celle de devenir une femme comme les autres ; et, si possible, une mère. C'est probablement le sens véritable d'une déclaration récente de Martine Aubry, qui vantait sa loi dite des « trente-cinq heures » avec un argument d'une obscénité aussi stupéfiante qu'inaperçue : « Grâce à cette réforme, les hommes rentreront plus tôt à la maison ; ils auront donc plus de temps pour s'occuper de leurs enfants... » Un mois après, une association de femmes journalistes (qui « se battent pour que l'on cesse de demander aux femmes "comment elles font pour concilier leur vie de famille et leur vie professionnelle" ») décernait pour la première fois en France un prix de la *publicité non sexiste*. C'est le scooter Yamaha qui a décroché cet effrayant pompon. Sa pub (qui montrait, paraît-il, un père sur son scooter, « avec ses trois gosses en photo », l'ensemble accompagné de l'accroche suivante : « Réussir, c'est voir plus souvent ses enfants que ses associés ») a remporté tous les suffrages parce qu'elle valorisait « la relation entre un père et ses enfants, favorisant l'émergence de nouveaux comportements masculins ». On doit considérer tous ces événements insensés et ces propos extraordinaires comme l'épilogue du naufrage dont j'évoquais l'histoire en 1985 *(mars 1998)*.

Ainsi se présente la situation. Tout le monde s'embarque. Instant solennel. Grand tournant. Faire ou ne pas faire. Être ou ne pas être. Faire être ou ne pas faire être... *To baby or not to baby*... La nouvelle arche de Noé n'a même plus besoin systématiquement de représentants des deux sexes puisque le roulement des générations est déjà, en théorie, indépendant de leurs croisements, lesquels deviennent par conséquent de plus en plus gratuits. On retient son souffle. Bon voyage ! Au roman d'être de l'aventure ! De la vouloir moins ennuyeuse ! D'approcher ces poussières de délires ! De les rendre chatoyantes ! *Aut liber, aut puer* : exactement ce que je disais pour commencer. Un vieux proverbe latinisant, en fin de compte assez pertinent, et qui reste à approfondir[1].

1985

1. En des temps moins lointains mais encore relativement véridiques, un Cyril Conolly, dans *Ce qu'il faut faire pour ne plus être écrivain*, n'hésitait pas à dire : « Il n'y a pas de plus sombre ennemi de l'art véritable que le landau dans le vestibule. » Le droit de ne pas procréer est un droit de l'homme bafoué. Mon roman n'était peut-être, en fin de compte, qu'une demande pressante d'inscription de ce droit à la liste déjà existante *(octobre 1997)*.

Crépuscule des lieux

Toute la Provence a été marquée, tatouée, mise à nu et rhabillée par ses peintres mêmes. Il n'en reste rien que les tableaux qui en ont été arrachés[1].

Tout le Midi méditerranéen a été saigné et signé par l'Art, avant d'être achevé par les vacanciers qui ignorent qu'ils se déplacent à travers un mausolée ou sur une table de sacrifice. Ils croient se promener, retrouver l'âge d'or, ils vont, ils viennent, ils photographient, sans se douter qu'ils ne cessent de lire, été après été, dans ce pays que finit d'annuler aux trois quarts leur propre présence, le faire-part de disparition de la peinture elle-même.

En somme, il s'agit de la dernière région à avoir joué le rôle de *modèle*, avant que ne s'évanouisse la figuration. L'un des derniers *motifs*, au moins, de l'histoire de l'art avant sa grande mutation. L'un de ses derniers *sujets* dans l'espace. La dernière causalité matérielle (sous forme de territoire) du processus créateur et transfigurateur. Une province ? Un ensemble de départements ? Une parcelle

1. Cet éloge de quelques artistes, encore envisageable en 1990, et même justifiable sur certains points, devrait être aujourd'hui corrigé par moi de fond en comble. L'art, depuis qu'il est entré dans la sphère de l'illusion culturelle, ne peut plus être opposé d'aucune façon — comme cela est encore tenté ici — au tourisme. Ce sont des choses qui s'entendent à merveille, désormais, et qui se contentent trop parfaitement l'une de l'autre pour que l'on puisse songer à les séparer *(octobre 1997)*.

de la carte routière ? Non : voilà le support magique de l'ultime exploration des peintres à travers l'univers physique. L'envers en relief de ce que leur vision céleste a remis à l'endroit. Célébrons donc, pour une fois, un site « naturel » ; il en vaut la peine puisque c'est le sanctuaire d'une aventure sans continuateurs.

L'idée de « haut lieu » est un résidu de sacré bien dégénéré de nos jours. Cette violence qui, à travers la barbarie de l'urbanisation touristique, est infligée au Sud enchanté, présente les caractères d'un autodafé. Campings, autoroutes, voitures, façades mortes de béton, corps massés sur le sable, face aux vagues hachées par les scooters de mer : ce n'est pas seulement un massacre écologique, comme on a raison de le répéter, c'est aussi et surtout, peut-être, l'effet profond d'une angoisse inconsciente, un élan expiatoire venu de loin — du siècle d'avant —, l'envie diffuse de renverser en désastre quelque chose qui a pu ressembler, jadis, à une sorte de sainteté incompréhensible. Le rêve, le vieux rêve humain d'expier le génie ? Peut-être. Le génie en général, et surtout *des* génies en particulier, ces quelques individus qui sont passés par ici et dont les méditations, sous forme de tableaux, valent aujourd'hui des millions de dollars. Qu'est-ce que le génie ? Une expérience venue d'ailleurs, ineffaçable et fugitive comme le plaisir, et qui ne servira à personne. D'où l'exaspération, le ressentiment ; d'où la tentative de renvoyer au silence, dans le fracas des loisirs, tout ce qui, sous le grésillement du soleil, entre les pins, les oliviers, les palmiers, dans ces garrigues, sur ces côtes ou ces crêtes rocheuses, aura été le prétexte d'un paroxysme d'énergie sans précédent dans l'histoire des représentations.

Une guerre totale est passée sur cette terre, elle repasse, elle revient désormais chaque année. Le champ de bataille n'a que les limites du pays lui-même. Nulle part on ne peut mieux vérifier à quel point un « haut lieu » est d'abord le souvenir d'un crime rituel jamais tout à fait camouflé.

Il est, paraît-il, des endroits où souffle l'esprit. « Des lieux, comme dit l'autre, qui tirent l'âme de sa léthargie, des lieux enveloppés, baignés de mystère, élus de toute éternité pour être le siège de l'émotion religieuse. » Moi, plutôt que de croire, comme Barrès, qu'il existe des paysages composés pour remplir l'âme humaine de béatitude ou d'effroi, je préfère penser que la Nature n'est que ce qu'elle est, et qu'il n'y a pas grand-chose à en dire, chaque fois que sa perception n'est pas colorée de peinture, de littérature, rehaussée d'histoires ou d'événements intimes. Un « haut lieu » ne peut être qu'un endroit qui a été écrit, raconté, peint, survolé, survolté de pensée, peuplé de personnages ; où quelque chose d'irremplaçable a été vécu. Ce sont des livres, des tableaux, qui ont le pouvoir de métamorphoser un paysage en une architecture sidérante, laquelle paraîtra désormais comme prédéterminée, en effet, comme ayant été *là* de toute éternité. Voilà la seule magie que je connaisse, la seule « substantialisation » mémorable de phénomènes qui, sans cela, demeureraient neutres et inconsistants, puisque *donnés*. Naturels.

L'art ou la littérature sont les uniques manières de « hanter » efficacement un lieu. Une montagne, quelques maisons dans les lointains, une prairie, une forêt, une flambée de soleil sur la mer, ne sont (comme nos corps, comme nos existences) que des illusions d'optique plus ou moins charmantes, du moment qu'elles n'ont pas été décrites, peintes, *animées*. Disons qu'elles comptent pour ce qu'elles sont : des *choses* simplement. Mais on ne s'arrache pas à la matière comme ça, on ne quitte pas la mère éternelle sans effort, il faut le frémissement de l'art pour donner des ailes. Toute intervention sur la Nature est par définition contre nature. Sacrilège. D'où l'irrespect foncier, en général, des écrivains ou des artistes, l'impiété constante dont ils accompagnent leurs opérations profanatrices. Ces gens-là sont sans foi ni lieu, justement. On n'en trouvera pas un seul qui n'ait donné, un jour ou l'autre, le coup de pied de l'âne aux merveilles du monde physique, à ses bois, ses mers, sa botanique, sa zoologie, ses astres et leurs signes, l'air, le feu, et les esprits qui sont censés loger dans tout ça, le vieux théâtre des génies, fées, nymphes des eaux et forêts. La pauvreté des choses qui n'ont que la vertu d'être là stupéfiera toujours un créateur, par rapport à la richesse de la moindre nuance colorée dont il se sait capable, la moindre phrase écrite, le moindre adjectif lumineux. Que tout le monde préfère cette opacité lourde et naturelle à la respiration enflammée de l'art ou de la littérature est un autre motif de stupéfaction sans fin.

Voyons ces quelques mots d'une lettre de Flaubert : il se trouve en villégiature dans les Alpes, et tout à coup il livre le fond de son cœur. À cette incontestable somptuosité qui l'environne, à ces montagnes, à ces prairies, à ces ciels et à leurs nuages, à la Nature enfin, il a, confie-t-il, envie de dire : « C'est beau ; tout à l'heure je suis sorti de toi ; dans quelques minutes j'y rentrerai ; laisse-moi tranquille, je demande d'autres distractions. »

Qui faut-il être pour percevoir d'instinct cette Nature (enthousiasmante pour presque tous) comme étouffement, prison, piège mortel ? Pour en sentir le poids de refoulement géologique à soulever ? La puissance muette et sourde contre laquelle il faut essayer de gagner pied à pied, phrase par phrase, paragraphe par paragraphe et couleur par couleur ? Pour la trouver fade, inerte, même dans ses convulsions, même dans ses tempêtes éloquentes et ses orages lyriques ? Et recommencer, jour après jour, à écarter cet espace accablant pour faire parler une autre géométrie plus mouvementée, plus savante et joyeuse ?

Je demande d'autres distractions ! L'harmonie, la beauté, le salut enfin, ne sont pas dans les matériaux assemblés au hasard des plissements, des poussées, des apports alluviaux, des sédimentations. Il n'y a rien, dans la Nature, que ce qu'on y ajoute. D'où la cuisine ésotérique sous laquelle on a toujours essayé de noyer le gros poisson de cette désillusion. Hauts lieux. Lieux saints. Seuils de l'Autre Monde. Tunnels de la Spiritualité. Portes du Ciel. *Imago mundi.* N'importe quoi pour poétiser, c'est-à-dire ne pas reconnaître l'évidence folle et misérable de la relativité universelle.

Croire que tel paysage serait, par lui seul, plus « inspiré » qu'un autre relève d'une superstition attendrissante. Un « haut lieu » est un endroit qu'en général un événement plus ou moins héroïque et lointain a immortalisé. Ce qui signifie, en clair, que l'on a toutes les chances de trouver des cadavres dessous, un soupçon de charnier. Pour en rester à ce Sud dont je parle, les « martyrs » y sont bien entendu innombrables et célèbres. Il y a déjà longtemps qu'ils ont triomphé, c'est probablement la raison pour laquelle on n'a plus cessé, dans l'impossibilité de les dénier eux-mêmes, de s'acharner sur le pays qu'ils ont transfiguré. Consultez une carte, vous avez tout le monde (je me borne à évoquer quelques peintres de la fin du siècle dernier et du début de celui-ci). Antibes c'est Monet puis Picasso; Saint-Tropez c'est Matisse; Nice, encore Matisse; Cannes ou Mougins c'est Picasso; Cagnes : Renoir, et puis ensuite Soutine; Le Cannet : Bonnard; Aix, l'Estaque et la Sainte-Victoire : Cézanne; lequel, comme Van Gogh (Arles, les Saintes-Maries-de-la-Mer, Saint-Rémy-de-Provence), est ici chez lui à peu près partout. On n'en finirait pas de refaire leurs itinéraires, de revisiter le décor de leurs insurrections, mais à quoi bon? Le Midi a été mangé par l'Art, y voyager donne un peu l'impression de relire un livre qu'on aurait lu cent fois et qu'on connaîtrait par cœur. À cette différence près que, la région ayant été ensuite, ou en même temps, métamorphosée par le tourisme, on n'y reconnaît presque plus rien. Il serait donc plus juste de dire qu'on a l'impression de relire un livre auquel il manquerait deux pages sur trois. Mais peu importe. C'est l'ironie de l'âge moderne que les foules puissent se ruer dans des endroits qui, dès qu'elles y sont, perdent leur attrait et même toute existence. Le *fard* des paysages de Van Gogh, de Cézanne, de Renoir et des autres, voilà tout ce qui reste ici, et c'est déjà beaucoup, c'est énorme, c'est l'essentiel. Le plus beau pays du monde ne peut donner que ce qu'il a : pas grand-chose, si personne n'a jamais songé à le rehausser de couleurs. Il y a des lieux plus « beaux », objectivement, que la Côte d'Azur et la Provence : le littoral amalfitain par exemple, en Italie; et pourtant il ne vous communique pas cette sensation d'une jungle jouissant à jamais de secrets dérobés. Pourquoi ? Parce qu'aucun peintre de génie ne l'a noyé dans ses couleurs ? Le Vésuve (malgré Pline, malgré Pompéi, malgré le souvenir de la Juliette de Sade précipitant Olympe Borghèse dans son cratère), existera toujours moins que cette petite Sainte-Victoire de carton qui n'a même pas les vertus du rocher socialo-aztèque de Solutré. Pourquoi les deux ou trois chicots appelés « Antiques », à Saint-Rémy-de-Provence, m'émeuvent-ils si fort ? À cause de Van Vogh qui passa devant pendant un an sans les peindre ? Pourquoi les seules montagnes magiques que je connaisse sont ces Alpilles bleues qu'on ne voit que parce qu'il y a laissé la lumière de son regard ?

La Nature est une langue morte qu'il faut un peintre pour réveiller. L'âme des dieux peut bien y habiter pour les autres, pas pour lui. Jamais. Qu'est-ce que la Nature aux yeux d'un écrivain, d'un artiste, d'un poète ? Rien que des *légumes sanctifiés*, Baudelaire l'a dit scandaleusement dans une lettre à Desnoyers, en 1853 (ce dernier vient de lui demander des vers sur la forêt, les grands chênes, les insectes, etc.) : « Mais, vous savez bien que je suis incapable de m'attendrir sur les végétaux et que mon âme est rebelle à cette singulière religion nouvelle qui aura toujours, ce me semble, pour tout être *spirituel*, je ne sais quoi de *shocking*. Je ne croirai jamais que *l'âme des dieux habite les plantes*, et quand bien même elle y habiterait, je m'en soucierais médiocrement, et considérerais la mienne comme d'un bien plus haut prix que celle des légumes sanctifiés. »

Sans la peinture, sans la littérature, un lieu, « haut » ou pas, n'est jamais qu'un maquis de légumes sanctifiables. La Provence n'existe plus que comme rythmes, souffles, couleurs surchauffées ailleurs, au-dessus de ses déterminations géographiques. Il est normal que les foules de touristes s'y ruent depuis les fins fonds les plus désolés, les plus glacés d'Europe, pour en piétiner les miettes incandescentes. Le Sud est devenu tout entier sphère, cône, cylindre avec Cézanne ; flagelles et spirales, entortillement de vers de terre rouges, jaunes et mauves, par la grâce de Van Gogh ; champ de brumes solaires chez Bonnard ; sables mouvants, duvet sanglant et pollen blond à travers Renoir. On se gargarise depuis près d'un siècle avec l'idée de la mort de l'art, mais qui s'intéresse à la destinée des lieux concrets dont l'art a tiré ses images ?

Je n'ai jamais vu cet endroit, entre Angoulême et Poitiers, au bord de la Charente, où Lucien de Rubempré rencontre Carlos Herrera, mais je sais y aller quand je veux, les yeux fermés, à travers les immensités des pages de *La Comédie humaine.* Tout ce qui n'est pas écrit ou peint glisse par profits et pertes ; et tout ce qui a servi à la transposition par écrit ou sur une toile devient *aussi* peinture ou littérature. La Provence, après tout, n'est que l'ombre portée du Musée qui en a surgi, ou son hologramme. Un « référent » (au sens linguistique d'« objet réel ») parmi d'autres. On ne devrait en parler que comme la théologie négative traite de Dieu, en énumérant tout ce qu'il n'est pas.

Un site mémorable ne peut être pour moi que le souvenir d'une toile, d'un récit, l'encadrement vide d'une évasion réussie. L'anecdote de Picasso devenu propriétaire du château de Vauvenargues, au pied de la Sainte-Victoire, et téléphonant à Kahnweiler pour lui annoncer la nouvelle, est admirable : « Je viens d'acheter la Sainte-Victoire », dit carrément Picasso ; Kahnweiler comprend qu'il s'agit d'un tableau de Cézanne, mais c'est de la montagne elle-même que le peintre veut parler, c'est-à-dire de *tous* ces Cézanne, bien sûr, que la Sainte-Victoire est devenue.

Inutile de préciser qu'il ne reste aucun « paysage de Cézanne » *in situ,* malgré les panneaux qui vous les annoncent, le long de l'autoroute dont ils sont transpercés.

Crépuscule des lieux ! Le Midi n'est plus qu'une banlieue satellite de la peinture, son soleil respire, chauffe, se lève ou se couche dans des toiles. Et le reste est hallucinations, caravanes, campings, voitures, désolation et fast-foods. Parodie de négation. Mais le vrai ravage s'est accompli avant, et peut-être est-ce comme une scène d'amour, simplement, un acte voluptueux d'une intensité formidable que j'aurais dû l'évoquer. Une étreinte radieuse et furieuse a eu lieu, ici, dans ces lieux. Des corps se sont empoignés avec le lieu même, ils ont pénétré l'endroit, crevé ses parages, enfoncé ses alentours. Ils ont ravagé le secteur. Ils l'ont possédé. Ils en ont joui. Pensons, une fois encore, à Cézanne et à ses *Grandes Baigneuses* toujours recommencées : le paysage n'est plus qu'un décor de théâtre, enfin, les troncs d'arbres s'écartent comme des rideaux. Le miracle de la multiplication des femmes nues, sur fond de colline inspirée, profanée puis reconsacrée par la sensualité de l'énergie créatrice, *du style*, peut commencer.

1990

Touchez pas au grizzly

Boom spectaculaire sur l'ours en Bourse. Après une flambée intéressante, cet été, sur le dauphin *(Le Grand Bleu)*, et une forte hausse plus ancienne, mais hélas déjà oubliée, sur le chimpanzé *(Max mon amour)*. Bien entendu, le chat, le chien, le canari, le lapin de garenne, les bébés phoques, les poissons rouges ou les serins continuent, comme par le passé, à être très sollicités. Bref, la période actuelle s'amorce sur une note ferme, dans un marché animé autant qu'animal, et que domine une révision générale des valeurs au profit de nos amies les bêtes. Quant au marasme persistant, en revanche, sur le marché du réalisme, c'est-à-dire de la littérature, de l'art, en un mot de la seule vérité perturbante qui vaille, on se demande qui pourrait encore perdre son temps à s'en préoccuper. La ciné-zoophilie nouvelle est arrivée, elle ravage tout, elle triomphe en se proposant de combler enfin nos moindres désirs d'images et de rêves en couleurs, nous pouvons nous rendormir sur nos deux oreilles, on s'occupe de nos féeries.

Le non-humain se porte bien. Les bêtes ont le vent en poupe. Pas mal d'esprits ésotériquement avisés croient pouvoir nous annoncer que nous entrons dans l'ère du Verseau ; tout porte à dire qu'en réalité nous pénétrons surtout dans le Millénaire animal. Après l'âge de la pierre taillée, après celui de la robotique ou de la télématique, voici les années zoologiques. Quiconque n'a pas instantanément la larme à l'œil devant nos amis à poils, à plumes, à écailles, n'est définitivement qu'un minable démodé, un behavioriste fossile, un positiviste bouffon pas en phase avec la sensibilité profonde de notre époque idyllique où la Nature, après quelques millénaires difficiles, retrouve enfin ses droits, tous ses droits naguère bafoués par des institutions aujourd'hui fort heureusement en pleine débandade.

Périodiquement, l'humanité revient à ses premières amours : le rêve d'une société enfin sans drames, sans conflits, réconciliée avec elle-même et ne souffrant plus d'aucun manque ; l'utopie d'un univers plein, sans mensonges, sans calculs, sans perversités ; où tous les vieux fossés, toutes les séparations déchirantes (à commencer par l'opposition Nature-Culture), seraient enfin abolis comme par enchantement. Périodiquement aussi, sur ce chemin touchant, et censé nous mener vers une pastorale généralisée, nous rencontrons l'obstacle éternel, le vieil adversaire de la paix des âmes et des chaumières, j'ai nommé le langage. Ah, *le langage*! Sans lui, sans la parole dont nous sommes, paraît-il, « doués », mais qui n'est là, en réalité, que pour consommer et reconsommer jour après jour le divorce entre les hommes et ce qui les entoure, entre le donné et sa négation (l'humanité), entre nous d'un côté (êtres précisément dits « parlants ») et les choses ou les animaux de l'autre, comme tout irait bien ! Un véritable Éden ! Il suffit de le vouloir ? Mais oui, la preuve : ces films que j'ai cités et qui ont l'inestimable avantage de prendre nos modestes désirs d'aphasie pour la réalité.

Régulièrement, des œuvres apparaissent pour illustrer cette mythologie d'un retour à nos sources supposées. Je viens d'en évoquer quelques-unes, on pourrait en énumérer des tas, remonter bien plus loin, peut-être, à *Lassie chien fidèle*, *Croc-Blanc* ou *Rintintin*. Sauf que ces productions des temps héroïques étaient des films sans prétention, ouvertement destinés aux enfants (*idem* pour les immortels chefs-d'œuvre de Walt Disney), alors que leurs successeurs modernes entendent s'adresser à tous les âges, et administrer à chacun d'entre nous des démonstrations pesantes et profondes, des leçons d'un sérieux époustouflant sur le devenir animal de l'espèce humaine.

Puisque l'ennemi c'est le langage, les instruments du combat contre cet adversaire déloyal, fuyant, rusé, mensonger (l'homme, disait à peu près Talleyrand, a reçu l'usage de la parole afin de pouvoir masquer sa pensée) seront choisis dans les régions où ce mode d'expression maudit ne règne pas, ou pas encore. L'enfant, l'*infans*, celui qui ne parle pas, est un des héros positifs privilégiés de la bataille. Hélas, hélas, tout le monde se doute que lui aussi, un jour ou l'autre, finira par parler, que la magie cessera, qu'il deviendra un adulte aussi « mauvais » (aussi parlant) que ses prédécesseurs, et rejoindra du même coup la cohorte des adversaires de la paix. Il faut tout mettre en œuvre pour empêcher ça.

Voilà donc l'animal, nouvelle valeur refuge. Lui au moins, on en est sûr, n'a pas de langage. Ou alors il en a un, peut-être (périodiquement on annonce que ça y est, des chercheurs ont découvert l'alphabet des chimpanzés, le mode de conceptualisation des dauphins, la syntaxe des éléphants), mais alors ça revient au même : l'important n'est pas, en effet, que l'animal soit ou non doué de parole, mais bien que nous nous retrouvions tous à égalité, bêtes et humains sur le même rang ; que les hommes soient ramenés au niveau du règne animal ou que les bêtes soient rehaussées jusqu'au règne humain. De deux choses l'une, en somme : soit l'animal parle et il est comme nous, soit nous redescendons vers lui, nous regagnons les régions du mutisme originaire, et tout va bien aussi. Ce qui compte dans la défense de ce point de vue, c'est que le fossé, l'effrayant abîme soit comblé d'une façon ou d'une autre. Que nous devenions tous anges ou bêtes, mais que nous cessions de camper sur des positions séparées. Ce qui compte aussi, ce qui compte surtout, c'est que notre insoutenable prétention d'humains à avoir le monopole de la pensée et de la parole soit enfin rabaissée d'une manière irréversible.

Le triomphe de *L'Ours*, en ce moment, est aussi logique qu'exemplaire. Les enfants auront à cœur d'emmener leurs parents admirer ce film d'une pureté éclaboussante. Dès les premières images, on nage en plein rêve originaire. Une énorme Maman Ours est en train de fouiller dans un creux de rocher afin d'en extraire des rayonnages de miel bien gluants, dégoulinants à souhait, tandis que Bébé Ourson gambade autour d'elle en attendant son tour pour se restaurer. Une inscription, sur l'écran, vient de nous indiquer le lieu et l'époque : nous sommes quelque part en Colombie britannique à la fin du XIXe siècle. Ouf! Le film ne se passe donc ni ici ni aujourd'hui, mais très loin, dans un autre monde dont nous nous moquons éperdument, tout va bien par conséquent. Ce détail a l'air insignifiant? Il est, en réalité, de la plus haute importance. *Tout*, plutôt que l'ici et l'aujourd'hui, en effet. *Tout*, plutôt que de s'appuyer le compte rendu, l'analyse filmique ou romancée de ce qui passe dans notre société. L'art n'est-il pas Évasion par excellence? Avec un grand É? Mais oui. Poésie? J'allais le dire... Il faudrait être fou pour aller chercher ailleurs que loin, très loin de nous, dans l'espace comme dans le temps, l'assouvissement de nos besoins de jouissance symbolique. On n'en finirait pas de s'étonner de tous les efforts qui sont faits aujourd'hui pour se dérober, aussi bien en littérature qu'au cinéma, à l'observation et à la description de la réalité contemporaine. Toutes ces constructions sophistiquées pour ne pas avoir à s'appuyer la narration de ce qui se déroule là, en ce moment, sous nos yeux! Entre hommes et femmes. À la maison. Dehors. Partout. C'est comme ça. La tendance de l'époque est plus que jamais au retrait général, à la fuite en arrière, au repli sur des temps prestigieux, Moyen Âge, Antiquité, Préhistoire et ainsi de suite. Jusques et y compris, aujourd'hui, le règne animal. Je reviens aux premières images de *L'Ours*. Les abeilles en révolution bourdonnent autour de l'énorme bête en train de ravager leur palais ambré, poisseux, savoureux. Le paysage est d'une beauté à couper le souffle. Impressionnant de désolation à perte de vue.

Pas un être humain à l'horizon rocheux, c'est parfait. Rien que des falaises pétrifiées dans leur majesté, rien que des vallées solennellement escarpées, des forêts profondes de premier matin du monde. Stupéfaction quaternaire. Splendeur hercynienne. C'est simple, on dirait une succession de tableaux inspirés de Caspar David Friedrich, ce peintre romantique allemand presque aussi surréaliste et kitsch que Magritte. On a, certes, le droit de préférer d'autres références esthétiques, mais enfin comment ne pas être sensible à cette grandeur sans phrases justement ? À cette indifférence cosmique absolue ? À ce silence des espaces infinis sur fond vrombissant d'abeilles en folie ? Comment ne pas apprécier, aussi, cette mer de glaces éternelles de la fin du film, sur laquelle la caméra va s'immobiliser, déroulant sa vision inoubliable de silence neigeux illimité, de perfection sauvage restituée ? Comment ne pas être transi, emporté par un frisson pré-adamique devant ce monde vierge, ou rendu à sa virginité, ce paysage presque aussi pur, presque aussi illimité et maternel que la grisante soupe amniotique du *Grand Bleu* ?... Mais, brusquement, c'est le drame. La falaise ravagée s'écroule sur Maman en plein travail. Un rocher l'écrase et voilà Petit Ours orphelin ! On partage le désespoir du bambin qui gémit, qui saute, qui couine autour de sa mère foudroyée par l'avalanche. Mais cette tragédie est aussi le signal que l'histoire va commencer. Et l'histoire, mon Dieu, l'histoire ce sera une fois de plus une quête, celle de l'hypothétique soutien paternel, la recherche de la présence, de l'autorité, du maître, du mâle, tout ce que l'on voudra. Papa, en un mot, c'est-à-dire le grand absent protecteur et manquant.

L'homme n'est pas grand-chose devant l'infinie rumeur d'un monde qui le dépasse de toutes parts. Humilité, voilà la « leçon » de la fable. Elle n'est pas neuve ? Bof, elle a au moins l'avantage d'être morale, elle pourra toujours resservir, elle est inusable. Le projet avoué de Jean-Jacques Annaud n'est-il pas, d'ailleurs, de démontrer cette chose renversante que « la civilisation n'est pour l'homme qu'un habit qui cache le mammifère » ? Un mince vernis prêt à craquer à la première occasion, c'est comme on vous le dit. Étonnant, non ? Nous devons admettre, insiste le réalisateur, « la bête en l'homme ». Pourquoi pas ? Qui va prétendre le contraire ? *La Guerre du feu*, déjà, allait intrépidement dans cette direction ; aujourd'hui, nous en sommes à *L'Ours*. Qu'est-ce qu'on pourrait imaginer de plus préhistorique, en fin de compte, qu'un ours, divinité des montagnes, habitant de l'obscurité des cavernes, grand fauve terrifiant mais en même temps charmant, d'une certaine façon ? Cruel, brutal, mais aussi apprivoisable. Bête de cirque comique qu'on peut faire danser avec un tutu, transformer en petit rat d'opéra, obliger à grimper moyennant dressage sur une bicyclette. Animal joueur à ses heures (c'est aussi, c'est encore bien davantage le cas du chimpanzé et surtout du dauphin). Gourmet enfin, friand de la plus délicate, de la plus saine, de la plus naturelle des sucreries : le miel. Un grand enfant, en somme. Un modèle à suivre.

Admettre la bête en l'homme n'est bien entendu que le corollaire négligeable d'un autre impératif beaucoup plus important mais encore vaguement inavoué : admettre l'humain dans la bête. À cet égard, il est difficile d'aller plus loin dans l'anthropomorphisme délirant ou la taxonomie déboussolée que le réalisateur de *L'Ours*, à travers au moins deux séquences à se rouler par terre : celle où Bébé rêve ; puis celle où, ayant imprudemment mangé des champignons hallucinogènes, il se paye un trip psychédélique auprès duquel les fantasmagories anthropomorphiques des usines Disney se révèlent, avec le recul, comme de timides plaisanteries. À la faveur de ces visions, bien sûr, Maman lui apparaît en couleurs, elle est gigantesque, ses yeux étincellent de toutes les nuances fluo, elle se dresse, écrasante, désirable, hyper-phallique, furibarde, divine et terrible comme il se doit. Le spectateur est-il sommé, lui aussi, de considérer cette ourse de cauchemar comme sa propre idole maternelle resurgie du tréfonds des âges ? Mais oui, ça tombe sous le sens. Brute épaisse et raffinée, Grande Mère mythique idéalisable et en même temps primitive : les deux choses ne sont nullement incompatibles ; l'idéalisation n'a rien de contradictoire avec un originisme de pacotille ; bien au contraire, tous deux procèdent de la même inhibition romantique à reconnaître la réalité telle qu'elle est, ici, maintenant, notre vérité désenchantée, fracassée, toujours déjà habitée, pour nous humains (il faut le rappeler éternellement, puisque tout le monde veut l'oublier) par le langage ; toujours déjà dévalorisée, désublimée par ce parasite rongeant de la parole qui ne nous a pas, j'insiste, été vraiment « donnée » pour échanger ou pour communiquer, comme nous voudrions tellement le croire, mais pour nous masquer, nous cacher, nous contredire, nous affronter enfin. Nous combattre. Donc nous séduire.

Voilà le secret. À chaque fois qu'elle est fatiguée d'elle-même, de ses propres ruses, effrayée de ses tortuosités, une société revient aux chimères d'innocence et de pureté d'origine, comme à son centre lumineux perdu. Pureté bidon évidemment : les ours de *L'Ours* jouent comme des cabots à être des humains ; d'où le succès du film : les bêtes réelles n'intéressent pas davantage que la réalité elle-même. « Le dauphin est un modèle de vie, déclarait Besson au moment de la sortie du *Grand Bleu,* il évolue dans une société parfaite, lisse, non agressive. C'est Candide au fond de l'eau. » On ne le lui fait pas dire : descendez dans les gouffres océaniques, vous y trouverez la sagesse immémoriale qui vous manquait. Le zen essentiel est à vingt mille lieues sous les mers. La vraie philosophie salubre et hygiénique de la vie gît au fond des eaux, dans le monde du silence, allez-y voir vous-mêmes si vous ne me croyez pas.

Fantasmes d'innocence, illusions de pureté perdue, l'humanité en rêve toujours. Mais elle ne peut y retourner, bien sûr, que handicapée par ce fardeau qui lui colle à la peau et dont elle ne parviendra jamais à se défaire, même en rêve, surtout en rêve, puisque les rêves ne sont eux-mêmes que de la parole déchaînée dans le sommeil du corps. C'est notre malédiction, c'est notre cauchemar, c'est notre enfer. Quant au paradis que nous aspirons à retrouver, il est facile à désigner, il nous entoure, il est là partout autour de nous sur cette planète, c'est celui que matérialisent ces grands espaces, ces forêts profondes, ces cimes inviolées, ces bois mystérieux peuplés de bêtes de toutes sortes, charmantes ou féroces, muettes ou éloquentes, barrissantes, chevrotantes, bégayantes, grondantes, peu importe, ce qui compte c'est la communion avec le cosmos dont elles sont le signe, le grand frisson tellurique qu'elles nous communiquent.

Inutile de préciser à quel point *L'Ours*, comme les autres films de ce genre, s'inscrit dans le courant de nouvelle chasteté, de nouvelle pruderie qui s'étend à toute allure sur la fin du siècle. D'accord, les bêtes sont marrantes, impressionnantes, sympathiques, tellement naturelles surtout, tellement décontractées ; mais enfin, il faut bien l'avouer, pas très bandantes à la longue. À moins d'être un zoophile endiablé, mais on sait bien que cette passion ne court pas les rues. Même *Max mon amour*, où Charlotte Rampling prenait un singe comme amant, était (les commentateurs s'empressèrent de le noter à l'époque) d'une pudeur exquise dans le traitement d'un sujet pourtant bien délicat… Paradoxe ? Pas le moins du monde. Chacun aura compris que ce qui se passe éventuellement entre un singe et une femme n'a rien d'érotique, par définition, puisque l'érotisme n'est jamais que du langage changé par un tour de magie en lumière et désir.

Mais cette magie-là, les Barbares euphoriques de notre époque terminale n'en ont pas la moindre idée ; ils ne l'ont jamais rencontrée.

On nous a assez dit que nos mœurs évoluaient, on nous le répète quotidiennement. Nous vivons le reflux général de la volupté, chacun chez soi, la fête est finie. Vivent donc les contes de fées et leurs sucreries. Vivent les palais de Dame Tartine, Schtroumpfs, Gremlins et Disneyland. Vive le miel comme principe de gouvernement. *L'Ours* est un film tous publics. Le seul passage qui risquait d'apparaître vaguement litigieux est escamoté : c'est celui où Papa Ours se tape une femelle de rencontre sous les yeux intéressés autant qu'interloqués de Petit Ours. Mais le couple en train de forniquer nous est aux trois quarts dissimulé par les branchages de la forêt et le tour est joué. Ouf ! On pourra aller voir ce film en famille pendant les fêtes de fin d'année.

Nous vivons donc l'époque du grand repli du sexe, c'est un fait, seulement voilà : l'érotisme, la volupté, le plaisir ne sont plus évacuables, de nos jours, d'un point de vue moral, pour des tas de raisons qui tiennent en partie à l'histoire des dernières décennies et surtout à l'impression que nous aurions vécu une « révolution » sexuelle dont il ne saurait être question de remettre en cause les « acquis ». Résultat : ils le sont quand même, remis en question, mais d'une autre façon, de l'intérieur pour ainsi dire, par la grande terreur des virus ou plus simplement par la lassitude des partenaires. Et surtout, surtout, en utilisant les arguments mêmes qui servirent à cette « libération » des mœurs dans les années 60-70, lesquels se ramenaient, se ramènent toujours plus ou moins à invoquer la Nature souveraine, la Nature toute-puissante et dont les « intentions » auraient force de loi.

Le héros du *Grand Bleu*, un plongeur sous-marin, est tellement fasciné par les dauphins qu'il n'hésite pas à abandonner la femme qu'il aime, et descendre en apnée vers le silence de ces espaces où plus aucun conflit, plus aucune conversation, plus aucun danger érotique par conséquent, ne risquent de le menacer. L'épouse du diplomate anglais de *Max mon amour*, elle, larguait un mari humain, trop humain, pour son chimpanzé préféré. Il y a des choses tellement plus intéressantes que le désir ou le plaisir ! Le dauphin est l'avenir de l'homme, quand celui-ci souffre de son présent angoissant. Et que ceux qui seraient tentés de ricaner y réfléchissent à deux fois : ils avoueraient par là même qu'ils ne comprennent rien aux voyages initiatiques.

Car il y a aussi, en filigrane de ces films, une tendance terroriste latente et répugnante, un chantage puritain aux bons sentiments : vous n'avez pas le droit de ne pas vibrer, ou alors c'est que vous êtes frigorifié jusqu'à l'âme, et tant pis pour vous si vous avez perdu votre pureté, votre « esprit d'enfance », vos capacités d'émerveillement, la simplicité et la spontanéité de vos dix ans. Bref, on convoque contre vous tous les mythes de l'illusionnisme romantique. Le premier qui rit est condamné ; et puis, de toute façon, comme vient de l'écrire Guy Debord dans ses *Commentaires sur la société du spectacle* : « L'ineptie qui se fait respecter partout, il n'est plus permis d'en rire ; en tout cas il est devenu impossible de faire savoir qu'on en rit. » Bien.

L'animal est une idée neuve, toujours neuve, toujours increvable. Les bêtes nous ressemblent tellement que c'est à se demander ce qu'elles peuvent bien avoir, en plus ou en moins, qui fait tout leur charme. La discussion sur leur âme ne date pas d'hier, elle remonte au bas mot à Descartes, pour qui elles n'étaient que des machines, de simples horloges avec des rouages et des sonneries. Malebranche, lui, n'hésitait pas à battre sa chienne en prétendant démontrer que, malgré ses hurlements, la pauvre bête ne ressentait rien. En ces temps peu libéraux, l'âme et la raison n'étaient pas séparables, l'instinct comptait pour du beurre et la Nature n'apparaissait, somme toute, que comme une machinerie géante sans grand intérêt, mue par des rouages et des poulies. Il faudra attendre Rousseau pour voir célébrer enfin « l'instinct divin ». Le romantisme se chargera ensuite de mettre le signe égal qui manquait entre les différents « règnes ». C'est Hugo se vantant, à Guernesey, de parler « avec toutes les voix de la métempsycose »... « Dans ce siècle, je suis le premier qui ai parlé, non seulement de l'âme des animaux, mais encore de l'âme des choses. Dans ma vie, j'ai constamment dit, lorsque je voyais casser une branche d'arbre, arracher une feuille : laissez cette branche d'arbre, laissez cette feuille. Quant aux animaux, non seulement je n'ai jamais nié leur âme, mais j'y ai toujours cru. » Etc. On pourrait en citer des kilomètres dans le même style : tout est semblable, tout se vaut à quelques minuscules différences près ;

l'homme est contenu dans l'animal, ses sensations sont les nôtres, nous appartenons à la même chaîne immense dont il serait impossible de détacher aucun anneau ; tout est pareil, nous sommes tous frères et ainsi de suite... Il faudrait aussi reparler des très curieuses conditions dans lesquelles la SPA a été fondée à Paris, en 1846 ; comment la première loi sur la protection des animaux fut présentée à la Chambre par un élu de droite et défendue par des députés de gauche. Il faudrait réévoquer tout un tas de choses. Ces débats sur la vivisection, par exemple, qui ne datent pas d'hier puisque l'un des ennemis les plus ardents de l'expérimentation scientifique sur les bêtes n'était autre que Richard Wagner en personne ; lequel écrivait à Ernst von Weber, président de la ligue antivivisectionniste, cette lettre que je crois inutile de surcharger du moindre commentaire : « Il serait excellent de faire peur aux juifs, eux qui, de jour en jour, se conduisent de manière plus insolente. De même, il faut faire peur à messieurs les vivisectionnistes ; il faudrait que, tout simplement, ils craignent pour leur vie, et qu'ils croient voir devant eux le peuple, armé de matraques et de cravaches[1]. »

1. Végétarien militant, Hitler adorait les animaux. Aurons-nous la méchanceté de rappeler aux zoophiles actuels que, dès le 24 novembre 1933, quelques mois seulement après son arrivée au pouvoir, il se préoccupait de leur bien-être et déclarait : « Dans le nouveau Reich, il ne devra plus y avoir de place pour la cruauté envers les bêtes » ? Aurons-nous la méchanceté de rappeler aux zoophiles actuels qu'une loi gigantesque (plus de cent quatre-vingts pages) fut cogitée par les nazis concernant les droits des animaux ; une loi dans laquelle, reprenant une expression de Goering, l'animal était défini comme « âme vivante de la campagne » ; une loi qui proclamait : « Le peuple allemand possède depuis toujours un grand amour pour les animaux et il a toujours été conscient des obligations éthiques élevées que nous avons envers eux. Et pourtant, c'est seulement grâce à la direction national-socialiste qu'a été réalisé dans les faits le souhait d'une amélioration des dispositions juridiques touchant la protection des animaux, et d'une loi spécifique reconnaissant le droit que possèdent les animaux en tant que tels à être protégés pour eux-mêmes » ? Pousserons-nous le vice jusqu'à rapprocher cette déclaration de la lettre de ce merveilleux lecteur de Villefranche-sur-Mer, qui, en août 1996, félicitait *Libération* d'avoir pris fait et

Abrégeons. Et revenons au credo naïf que développent, comme de braves missionnaires de l'âge nouveau qu'ils sont, les plantigrades de *L'Ours*. À la fin du film, lorsque le grizzly vedette décide d'épargner le chasseur désarmé qu'il tient à sa merci, sa grandeur d'âme est bouleversante. Il lui suffirait pourtant d'un coup de patte ; qu'il laisse seulement partir ses griffes gigantesques, et hop, la tête du malheureux humain éclaterait comme un fruit mûr. Mais non, le fauve se transforme soudain en bon géant de peluche, en nounours de chambre d'enfant, puis tourne les talons, laissant le chasseur qui vient de le persécuter ébahi, abasourdi d'être encore vivant. Miraculé. Converti. Touché par la grâce de la bête qui lui a fait grâce. L'ours n'est pas toujours un loup pour l'homme. L'homme n'est pas toujours non plus un homme pour l'homme. Fin du gibier, fin du chasseur. Fin de l'objet et fin du sujet. Fin du sujet opposé à l'objet. Fin de l'Action au sens hégélien du terme. Fin du personnage romanesque par la même occasion. Fin du « temps humain », fin de l'Histoire[1].

Comme toutes les œuvres qui font symptôme, ce film, aussi bien que *Le Grand Bleu* et quelques autres tout aussi atterrants, est éperdument « religieux ». Religieux au sens, bien entendu, d'un retour de religiosité diffuse, « totémique », de spiritualisme de pacotille, de « sacré » de fast-

---

cause pour les expulsés de Saint-Bernard ; mais s'indignait de ce que, dans le même élan, ce journal ait osé « montrer la photo d'une bête *suppliciée*, oui, un taureau, pas un *toro*, hérissé de banderilles, avant d'être saigné à blanc par un picador et achevé par une marionnette en "habit de lumière" » ; et balayait ainsi les ultimes objections des partisans de la corrida : « Oui, Goya, Picasso, Hemingway... Et si c'étaient des infirmes de la sensibilité ? » Aurons-nous toutes ces méchancetés ? Nous les aurons *(mars 1997)*.

1. Si l'on veut mesurer l'espèce de catastrophe historique que représente ce film suffocant (effacement de l'homme comme être-différent-de-la-Nature, auto-annulation de l'humain), il suffit d'en comparer la fin « réconciliante » à celle d'un roman comme *Le Vieil Homme et la mer* où (comme l'analyse avec autant d'humour que de tristesse Kojève) Hemingway, cherchant « à travers tout le monde le dernier mâle humain ou plutôt le dernier homme vraiment mâle », le trouva enfin « dans la mer des Caraïbes, en la personne d'un vieux pêcheur, à moitié mort il est vrai » *(avril 1997)*.

food en dilution dans l'air du temps, et dont on peut trouver d'autres signes à l'infini dans cette fin de siècle : ésotérismes divers, orientalismes de bazar, occultismes en kit, astrologie, tarots, néo-croyances à la réincarnation, développement des « énergies positives », etc. « Dieu est au fond de la mer, je plonge pour aller le retrouver » : ça devait être, paraît-il, la phrase clé du film de Luc Besson, mais celui-ci l'a supprimée, en fin de compte, tellement il était clair que toute l'œuvre, de séquence en séquence, en développait l'illustration suffisante. Paradoxalement, l'ours d'Annaud ou le dauphin de Besson, qui ont l'air de plaider pour les grands espaces et la Nature indomptable, sont parfaitement en phase, par exemple, avec cette mode du cocooning (on reste chez soi, dans son « cocon », pour mieux développer son karma) qui fait fureur en ce moment aux États-Unis. C'est donc très américain, tout ça. Très écologique. Très « Verts ». Très Greenpeace. Très « forêt primitive ». L'enjeu est toujours le même : il s'agit de vous intimider assez profondément, vous et votre foutue manie critique d'Occidental doutant, dissolvant, trop cérébral donc négatif, pour vous ramener dans la communauté approuvante par des effusions floues, et vous réconcilier avec la germination universelle en éternel retour. Sentiment contre raison. Et musique ! Les prétentions de l'individu ne sont-elles pas intolérables au regard des exigences de ce qui le dépasse de tous côtés, protoplasme germinatif, espèce, immensité, océans et le bataclan ?

Œuvres « religieuses », donc, mais dont la religiosité s'oppose radicalement, bien entendu, et comme toujours, aux grandes religions constituées. Lesquelles (la juive ou la chrétienne principalement) n'ont jamais cessé d'émettre des doutes pour le moins sérieux sur la possibilité de communion entre monde animal et monde humain. Il s'agit une fois de plus, on l'a compris, de réfuter la Bible et ses interdits concernant le mélange des genres (relire la liste des proscriptions du *Lévitique*). Si on avait le moindre doute sur ce que j'avance, qu'on se souvienne de ce que Nagisa Oshima, par exemple, écrivait lui-même en octobre

1986 : « Il fallait absolument tourner *Max mon amour* en Europe, berceau de cette religion qui rejette complètement la nature et lutte contre elle, et qui en plus discrimine le règne animal. Il fallait même tourner à Paris, la capitale, le fleuron de cette culture. » Ne croirait-on pas entendre Michelet, il y a plus d'un siècle, fulminant contre une Église qui, s'indignait-il, « tint la nature animale à une distance infinie de l'homme, et la ravala » ? Mais oui, il n'y a aucune raison que ça change évidemment. Les bêtes sont séparées de moi par un abîme incomblable ? Et, de même, un autre abîme me sépare de Dieu ? Mais non, mais non, pas le moins du monde. Vous verrez, vous verrez, tout ça peut s'arranger... « Parle et je te baptise ! » a lancé un prélat, vers la fin du XVIIIe siècle, au premier orang-outang exposé dans une cage au Palais-Royal. « Tais-toi et je t'animalise », serait plutôt le message, le cri silencieux de communion et de mort, le rêve d'effacement qui court aujourd'hui à travers les soubresauts d'une humanité fatiguée de sa propre humanité et qui en appelle à la Nature pour l'aider à s'en débarrasser.

J'aurais voulu parler, à l'opposé de ces animaleries imbéciles, de quelques œuvres qui, elles, ne dissimulent rien du vide infranchissable séparant les « règnes » (c'est même de la conscience énergiquement assumée de ce vide que la littérature[1] ou l'art tirent toute leur musique). J'aurais pu évoquer *Moby Dick*, bien sûr, ou encore ce prodigieux récit de Faulkner, *L'Ours* justement, qui se trouve inclus dans *Descends, Moïse.* Mais je préfère, pour terminer, laisser la parole à quelqu'un qui n'a cessé de discourir lui aussi de la toute-puissance de la Nature, mais en faisant ressortir, comme il se doit, son excès de cruauté, sa violence aveugle de Princesse des Ténèbres, à l'opposé radical, évidemment, des fades pastorales dont on nous abreuve :

« Souviens-toi, nous dit la Nature, oui, souviens-toi que tout ce que tu ne voudrais pas qui te fût fait... est précisé-

1. La littérature, ou plutôt le roman : montrer divisé ce qui, par mensonge, se dit réuni *(mars 1997)*.

ment ce qu'il faut que tu fasses pour être heureux ; car il est dans mes lois que vous vous détruisiez tous mutuellement ; et la vraie façon pour y réussir est de léser ton prochain. Voilà d'où vient que j'ai placé dans toi le penchant le plus vif au crime ; voilà pourquoi mon intention est que tu te rendes heureux, n'importe aux dépens de qui. Que ton père, ta mère, ton fils, ta fille, ta nièce, ta femme, ta sœur, ton ami, ne te soient ni plus chers, ni plus précieux que le dernier des vermisseaux qui rampe sur la surface du globe ; car je ne les ai pas formés, ces liens, ils ne sont l'ouvrage que de ta faiblesse, de ton éducation et de tes préjugés... Je t'ai lancé comme j'ai lancé le bœuf, l'âne, le chou, la puce et l'artichaut ; j'ai donné à tout cela des facultés plus ou moins étendues ; uses-en ; une fois hors de mon sein, tout ce que tu peux faire ne me touche plus. »

Il s'agit de Sade, on l'avait deviné. Concernant la Nature, pourquoi ne pas s'adresser enfin à un spécialiste, c'est-à-dire quelqu'un qui sait exactement quel enfer il chante ?

1988

Télé et châtiment[1]

Pour un amateur de sensations fortes, pour un grand consommateur d'aperçus bien noirs sur l'avenir tout proche, la télé, ces temps-ci, devient de plus en plus intéressante. Chaque soir, avec entrain, elle raconte les divers épisodes du terrifiant thriller de la réalité de l'an 2000, cette dictature spontanée, bienfaisante, de mieux en mieux huilée, dans laquelle nous nous engageons bravement sans être toujours capables d'en identifier jusqu'au bout les caractéristiques essentielles et paradisiaques. Le programme du nouveau totalitarisme qui grimpe à l'horizon se fonde notamment sur une redistribution complète des rôles autour de la chose sexuelle (celle-ci se trouvant d'ailleurs réduite désormais, la plupart du temps, à ce qu'il est possible de dire du sida : le sida c'est ce qui reste du sexe quand celui-ci a disparu). Tout cela, qui n'a plus rien de nouveau, se fait maintenant, il me semble, par étapes chaque jour plus voyantes, rapprochées. Rien ne le

1. Publiés d'octobre 1991 à février 1994, les vingt-huit textes brefs qui suivent ne sont qu'en apparence des « chroniques de télévision » ; ce sont, en vérité, des « scènes de la vie télévisuelle », puisque cette dernière a dévoré, depuis longtemps maintenant, toutes les réalités humaines précédemment existantes. On chercherait en vain, dans ces articles, une « analyse sérieuse des médias » : bien au contraire, ils n'ont été écrits que pour le plaisir de noter avec régularité les progrès de la décomposition de ce dernier lien collectif et abusif *(février 1998)*.

démontre mieux, rien n'en constitue une plus belle métaphore que ce qui a essayé péniblement de s'articuler, cette semaine, sur le plateau de « Ciel mon mardi ! », autour de la gravissime question du « harcèlement sexuel ». Tout y était, tout était parfait, on assistait à une de ces néo-réunions de famille comme le spectacle nous y a habitués, avec allusions, sous-entendus, ragots, contre-ragots, déballage confus des secrets d'une entreprise nichée au cœur du massif vosgien et métamorphosée, pour les besoins de la bonne cause, en nœud de vipères hallucinant. Le Bien et le Mal s'agitaient en scène ; le Bien davantage sous les projecteurs, évidemment, le Mal à moitié en coulisses avec ses mystères. L'atmosphère étouffante était parfaitement rendue, autour d'un suspect à masque de bouc émissaire tellement bien imité qu'on finissait par se demander s'il était complètement vrai. Qu'est-ce qu'il faisait là, celui-là ? On souffrait pour lui, à force de le voir se débattre si maladroitement sous les accusations. Pourquoi diable il était venu ? Est-ce qu'il n'aurait pas pu se défiler plutôt que de se traîner pour souffrir comme ça, sous nos yeux, en essayant de sourire quand même ? Doit-on absolument répondre aux convocations du spectacle ? Où sont ses commissions rogatoires ? Ses titres exécutoires ? Et, sinon, pourquoi obéir ? Sombre énigme à laquelle le titre d'une autre émission toute neuve, sur une autre chaîne, est en mesure, depuis quinze jours, d'apporter un peu de lumière : on vient, on est forcé de venir parce que *les absents ont toujours tort.* Bel aveu récent de la télé qu'il n'a même pas été nécessaire de lui extorquer ! Charte des devoirs de l'homme nouveau, premier article du credo des maîtres de l'Empire : ou vous répondez à la convocation terroriste, ou *vous n'êtes pas* ! Tout simplement !

Les absents sont toujours morts !

Il était donc venu se faire punir en direct à « Ciel mon mardi ! », ce coupable potentiel, d'être supposé avoir « harcelé », et à tour de bras, mais on n'a pas pu savoir qui. Et il jouait son rôle : il était là, massif, obtus, simple comme un schéma, muet comme un mannequin de cire dramatique censé incarner la culpabilité machiste immémoriale, le crime phallique avec préméditation. Autour de lui, deux autres co-accusés, et quelques accusateurs ou accusatrices le cœur sur la main. Avait-il « harcelé » ? Pas « harcelé » ? Comment ? Combien de fois ? On ne le saura pas ; mais rien, davantage que cet individu, n'était ce soir-là révélateur du pouvoir de la télé d'abstractiser les individus sous le feu des bonnes causes qu'elle entend promouvoir. De même, rien n'était plus significatif que ce débat de la tendance mortifère-spectaculaire à vouloir qu'il ne reste plus du sexe, bientôt, à la surface du globe, qu'un misérable scandale contre lequel le spectacle se charge de vous protéger. C'est le grand ménage de printemps ! La Lessive Finale ! Les désirs, tous les désirs encore survivants, sont des crimes en puissance, des *risques* effrayants contre lesquels une *prohibition* massive et continue — organe central de gouvernement des Commissaires du Cœur flambant neuf qui ont remplacé dernièrement les anciens Commissaires du Peuple dépassés par les événements — devient nécessaire.

Et personne, bien entendu, pour rappeler d'entrée de jeu que le « harcèlement sexuel » (*sexual harassment*, en version originale) était une notion venue toute crue des États-Unis, ce pays où il est préférable d'éviter, par exemple, de regarder une fille dans les yeux si on ne veut pas être accusé d'essayer d'exploiter vilainement ses intimes faiblesses ! Il faut toujours se méfier des peuples qui n'ont pas eu leur Marivaux ou leur Sade... Mais passons. Quelqu'un, sur le plateau, a tout de même demandé quelle était la différence entre la séduction (ou la drague) et le harcèlement. Excellente question à laquelle nul participant, bien sûr, n'était en état de répondre : il aurait fallu s'engager dans une discussion ennuyeuse pour définir les limites de la liberté de l'individu, et ce n'était vraiment pas le moment. De toute façon, une loi allait être bientôt votée. Ouf ! Elle était en train d'être mijotée, c'était imminent, le flou qui règne encore à ce sujet dans le code pénal allait s'effacer. Bonne nouvelle ! Très bien ! Vive la Loi ! Les lois !

Vive les punitions ! Encore un tour d'écrou ! Un de plus ! Encore un autre ! Encore !

Moralité : une bonne émission de télé, de nos jours, ne peut plus qu'accoucher d'une loi ou d'un désir de loi. D'un projet, au moins. Comme les fleuves se jettent dans la mer, un bon débat ne peut plus déboucher que sur un décret, une série de décrets, de nouvelles règles, une batterie toute neuve de principes contraignants mais inattaquables et surtout unanimement souhaités puisque c'est pour notre bien qu'ils seront adoptés. En somme, et pour conclure, le comble du spectacle est désormais atteint chaque fois que se trouvent mis en scène les esclaves demandant avec enthousiasme, et dans leur intérêt, l'abolition d'un nouveau fragment de ce qui leur restait encore de liberté.

1991

Tableau de chasse

La télévision est donc le plus court chemin d'une image à une loi. On connaît le système : vous prenez n'importe quel « problème » de société, et hop ! en cinq minutes ou une heure de débat, vous accouchez d'un décret ; ou au moins d'une aspiration unanime à la modification des lois et décrets déjà existants ; et toujours dans le sens d'une intensification de l'ordre établi et de la surveillance renforcée des individus. L'accroissement à l'infini du « Code » dit « pénal » (avec la participation reconnaissante de tous) est l'une des vocations fondamentales du spectacle. Sous des apparences de pitreries il y consolide sa légitimité.

Dans cette entreprise de réorganisation d'un monde affolé de son propre chaos, l'émission de Guillaume Durand, « Les absents ont toujours tort », est destinée, on le sent, à tenir longtemps le haut du pavé. Tant pis pour les puritains qui font semblant de s'offusquer qu'on n'en revienne pas aux vraies « questions de fond » ! La « fin » de la politique n'est déjà plus du tout un problème politique. La première, il y a trois semaines, était apparue comme un merveilleux cirque inaugural : il était charitable, il était courtois que la télé organise la messe de requiem de l'idéologie à laquelle elle succède, après en avoir elle-même signé le permis d'inhumer, et on n'oubliera pas de sitôt *l'Internationale* faisant son dernier tour de piste à travers un fleuve de larmes unanimes. Mais cette semaine ça continue. Réunir sous les mêmes fourches caudines médiatiques l'ouverture du Parlement et l'ouverture de la chasse est un trait de génie. S'il y a bien deux catégories en péril, ce sont les chasseurs et les députés. Sauf que le vent de la post-Histoire pousserait plutôt les premiers vers la sortie, tandis qu'il fait tout pour avoir l'air de souffler en faveur de la réhabilitation des seconds. La télé, seule et unique Assemblée encore valable et efficace (c'est bien le sens de l'étrange décor des « Absents ont toujours tort »), ne peut ni le dire, ni même peut-être se connaître elle-même sous cet angle ; elle a donc intérêt à pousser des cris d'alarme, par exemple contre la masse des abstentionnistes criminels qui menacent la démocratie. Ce qui ne l'empêche pas de poursuivre son vrai travail législatif, ainsi que le démontrait la partie la plus instructive de l'émission, celle où était programmée la mise au pilori de la chasse, survivance scandaleuse parce qu'elle s'appuie sur un plaisir injustifiable. Toute volupté qui ne ramène pas les individus au bercail médiatique doit-elle être prohibée ? Oui. Et nul n'est plus censé ignorer le spectacle. « Est-ce que vous jouissez de flinguer ? » a demandé le meneur de jeu à un représentant des chasseurs. Tandis qu'une ravissante invitée zoophile appuyait : « Chasser pour s'amuser, c'est horrible ! » Parmi toutes les choses illégitimes du monde, en effet, s'il y en a une qui l'est encore plus que les autres, c'est celle-là. Les défenseurs des animaux auront toujours raison contre elle, ils ont la raison avec eux (même si les « droits des animaux » procèdent d'un délire qui est en lui-même une insulte aux vrais droits de l'homme rationnels et irréfutables). La folie des chasseurs est d'essayer de trouver une légitimité à leur passion au lieu de l'affirmer comme folie sans excuse (quels plaisirs en comportent?). Ce soir-là, une fois de plus, parce qu'ils prétendaient prouver leur bon droit, ils ont eu aussitôt le droit contre eux, et l'émission s'est achevée, ainsi qu'il se devait, par des appels à de nouveaux décrets. Comme quoi l'*envie du pénal*, forme sublimée du peu de sexuel qui résiste encore de nos jours, remplace très suffisamment, désormais, l'antique « envie du pénis » archi-démodée.

1991

D'est en ouest rien de nouveau

La télé est un long fleuve pénible au bord duquel, si on reste longtemps assis, on peut voir repasser, à intervalles d'ailleurs de plus en plus rapprochés, tous les chiens crevés de ce qui se prétend l'actualité. Ça faisait longtemps, peut-être une semaine ou deux, qu'on n'avait plus parlé du sexe à l'écran. Entendez le sexe collectif. Le cul quantitatif. Anonyme. Public. Le spectacle, qui a fait disparaître toute possibilité, et du même coup, sans doute, toute notion, tout désir même de *privé*, d'éthique privée, de propriété privée de sa propre pensée ou de sa propre physiologie, n'en connaît pas d'autre. Il doit, par conséquent, se creuser la cervelle pour avoir l'air d'en renouveler la présentation. Cette fois, sur TF1, vendredi dernier, c'était à la confrontation entre deux mondes du plaisir qu'on allait assister. À l'Est et à l'Ouest. À Moscou comme à Washington. Chez les deux mammouths désormais solidaires et co-responsables du Nouvel Ordre mondial. Voilà donc, en vrac, des kyrielles de paires de fesses magnifiques en train de se trémousser avec énergie, des flopées de revues pornos en plein vent, des combats de femmes dans la boue, un bordel coté en Bourse et vendu aux enchères, les halètements des demoiselles du téléphone rose, la moiteur glauque des salles vidéos, le silence non moins pesant des mâles dans les cabarets de strip, l'indignation attendue des puritains qui réclament de nouvelles mesures répressives, le découragement des éducatrices, l'enthousiasme enfin des nouvelles générations...

Où étions-nous? Dans quel Eros Center planétaire? À Moscou, vraiment? Ou à Washington? Ou n'importe où? Nulle part? C'est-à-dire seulement dans ce que la télé a vu, dans ce qu'elle a choisi de filmer pour nous, dans ce que TF1 et les enquêteurs sur place de ce « Sexorama » ont jugé bon de nous révéler parce que c'étaient les seules choses qu'ils avaient reconnues et identifiées? Bien sûr, en regardant de près, de vraiment très près, on pouvait dénicher quelques minuscules différences. Un peu plus de déchaînement *hard* aux États-Unis, et en même temps, comme de juste, davantage de volonté de censure au nom des intérêts de la communauté. Un peu plus d'innocence, en revanche, un peu plus de fraîcheur en Russie, davantage d'humour plus ou moins involontaire (les rotatives de l'imprimerie « Octobre » imprimant du cul à tour de bras après avoir imprimé du Lénine pendant des décennies). Ça n'allait pas loin. Ce qu'il y avait de plus fascinant, c'était de constater avec quelle rapidité les Soviétiques semblent avoir sauté, après soixante-dix années de répression pure et simple, dans cette espèce d'au-delà frigorifié de toute volupté que connaît l'Occident depuis déjà si longtemps. Mêmes cassettes mécaniques, mêmes shows pénibles, même optimisme sexuel imbécile et désolé. Même impossibilité des gens de la rue à dire autre chose que « nous », « on », « les jeunes », à propos de ce qui est, en principe, la part la plus intime de la vie de chacun. On se serait cru chez soi. Est-ce que c'était bien la peine d'aller à Moscou pour découvrir ça? Est-ce qu'il nous fallait une confirmation de plus que, sous le contrôle de la Nouvelle Censure Mondiale, toutes les perversions, tous les caprices sont avouables ou montrables, *à condition qu'ils soient avoués et montrés grégairement*? Peut-être. Et même sûrement. Éros et Thanatos, dit-on, sont en lutte depuis la nuit des temps. Le seul ennui, c'est que Thanatos s'appelle spectacle, de nos jours, et qu'il est sans réplique, même lorsqu'il parle d'Éros.

1991

Une fête des fous parmi d'autres

Dès le début, dès le générique de ce « Fort-Boyard », on pressent que ça va être gênant de regarder ça jusqu'au bout. Quel est cette espèce de fortin saugrenu et laid dont se rapproche la caméra, posé en pleine mer, semblable à une grosse boucle de ceinturon à la dérive ? Qu'est-ce qui s'y déroule de si excitant, tous les vendredis soir, sur Antenne 2 ? Cela faisait longtemps que je me le demandais, mais je passais toujours sur une autre chaîne avant d'avoir la réponse parce que je me doutais que celle-ci n'aurait pas plus d'intérêt que ma question. Cette fois je suis resté, et je me suis forcé à regarder, du début à la fin, sans sourciller, cette chose morbide entre toutes, et quasiment impensable, qu'on appelle un jeu télévisé.

Les jeux ne sont pas mon fort, en tout cas pas ceux-là. En limitant le jeu au jeu, on essaie toujours de vous convaincre que la vie n'est pas un Jeu. Voilà encore un truc de contrat social. *Jeu est un autre !* Je me doute bien que celui-ci, « Les clés de Fort-Boyard », n'est pas le pire de tous : un rouage entre mille, dans la grande Machine à divertir d'après la fin de tout. Mais puisqu'il semble condenser quelques-uns des ingrédients essentiels qu'il faut pour me déplaire, allons-y.

L'architecture sombre et sauvage du décor, pour commencer ; les remous antipathiques de l'océan autour de ces murailles sinistres de cachot ; le romantisme aquatique à son plus haut degré de stupidité iodée autour du romantisme de l'enfermement ; l'animateur et l'animatrice, aussi, avec leur enthousiasme farineux et leurs promesses à faire dresser les cheveux sur la tête (« Vivre en une heure les aventures romanesques de toute une vie ! ») ; le barde à fausse barbe, également, malheureux figurant dans sa vigie de pacotille payé pour proposer des devinettes ineptes (« Bien pendue, elle est bavarde » : mais oui, c'est la langue, vous êtes formidable !) ; et puis tous ces périls sans danger, toutes ces bêtes féroces qui ne vous feront aucun mal, ces mygales qui ne piquent pas, ces tigres qui resteront à tourner comme des idiots démobilisés derrière leurs barreaux mais qu'on vous montre, comme une nostalgie de jungle, comme un souvenir de l'aventure perdue, comme un échantillon de *risque*, donc d'Histoire, terminés ; à la façon dont on vous esquisse également des nostalgies de sexe sous la forme d'un bref combat de femmes dans la boue (jolies visions de fesses, intéressants aperçus de cuisses et de cellulite) ; ou encore, au détour d'un labyrinthe, sous les apparences de cette fille nue dont vous n'apercevrez qu'un bout de sein furtivement dressé dans l'obscurité...

C'est ça, un jeu télé, à la fin du XXe siècle ? Oui ; mais j'oubliais l'essentiel, c'est-à-dire les candidats bien sûr. Quatre ou cinq garçons et filles en pleine santé, amis des sports et du grand air, quatre ou cinq asperges dynamiques sélectionnées parce qu'elles ont des têtes à avoir inventé le saut à l'élastique. Rien n'est plus déprimant à contempler, et rien en même temps n'est plus comique, que ces jeunes damnés du Tertiaire, démoniaques et souriants représentants des classes moyennes, incarnations de la nouvelle France profonde jaillie enfin en pleine lumière, sataniques employés de banque ou attachés commerciaux en train de cavaler à travers ce Luna Park de cauchemar, pour exécuter avec un esprit de sérieux épouvantable leur misérable parcours du combattant et récupérer je ne sais combien de clés qui leur feront gagner un monceau d'or. Rien n'est plus instructif non plus : il n'y a pas que la face cachée du spectacle qui soit captivante ; inutile d'espérer rien comprendre à celle-ci si on néglige de contempler, de temps en temps, sa face exhibée, la face *montrée* de la grande Terreur, l'effrayante et souriante et pathétique face visible de la Tyrannie, avec son armée carnavalesque de sergents recruteurs. Comme dit en ce moment un slogan pour autre jeu : « On commence par gratter et on finit à la télé ». C'est valable littéralement et dans tous les sens, dans un monde où Éros et Thanatos, désormais, portent des nez rouges.

1991

Linge sale

Mort du sexe ? Oui, on dirait que cette fois ça y est, c'est terminé. Du moins est là le lieu commun dont le charlatanisme télévisé entreprend d'intensifier la diffusion (en l'authentifiant rétroactivement par le stéréotype tout à fait abusif de la prétendue « libération sexuelle » des années 60-70). La catastrophe a eu lieu, l'apocalypse est passée, c'est fait, elle est derrière nous.

Cet événement considérable, plus fantastique peut-être que la déjà si vieille « mort de Dieu », est encore loin d'avoir produit tous ses effets, mais ils sont à l'œuvre. Quiconque a regardé, mardi soir, le débat d'Antenne 2 intitulé « Le sexe n'est plus ce qu'il était », avec sa brochette de sinistres « jeunes » évoquant, comme de vieux routiers crapuleux du Show, les « valeurs retrouvées », a pu comprendre que l'envie de se passer du sexe (de la volupté, du désir, des fantaisies, de la frivolité, et surtout de l'opacité du secret, le divin *secret*) tourmente la plupart des vivants de la fin de ce siècle.

Dans l'Empire de la solidarité et de la justice, la luxure serait déplacée. Y a-t-il seulement une vie après le plaisir (après la transgression, après la part maudite, la négation, les aberrations, le Mal enfin, le merveilleux Mal) ? Et laquelle ? Ah, là, c'est sur TF1, lundi, avec « L'amour en danger », qu'il fallait voir les médias nous tendre leur réponse en exhibant un couple charmant, Danielle et Alain, un homme et une femme tout à fait dans le vent (ils se sont connus durant un « stage de développement personnel »), typiques, enviables (à ses moments perdus elle fait de la peinture ; lui pratique les arts martiaux), ayant tout pour être heureux, mais qui ne font plus l'amour, vraiment plus du tout, *depuis la naissance de leur enfant.* Comme ils songent à se séparer, ils passent avant à la télé, c'est tout naturel, ils viennent voir sur place où, comment, pourquoi ils ont disparu. Ils s'imaginent, les pauvres, qu'ils tiennent là leur dernière chance avant le grand saut (« On est venus pour aller au fond des choses, lance admirablement Danielle à son mari. Parle ! Tu n'auras plus jamais cette occasion, dans ta vie ! »). Rien de plus instructif que de voir cette belle jeune femme en train de se débattre avec son époux, dans la vase de la néo-réalité conjugale faite de communication, de dialogue, de respect de l'autre, de reconnaissance du partenaire, enfin de tous les idéaux égalitaires contemporains, comme de juste radicalement incompatibles avec l'érotisme. Leurs scènes de ménage ressemblent à des opérations militaires « sans bavures » ; leurs insultes et même les coups qu'ils échangent à des « bombardements chirurgicaux ». Plus généralement, leur désaccord paraît le résultat d'une sorte de brouillage électronique. Et, bien entendu, la psychanalyste de service pourra essayer de ramener ses cobayes à leurs expériences primitives (souvenirs d'enfance, image de la mère, etc.), elle pourra toujours sortir de son sac à malices toutes les interprétations qu'elle voudra, elle restera complètement à côté de la plaque. La guerre des sexes continue, sans doute, mais à sa façon, comme le reste, un peu comme les « guerres propres » sont supposées prendre la relève, aujourd'hui, des anciens conflits. La télévision, par conséquent, y est comme chez elle. Elle enfonce sa sonde dans ce désastre mou comme si elle l'avait inventé. Le grand déballage terminal des intimités a commencé. Mais il se fera sans autre obscénité que médiatique, nous pouvons dormir tranquilles : il n'y a plus aucun linge sale, vraiment sale, à étaler.

1991

Panique à bord

Pendant les creux de vague télévisuels, on peut toujours s'arrêter, le lundi soir, sur la Cinq. On ne sera jamais déçu. « Les absents ont toujours tort », le merveilleux titre de l'émission de Guillaume Durand, est d'une richesse inépuisable. On pourrait d'ailleurs aussi bien l'entendre, derrière l'arrogance de l'affirmation de façade, comme un cri d'alarme, un SOS, une sorte d'appel de détresse (« Pourvu que les absents ne s'aperçoivent pas trop vite qu'ils ont raison ! ») ; ou comme une attitude magique, un rituel de conjuration superstitieux (« Pourvu qu'ils ne sachent pas encore qu'il est possible de s'absenter ! »). C'est au moment où la télésociété commence à perdre un peu de son pouvoir qu'elle veut le plus férocement faire croire qu'elle tient les commandes bien en main. Le spectacle ne se connaît pas de pire ennemi que celui qui n'est pas là. C'est sa hantise, c'est son cauchemar. Restez avec nous ! Ne partez pas ! Vous êtes responsables ! Solidaires ! Concernés ! Vous n'avez pas le droit de rater une seule image ! C'est votre avenir qui est en jeu !

Pourvu que vous ne vous aperceviez pas que votre avenir n'est pas en jeu !

Tout, d'ailleurs, dans cette émission, marche à l'exorcisme. Une peur bleue la fait rebondir. Une poignante terreur de fond lui donne son rythme ballotté. Le décor acheté au musée Grévin, avec son pompiérisme ridicule, enveloppe de solennité kitsch en trompe l'œil la plus phénoménale des séances de désensorcellement à laquelle on puisse assister de nos jours. L'absentéisme, dans tous les domaines, est en train de devenir le mauvais œil, la *jettatura* de cette fin de siècle. « Comment ramener les Français vers les urnes ? » faisait-on semblant de se demander l'autre soir. C'était très sérieux, on aurait presque dit une séance de spiritisme (comment faire revenir les absents ?). Comment faire mieux fonctionner l'Assemblée, les institutions, la République ? Faut-il réformer la constitution ?

La changer? En faire une autre? Rendre celle-ci plus performante? Les réponses des invités n'avaient aucune importance, bien entendu, seules les questions présentaient quelque intérêt puisqu'elles martelaient comme une évidence que tout le monde, les invités, les spectateurs, était d'accord ou devait l'être sur un objectif commun, au moins un : la désirabilité d'un bon (d'un meilleur) fonctionnement des institutions. D'où, une fois encore, le soupir conjuratoire qu'on pouvait entendre en pointillés : pourvu que personne ne se mette à avoir envie que la France soit ingouvernable! Pourvu que personne ne découvre que ce sont toujours les institutions les moins performantes qui sont les moins persécutrices! Pourvu que personne ne se mette à chercher de nouveau le moyen d'être libre!

Pourvu que tout le monde continue à demander quelque chose!

Rien, pour le totalitarisme consensuel d'aujourd'hui, ne serait plus terrible que cette hypothèse : la découverte brusque et massive des vertus (ou même de la simple possibilité) de l'absentéisme. Le spectacle a horreur des absents comme la nature du vide. C'est pour lui l'immoralité suprême, le seul, le vrai, le dernier vice, au fond, la dernière mauvaise pensée, donc la dernière liberté à pourchasser sans relâche, le démon à bannir à grands coups d'audimat. Qu'une émission de très forte écoute n'ait pas hésité à se dédier franchement, par son titre même, à ceux qui pourraient lui faire défaut, comme à autant de divinités effrayantes à refouler ou amadouer, exprime d'une façon qui ne se camoufle même plus le vertige quasi mystique en train d'envahir la Grande Machine parvenue à son plus haut degré de rendement.

1991

Un enfer pavé de retrouvailles

Qui ose traiter d'ignobles l'émission « Perdu de vue » et ses inventeurs ? Qui se scandalise de cette atrocité ? Pourquoi tant de haut-le-cœur ? Mais il est dans la logique même des choses, ce petit joyau de TF1 ! Mais c'est le tranchant parfait de l'Ordre nouveau, de son racket par le sourire, de sa dictature de douceur. En insultant cette émission, c'est le Show lui-même qu'on attaque. Et le Show, je ne le répéterai jamais assez, est hanté par les absents comme les religions d'autrefois l'étaient par le péché ou par le diable. Les disparus lui font de l'ombre, une ombre insupportable, mortelle. Ce sont ses renégats, ses apostats, les déserteurs de sa *guerre propre*. S'en aller, quelle qu'en soit la raison, c'est passer à l'ennemi du même coup. Qui sort du champ est un traître. Ne plus être *joignable* est un délit. Celui qui s'évapore dans la nature sera ramené par la peau du dos. S'absenter est un outrage aux mœurs.

Qui ne voit la grandeur primitive, la beauté sauvage et sophistiquée de cette émission de flicage absolu ? Là encore, évidemment, le spectacle joue sur le velours du bien commun et de l'émotion publique. Qui ne lâcherait une larme devant le soulagement de ces parents affligés lorsqu'ils apprennent en direct, en même temps que nous, que leur fils n'était pas mort ? Qui ne serait bouleversé de ces appels téléphoniques et de toutes ces photos placardées ? Qui ne se réjouirait devant cette brochette de frères et de sœurs revoyant enfin leur mère, sur l'écran, après vingt-cinq ans de séparation ? « Perdu de vue » est irréfutable, c'est une merveilleuse parabole, l'Enfant prodigue à toutes sauces, le Veau gras qu'on retue perpétuellement sur des plateaux enchantés. Il s'agit de ramener au bercail ceux qui osent prendre la tangente. Il s'agit surtout de faire savoir, à ceux qui en douteraient encore, que le bras du Télépouvoir est infaillible. Son centre se rencontre partout parce qu'il a dévoré toutes les circonférences. N'espérez pas lui échapper, d'immenses moyens sont mis en jeu, bien plus efficaces que ceux de l'ancienne police, il ne reste plus de marges nulle part, notre rayon d'action est planétaire. Où que vous alliez, on vous retrouvera. Et notre bonté, quoi que vous fassiez, s'abattra doucement sur vous.

À l'âge sacré des droits de l'homme, seuls les absents n'ont aucun droit, et surtout pas celui d'être absents puisque ce serait aussi celui d'être en désaccord avec ce monde. Disparaître, s'enfuir, décrocher, découcher... En caresser seulement la tentation... Déménager de son nom, de son passé, de son histoire, de son présent... Tout laisser tomber, déclarer forfait, battre en retraite, abdiquer à la cloche de bois, recommencer une vie nouvelle, même si c'est de l'autre côté de la rue... Glisser sur sa propre identité comme sur une peau de banane pourrie... Partir. Partir. Refaire sa vie. Se fondre dans son pseudonyme. Aller chercher des cigarettes, un soir, et ne plus jamais revenir... Tous ces rêves sont terminés. Les romans, autrefois, en étaient pleins. La littérature a beaucoup raconté comment divorcer d'avec ce monde. D'ailleurs, les romans d'autrefois sont remplis de rêves que plus personne n'oserait se donner le ridicule de bercer, même en silence, même en secret. On peut donc y feuilleter, aujourd'hui encore, le catalogue complet des libertés qui ont été arrachées aux individus, ôtées méthodiquement, l'une après l'autre, sans trop de douleur ni de protestations, prélevées comme sous anesthésie. C'est là aussi, et par contraste, qu'on peut commencer à prendre la mesure des enfers pavés de retrouvailles et de chasses à l'homme philanthropiques qui envahissent avec rapidité les dernières années de ce siècle.

1991

Pieux mensonge

Ce qu'il y a de beau, avec les tyrannies convaincues d'œuvrer pour le bien commun, c'est qu'elles ne s'arrêtent jamais puisqu'elles ont leur conscience pour elles. Tous les domaines les intéressent, toutes les maladies leur paraissent guérissables à condition que ce soit elles qui les prennent en main. Encore une fois, c'est au mensonge intime que la télé s'attaque : la question de la vie privée monte à fleur d'écran. Dans son souci de réorganiser de fond en comble la police et le contrôle de la réalité, ou de ce qui en reste, la troupe itinérante des télénomenklaturistes essaie tant bien que mal de se fixer des règles. Elle tâtonne, patauge, explore et consulte. « Direct », sur Antenne 2, l'émission de Christine Ockrent, vient de poser un gros dossier sur la table : celui de l'*aveu* ; il entraîne avec lui toute la problématique de la confession, et chacun sait qu'il n'y en a pas d'autre que celle qui consiste à reconnaître une culpabilité par rapport aux lois du savoir-vivre sexuel en vigueur. Dans la nouvelle pastorale du télépouvoir, le discours sur le sexe est un rouage privilégié ; sa gestion *publique* relève de l'intérêt général.

Tout, évidemment, est parti du scoop de Rocard annonçant son divorce. Pour la première fois, s'émerveille-t-on, un « élu » a choisi de révéler une décision qui appartenait au registre de sa vie privée. A-t-il eu raison ou tort ? Est-ce un tournant dans nos mœurs ? On le félicite, en tout cas, de cet acte de courage. Réjouissance dans la tribu ! Encore un tabou de cassé ! Cette fois, c'est celui de la vie privée des hommes politiques. Tout le monde se dit ébloui de la rigueur avec laquelle ce protestant, prenant les devants, a coupé court aux rumeurs et donné l'exemple de la transparence. « Je n'ai pas voulu chercher mon équilibre dans l'hypocrisie ! » Quelle sincérité ! Quelle conscience professionnelle ! D'ailleurs, ce n'est pas ce qu'il annonce qui importe, au fond, mais qu'il fasse cette annonce. Et qu'il donne l'exemple. Voilà donc le « privé » débusqué, la « vie privée » d'un seul coup arrachée à son existence furtive, précaire, toujours plus ou moins secrète, donc mensongère, malsaine, et finalement aussi condamnable que la double pensée, le travail au noir ou l'évasion fiscale. Grâce à Rocard, la carte (morale) coïncide avec le territoire de la réalité. Les actes se mettent cauchemardesquement en accord avec les discours. Et le vieil impératif huguenot, en fin de compte *(cujus regio, ejus religio)*, reprend un poil de la bête consensuelle fantastique. Dans la rumination brouillonne du débat, sur Antenne 2, seul un chercheur d'origine germanique, soucieux de reprendre les choses à leur commencement, a tenté de lâcher quelques mots intéressants sur les origines spécifiquement protestantes de cette sombre affaire. Hélas ! L'idée que nous sommes en train de vivre une nouvelle étape, mais décisive alors, mais planétaire, de l'éternelle Réforme allemande, passait très au-dessus des micro-cravates. Comme ce qu'il disait risquait d'être instructif, on a préféré lui couper la parole.

D'autant plus que, depuis Washington, un autre invité, un Américain celui-là, n'arrêtait pas de répéter que le geste de Rocard était très américain, donc très moderne ; et très moderne, donc très américain. Je me serais surpris, en l'écoutant, à trouver quelque vertu, moi, quelque fraîcheur archaïque à la Rumeur, cette bonne vieille Rumeur hideuse, rampante, calomnieuse, qui avait au moins un avantage sur l'aveu de la vérité : celui d'être peu crédible et invérifiable. Mais on n'arrête pas les progrès de la servitude volontaire, surtout quand celle-ci se confond avec l'impératif catégorique de la modernité. L'infernale partie de plaisir de la fin du siècle est déjà là, aux États-Unis justement, désormais envahis d'un fanatisme persécuteur aux proportions encore jamais vues : monstruosités de l'*outing*, guerre civile délirante de tous contre tous, haine généralisée, déchaînée, autogestionnée ; minorités soulevées, interdiction de n'importe quoi au nom des intérêts de la collectivité ; justice saisie au moindre prétexte ; instauration du règne terrorisant des victimes, toutes les victimes, réelles ou supposées, de l'Histoire, victimocratie infernale, fascisme effrayant de la *political correctness*; et accusation à tout faire de racisme balancée par chacun contre chacun.

Nous trouvons tout cela un peu fou ? Trop fou ? Trop exagéré ? Trop américain pour notre goût ? Ça ne viendra jamais par chez nous ? Peut-être. N'empêche que l'*auto-outing* de Rocard est déjà dans cette ligne, comme bien d'autres choses. Et la police du spectacle n'en revient pas de l'aubaine : on lui a ouvert un champ d'action presque inépuisable. À sa place, qu'est-ce que j'en profiterais.

1991

Un trou dans le spectacle

Pour la première fois, en France au moins, on a vu mourir une chaîne de télévision. C'est beau. C'est très beau. Évidemment, tout le monde analyse très mal le phénomène. Les journalistes en ont parlé comme d'une catastrophe qui serait advenue dans l'audiovisuel, comme d'un événement qui affecterait le groupe Hachette, ou encore comme d'une affaire qui reposerait le problème de la privatisation des chaînes. Tout cela, bien sûr, c'est du flan. Pour quelqu'un dans mon genre, je veux dire quelqu'un qui n'a pas le moindre désir de savoir si on va réussir à « sauver l'antenne », pour quelqu'un que le reformatage de ce téléradeau défoncé laisse de marbre, et à qui les décisions du CSA ne font ni chaud ni froid, la seule chose intéressante, pour parler franc, c'est qu'on vient de voir une chaîne exploser, s'effondrer comme une vulgaire statue de Lénine à Saint-Pétersbourg.

La télé serait mortelle, alors ? Elle serait arrêtable ? Elle serait démontable ? Désagrégeable ? Démantelable de l'intérieur ? C'est une surprise, une excellente surprise, puisque jusqu'ici, au fond, comme le communisme dont il a repris tant de traits, le spectacle semblait inenrayable. Ses crises et ses grèves, de même que jadis les émeutes de Budapest ou de Varsovie, restaient sans effet sur son sabbat triomphal et sur la souveraineté de sa machine conquérante en perpétuelle expansion. Cet expansionnisme même avait un rendement d'autant plus irrésistible qu'il semblait n'obéir à aucun plan secret ou avoué. Rien ne paraissait devoir jamais faire reculer sa sottise asphyxiante, sa vulgarité monolithique, son ennui destructeur. L'irréversibilité était l'un de ses traits majeurs, elle était sa caractéristique en quelque sorte organique. De mémoire d'homme, on n'avait pas encore vu le spectacle reculer. Nulle part. Personne, en résumé, ne savait *comment on sort du spectacle.*

Aussi peu désirable que les totalitarismes qui l'ont précédé, l'Ordre spectaculaire paraissait échapper à l'usure du temps, et l'agressivité de sa Nomenklatura donnait une sensation d'infini. Comme le soviétisme naguère, comme toutes les doctrines guerrières d'ailleurs, comme toutes les mécaniques de guerre à outrance, le spectacle utilisait la propagande des bons sentiments et les causes humanitaires indiscutables (paix, sauvetage de la planète, lutte contre le racisme, etc.) pour capter à son profit les énergies et les transformer en instruments de combat au service de son propre accroissement (et dans le but d'obtenir en douceur le désarmement de ses rares adversaires). Toutes les « structures » humaines, sociales, culturelles du monde d'*avant* ayant été effacées, un « retour en arrière » semblait relever de l'utopie. Les plus niais pouvaient seulement rêver à une « meilleure » télévision, à un PAF moins répugnant; souhaiter la restauration d'un « paysage audiovisuel » qui aurait été vilainement démoli par les marchands de béton ; en appeler à des médias à visage humain, comme le fameux socialisme introuvable du même nom ; et s'imaginer qu'il existe de bons télécrates, comme jadis on pensait qu'il existait des « colombes », au Kremlin, affrontées aux antipathiques « faucons ».

Peut-être, en effet, y a-t-il aujourd'hui quelque chose de changé dans le « paysage ». Mais ce n'est pas ce qu'on croit. Il faut avoir entendu ce pauvre Sabouret, PDG de la chaîne mourante, essayer de s'expliquer avec, en fond sonore, les huées de ses employés dans la pièce à côté. Il faut l'avoir vu tenter de se justifier devant l'un de ses propres journalistes, comme un vulgaire Ceausescu affrontant ses « juges », pour commencer à se dire que c'est la réversibilité en soi, la Réversibilité en personne qui, tout doucement, vient de pointer, comme une lueur timide, à l'horizon de l'Empire du Bien.

C'est d'ailleurs ce qu'ont dû ressentir les employés de la Cinq, sans vraiment comprendre ce qu'ils faisaient, en trouant à la roumaine les étendards de leur chaîne.

« Nous autres télés, aurait écrit Valéry à ma place, nous savons maintenant que nous sommes mortelles. »

1991

Téléthérapie

Quelle mouche du coche a piqué les responsables de TF1 ? Qu'est-ce qui leur a pris de déprogrammer « La pudeur ou l'impudeur » d'Hervé Guibert, sa vidéo d'outre-tombe qui promettait tant ? Je sais, je sais, les pressions, les avertissements, la réprobation des associations. Les rappels à l'ordre toujours possibles du CSA, cette station d'épuration des eaux usées du spectacle. On ne prend jamais assez de gants avec l'extrême sensibilité des téléspectateurs ; ou, du moins, le croit-on. Car le téléspectateur, lui, en a vu d'autres, au pays mortifère et chatoyant du Téléthon permanent. On ne devrait même plus dire téléspectateur, d'ailleurs. Un nouveau personnage est né, grâce à la télé, mais on peut se demander si la télé elle-même, conquérant des parts de marché à coups de distribution de savoir médical, s'est vraiment rendu compte de cette mutation. C'est « patient » qu'il faudrait écrire. Ou télépatient. Ou cotisant. Tout individu bien portant, de nos jours, est un malade qui ne s'ignore pas. Une sorte de consultant professionnel. Un *alité* en puissance. Son horizon indépassable, c'est le Bilan de Santé. Les codes, les chartes et les recommandations déontologiques des Comités d'éthique sont nos décisions conciliaires à nous, on en discute jusqu'à pas d'heure dans les chaumières.

En tout cas, ce n'est pas une déprogrammation qui va m'empêcher de dire quelques mots de la médicalisation de la télé, donc du corps social entier. Entre les pubs et les feuilletons, la grande œuvre des médias consiste à se transformer en une sorte de gigantesque cabinet de généralistes associés, avec salle d'attente en commun pour les différentes clientèles. Il y a des soirs où défilent sur toutes les chaînes en même temps des programmes médicaux. Chaque praticien arrive avec son malade de pointe sur le plateau. La politique elle-même se retrouve intégrée à la médecine, elle n'en est plus qu'une branche très déshéritée, et ce n'est pas vraiment un hasard si les socialistes n'ont trouvé à opposer à la Bête Immonde, dans les Alpes-Maritimes, qu'un éminent cancérologue. La télé, on y vit, on y grandit, on y meurt. On apprend à s'y soigner, aussi, au passage.

Tout cela pour dire que les pudeurs concernant « La pudeur ou l'impudeur » sont bien déplacées. La façon dont on a convaincu Guibert de léguer son corps au spectacle a d'ailleurs quelque chose de poignant et d'instructif. De la masse des morts qui croient vivre, les médias adorent extraire, et propulser sur le podium, des vivants agonisants. La société a eu le forçat comme héros négatif fascinant; elle a eu le voleur (Genet) ; elle a maintenant le séropo ; de même qu'elle a l'aide-soignante comme héroïne positive. Dans le monde d'autrefois, les âmes sensibles vibraient pour les dockers en lutte ou les Vietnamiens napalmisés. Dans l'univers souffreteux et triomphant d'aujourd'hui, rempli de décideurs guettés par l'infarctus et d'*executive-women* bardées d'ostéopathes et de chiropracteurs, l'infirmière les a supplantés. Chacun sait bien que ce sont elles qui entretiennent le feu sous le dernier autel : celui de la Santé.

Voyez, au milieu des immensités du système solaire, cet

hôpital polyvalent enrubanné de faisceaux hertziens et tournant sur son axe : c'est nous. C'est la Terre. C'est ce qui reste de la Terre. L'endoscopie et le scanner s'y dressent sur les ruines dispersées des idéologies, et notre avenir radieux a la gueule de ces rues où on ne trouve plus que des labos d'analyses tous les dix mètres, entre des banques et des boutiques de sape qui ont balayé quincailleries, tabacs, librairies et autres commerces utiles. Jules Romains avait vu venir le phénomène, dans *Knock ou le Triomphe de la médecine* (1923 !) ; mais il est maintenant là, massif, le phénomène, et définitif. La vieille dialectique de fond du maître et de l'esclave est remplacée par celle du médecin et de son patient, et il n'y manque même pas le retournement de situation prévu : l'asservissement final du maître par l'esclave, en l'occurrence le terrorisme exercé sur le médecin par le patient mécontent et toujours prêt à le traîner devant les tribunaux dès le premier soupçon de bavure. Le jour où les Martiens arriveront, ils nous trouveront tous couchés, sous perfusion, thermomètre dans le cul, en train de regarder « Santé à la Une », urinal à portée de main et code pénal sur la table de chevet. Ils en rigoleront cinq minutes.

1992

Rions un peu

Il y a bien longtemps, déjà, que je voulais leur dédier un poème. À qui ? Ne cherchez pas : aux rires en boîte. Comme le spectacle marque le pas, en ce moment, alors j'y vais de mes couplets.

La télévision a imité Maldoror : voulant rire, comme tout le monde, elle a pris un canif et s'est fendu les chairs aux endroits où se réunissent les lèvres. Son rire préemballé de tête de mort m'obsède. Je trouve qu'on ne l'entend pas encore assez. Il faudrait en festonner toutes les émissions sans exception.

Qui rit ? Personne. On ne sait pas. *Ça* rit, voilà tout. *On* rit. Pas vous en particulier : *on.* Le rire, pour la première fois, est assené au rieur virtuel avec la violence du fait accompli. On l'entend voltiger, ondoyer autour des comédiens, on se dit qu'il est censé sortir d'une multitude de gosiers, mais personne n'a jamais vu ceux-ci, ils se tiennent en un lieu non situable, une sorte de « creux » dans l'image, une espèce de fosse d'orchestre dont l'incontestable et crépitante inexistence devrait faire peur aux gens plutôt que les entraîner à rire à leur tour.

Et pourtant ça marche puisque ça continue. La machine ne fait même pas confiance au public pour s'esclaffer quand il le faut. Elle préfère s'en charger. La télé, on y vit, on y aime, on y divorce, on s'y remarie ; on s'y raccommode avec son conjoint ; on y devient millionnaire ; on y apprend l'histoire, la géographie, le progrès des sciences ; on y fait ses courses (télé-achat) ; on y pratique l'aveu (que la télénovlangue appelle « transparence ») ; on y baisera, c'est sûr, et ce jour-là toute autre forme d'étreinte sera comme si elle n'était pas, et surtout comme si elle n'avait jamais été. Mais le plus beau quand même, le plus fantastique encore, *c'est qu'on y rit à votre place.*

Qui rit ? Mystère. Pour la première fois dans l'histoire des spectacles, et sans que cela paraisse étonner vraiment les spectateurs, devenus de purs figurants du rire qu'ils n'émettent plus, ou qu'ils émettent subsidiairement, le rire vient de l'intérieur de ce qu'on leur montre, et de telle façon qu'il n'est nulle part localisable. D'où montent ces glousseries effrayantes de spectres, ces fantômes de rire, cet esclaffement subliminal, ces rires extraterrestres, ces rires sans corps, c'est-à-dire sans cause, ces rires incrustés qui se veulent contagieux ? D'où partent ces bordées de rigolades innombrables et ces hoquets, ces rates qui se dilatent sans qu'on en voie l'ombre, ces spasmes unanimes ? De quelle fissure dans la boîte télévisuelle suinte cette convulsion spirite venue imposer on ne sait quelle connivence avec les Terriens ?

« Je me presse de rire de tout, de peur d'être obligé

d'en pleurer », comme s'écriait Beaumarchais, mais c'était dans *Le Barbier*, en un temps de liberté et de frivolité incommensurables. Le rire que j'évoque est non seulement un rire en deuil du risible, mais aussi des rieurs. Un rire qui fait le boulot à leur place ; un rire qui prend en main le destin du risible ; qui vient après la réponse « non » à la question essentielle de la fin du siècle, la question des questions et qui résume notre époque dans toutes ses dimensions : « Peut-on rire de tout ? »

Moins il y aura de risible autorisé, et plus il faudra imposer du rire artificiel (comme l'intelligence du même métal). Le vrai problème d'aujourd'hui étant d'arriver à ne pas rire, justement, de tout, la bonne solution ne se trouve-t-elle pas dans ces rires enregistrés qui vous indiquent les moments où vous pouvez vous gondoler avec les loups ?

Mais ce qui m'étonne le plus, c'est qu'on n'ait pas encore inventé l'inverse, l'antagonisme du rire en boîte : les huées ou les sifflets préemballés ; les cris de haine en bocal ; le tollé artificiel ; la clameur incrustée de la meute vociférante au bord du lynchage.

Tant qu'on ne sera pas allé jusque-là, le théâtre de la nouvelle comédie inhumaine ne sera pas complet.

1992

Le reality show dépasse la fiction

Le grand événement de ce mois-ci, c'est bien sûr la mort de la Cinq. Tout le monde croit qu'il ne s'agit que d'un petit bout de réseau hertzien qui disparaît ; en réalité, cet écran noir est le premier trou béant dans le grand Mur de la Honte spectaculaire. Un maillon vient de sauter, apportant la preuve que la télé, elle aussi, est mortelle, et que le spectacle peut reculer. Est-ce la raison pour laquelle les autres chaînes colmatent comme des folles ? Ce qui est sûr, c'est que la bouilloire média est en ébullition. Le chaudron à conneries explose, toute la sauce est sur les murs, les vitres fendent, claquent, éclatent, tout le quartier est sinistré, les sirènes hurlent et les reality shows font leur apparition.

Ultime espoir, dirait-on, du spectacle paniqué. Grouchy du Waterloo des Abrutis ! Le vécu refait, réarrangé, recréé, resucé. Le Spontané plastifié. L'Imprévisible prévu. La Surprise sans surprise. « Perdu de vue », « C'est mon histoire », « L'amour en danger », « Mea culpa », « La nuit des héros » : ces manifestations à la française du télésecourisme universel accédant à la dignité autoproclamée de Comédie Humaine, suffiront-elles à calfater la brèche ? On rebouche avec des tripes, avec du « vrai », avec du tragique authentique. Maintenant, c'est la télévision qui vient vous raconter que votre vie existe puisqu'elle l'a rencontrée. Et comme c'est elle qui en détient les preuves indiscutables, vous ne lui échapperez plus. Mettons-nous bien dans la tête : 1° qu'il est exclu que nous disparaissions sans lui rendre des comptes ; 2° qu'il ne sera plus toléré que nous restions seuls avec notre chagrin (ou notre plaisir). Au passage, deux droits de l'homme essentiels, celui de prendre congé et celui de rester seul, sont abolis.

Cela dit, il ne faudrait pas me croire hostile par principe à tous ces reality tocs, c'est même le contraire. Que les raffinés se lamentent tant qu'ils voudront parce que la « culture », la « pensée », la « compétence » sont chassées de l'écran. Comme si elles y étaient jamais entrées ! Cette fausse réalité péniblement reconstituée en fiction distanciée pour temps de détresse vaut mille et mille fois mieux, à mon goût, comme entreprise de déréalisation frénétique, que toutes les lourdes fictions traditionnelles désormais sous discrédit du cinéma ou de la télé. Même les débats ne sont plus dans le coup : voyez l'échec de cette « affaire » (il faudrait mettre chaque mot entre guillemets si on voulait vraiment être précis, mais comment accrocher des guillemets *là-dedans*?), pourtant inventée de toutes pièces, de *La Marseillaise.* Obscène par définition, puisqu'elle émanait de l'abbé Pierre et qu'elle condensait jusqu'au malaise les symptômes essentiels de la philanthropie contemporaine — charité midinette (il faut très vite « changer en message d'amour ces paroles de haine »), euromanie chevrotante (cessons de pourfendre par hymne national interposé les ancêtres de nos sympathiques « partenaires européens »), infantolâtrie (cf. le « scandale » de la petite fille chantant les strophes terribles de l'hymne national à l'ouverture d'Albertville) — aurait-elle mieux crevé l'écran si on l'avait lancée sous forme de pseudo-fiction vraie transposée ? C'est possible. On a pu voir aussi quel coup de vieux soudain attrapait le « Bouillon » bactériologique de « Culture » de Pivot parce qu'un type faisait irruption sur le plateau et menaçait de s'embrocher en direct si on ne le laissait pas parler : un bref instant, l'image a repris du poil de la bête grâce à cet héroïque samouraï. Lui évacué, il n'y avait plus rien à regarder, de nouveau, sauf Tournier.

Les personnages ne sont même plus en quête d'auteur. Ils font leur *soap* tout seuls désormais, on n'est jamais si bien représenté que par soi-même. Le rêve de la réalité qui dépasse la fiction est en train de se réaliser. Un art nouveau est né : après le réalisme socialiste, voici l'heure du réalisme spectacliste. Il était temps.

1992

Le spectacle est mort

Ça y est, c'est fini, le spectacle est mort ou va mourir, même si personne ne veut le savoir. Il agonise sous nos yeux, il est en train de s'étouffer, et pas de pitié, à l'inverse de Dieu mourant selon Nietzsche.

Toutes les forces dépréciatrices et négatrices vacillent. Le cadavre des médias commence à se décomposer autour de nous. Ses mythologies les plus serviles tombent en morceaux. Ses pseudo-fêtes répugnantes n'ont jamais eu aussi mauvaise haleine. Ses animateurs deviennent des réanimateurs hagards. Ils ressemblent au « dernier pape » zarathoustrien, celui qui sait que l'Être Suprême est décédé et qui survit sans maître, se nourrissant de souvenirs.

Le spectacle est mort, il n'y a plus de télé-au-delà, tout est permis, voilà une grande nouvelle. Et la France, une fois de plus, est exemplaire. Tomber en zappant sur le grésillement sidéral de la Cinq, entre deux naufrages à paillettes sur les autres chaînes, c'est un peu comme d'apercevoir en négatif le frissonnement du Créateur absent au fond du trou de la couche d'ozone.

Il n'y a déjà presque plus rien à regarder sur aucun autre écran. Presque plus rien à commenter, à critiquer ou à vomir. De proche en proche, c'est tout le reste qui va s'effondrer. Le spectacle est mort, tout est permis, et surtout d'empêcher la réalisation du projet gouvernemental de comblement de la crevasse de cette cinquième chaîne par les grelottants programmes du machin franco-allemand qu'on appelle Arte. Une chaîne *culturelle*, par-dessus le marché ! Culturelle ! Ce concept pour Virgin Mégastore ne doit plus bénéficier d'aucune indulgence. Rien n'a jamais été plus obscène que l'utopie d'une télévision culturelle (ou de qualité), si ce n'est celle d'une littérature télévisable. Dieu sait ce que je pense d'Eurodisneyland, mais cinquante mille inaugurations du Mausolée crétinisant de la Belle au bois dormant ne seront jamais aussi blâmables qu'une soirée-dictée de Pivot en direct des Nations unies. Moins il y aura d'émissions littéraires (ces lancers de nains), et plus il y aura de chances que la littérature renaisse. On n'apprivoise pas la bestialité préhistorique d'une machine qui a pu accoucher de « Sacrée soirée ». Enfin, pourquoi prêter la main à une entreprise qui pourrait avoir pour conséquence de ralentir la catastrophe, donc de nous gâcher le plaisir d'y assister dans toute sa plénitude ? Conclusion : la Porte de la Cinq doit continuer éternellement à claquer sur le vide. On ne climatise pas le cauchemar.

Le spectacle est mort. Ce dieu qui voyait tout, il a fallu qu'il mourût. Événement inouï. Jusqu'ici, on était contre ou pour, mais personne n'était encore en mesure de supposer qu'il n'existait plus. C'est fait. Maintenant, on peut se demander si l'humanité va parvenir à s'en passer, et de quelle façon. Comment va-t-elle survivre à l'arrachement de cette greffe forcenée ? Car il ne faudrait pas croire que cette disparition annonce un retour en arrière. En arrière, il n'y a plus rien. Le spectacle a détruit la vie passée, désertifié le monde, rendu impossibles les formes, les goûts, les couleurs, les manières de penser anciennes. C'est comme ça. Le trésor de l'éternité a été pillé. Va-t-on voir pulluler sur les routes les orphelins fous de la mort du Show ? La suite au prochain numéro.

1992

Synthés sans frontières

Rien n'est plus délectable pour l'amateur éclairé qu'une Fête de la musique qui se noie, en plein mois de juin, dans la détresse d'une pluie d'hiver. Ce n'est peut-être pas grand-chose, mais ça fait plaisir tout de même, ça soulage trois minutes de voir retransmises par une télévision en plein naufrage ces pures images de débâcle. « Criez pour faire voir que vous êtes là ! », glapissait pathétiquement au public transi, en direct de la place de la Bastille, le miséreux animateur (Pascal Sevran), sur Antenne 2, de cette Fête de la Fraternité gâchée par la méchanceté des éléments. Criez et dansez pour faire croire que vous existez ! Chantez pour faire croire que vous vous aimez ! C'était intéressant, cette supplication, comme l'aveu d'un secret de Polichinelle.

Le vrai Dieu en a eu assez de toutes ces conneries, il a déchaîné ses escadrons de nuages contre les fanfares consensuelles du plus répugnant des divertissements néo-mussoliniens. Sa colère se comprend d'autant mieux que, paraît-il, cette cochonnerie s'exporte : la France de Jack Lang envoie aux quatre coins du monde son choléra mélomane. La musique est devenue une maladie, depuis qu'on l'impose comme le signe par excellence de la grande

Réconciliation planétaire de la fin du siècle. Lang, auquel un excès bovaryque de mauvaises lectures romanesques a sans doute fait croire que le monde enchanté de la Culture existait, est d'ailleurs l'un des hommes qui a le plus fait, depuis longtemps, depuis très longtemps, pour rendre haïssables des choses qui, au départ, avaient tout pour être aimées ou supportées (la photo, le livre, Rimbaud, les musées, etc.) à condition qu'on ne les transforme pas en objets de célébration, donc en instruments de persécution.

C'était une fête de la non-musique, à l'extrême rigueur, qu'il fallait instaurer. Un jour sans le moindre son ! Une heure sans tambours ni trompettes ! Dans un univers que le bruit de la musique a englouti, c'était la seule chose qui aurait eu un peu d'allure. Et puis non, il ne fallait rien faire du tout, rien instaurer surtout. La « fête » est toujours une obligation que l'on crée, un devoir de réciprocité que l'on impose, donc une attaque contre ce qui reste de liberté individuelle. Plus cette attaque prend le masque euphorique et harmonique de la prétendue « musique » de maintenant, dont la dictature est d'autant plus incontestable qu'elle se fonde sur les meilleurs sentiments (écologisme, antiracisme, humanitarisme), et plus il faut la redouter. C'est, à la mafieuse, le genre d'offre effrayante qu'on *ne peut pas refuser*. Aucun individu lucide d'aujourd'hui, donc ennemi par définition de ce qui est aujourd'hui, ne peut ignorer que le contrôle du monde s'effectue massivement par la musique. Qui tient la musique tient les jeunes, et qui tient les jeunes tient l'avenir. Il faut qu'il cesse ce terrorisme industriel dégoûtant de la Joie par les guitares électriques, ce Nouvel Ordre Mondial des synthés sans frontières. Tous les ratés de la Machine infernale, ses moindres faux pas prometteurs sont donc bons à prendre : plus on verra les feux d'artifice de la grande démagogie musicale planétaire se transformer en pétards mouillés sous un ciel où rien ne luit, et plus nous serons proches de la délivrance.

1992

Dépôt de bilan

Chaque année, la télé, qui tient à avoir l'air d'un citoyen comme les autres, avec une vie quotidienne comme tout le monde, baisse son rideau de fer à la façon d'une vulgaire boulangerie ou d'un marchand de journaux. Ça fait un grand bruit de chaînes qu'on abat, d'écrans qui se referment en claquant, d'émissions qui plient bagages et de programmes qui se mettent aux abonnés absents jusqu'à septembre. Encore un petit sursaut de joie pour fêter la désignation ignominieuse de la France au satanique Mondial 98 ; encore une larme sur Sarajevo ; ou sur cet autocar allemand qui transportait des touristes japonais vers Eurodisneyland et qui a versé dans le fossé ; et puis c'est fini, plus rien, silence, plus personne sur l'écran, plus personne pour le regarder, à part les très vieux, les très pauvres, les très malades pour lesquels commence la longue traversée désertique des « Intervilles » de l'été (mais à l'heure européenne, cette fois : la Bêtise à front de Maastricht ne se connaît pas de repos).

Plus rien, vraiment, jusqu'à la rentrée ? Si ! Un événement ! *In extremis !* Cette année mémorable entre toutes, qui nous a donné le plaisir de voir mourir un réseau en direct, ne pouvait pas finir comme ça. Voilà donc, sur les écrans, des paquets de touristes bataves, belges, allemands, français, anglais, brusquement coincés par des poids lourds qui manifestent contre le permis à points. Sur un parking, un routier saoul comme une barrique fout le feu à treize autocars. La presse de nos amis européens parle de « l'enfer des routes françaises ». À peine démarrée, la période la plus veule de l'année sombre dans le chaos.

Au bout de quelques jours, l'affaire devient intéressante à considérer. On se demande de quoi il s'agit, ce qui se joue dans cette petite scène imprévue. La tentative d'empêcher le gouvernement de faire appliquer une loi, une nouvelle loi, une loi de plus (« une bonne loi », comme disent les valets de chambre de la télé) ? En soi ce serait déjà une excellente nouvelle, le maintien des apparences du pouvoir politique étant de plus en plus subordonné à sa capacité de combler des « vides juridiques » sans cesse renaissants. Mais ce qui a l'air, surtout, de traumatiser les représentants de l'État, c'est que ces routiers n'ont pas vraiment de but. Le permis à points ne serait qu'un prétexte ? Leurs autres revendications aussi ? « Ils barrent pour le plaisir de barrer », lâche quelqu'un dans un micro. Du coup, tous les assermentés des médias fulminent. On a craché dans les bénitiers du Loisir implacable ! Il faut lever tous les barrages ! Jusque-là, franchement, il n'y avait aucune raison de ressentir une particulière sympathie pour les camionneurs ; mais à voir la façon dont les traitent les supplétifs de l'écran, on finit par se dire que tous ces poids lourds en travers des vacances sont en train de révéler quelque chose qui voulait rester sous le boisseau. Il faut lever les barrages ! Pourquoi ? Pour que ça circule, tout autre emploi des routes étant considéré par les protecteurs de l'ordre du monde comme une provocation ou une menace. Oui, il faut que ça circule. Il faut que ça coule. Que ça roule. Que ça aille de l'avant. Que la pseudo-tension dramatique de l'été fasse semblant d'avoir lieu, que les vacanciers puissent recommencer à acheter des cochonneries dans les boutiques des autoroutes, que les caisses des péages se remplissent, que les stocks habituels de nourriture falsifiée arrivent à bon port. Lever les barrages pour que les festivals de l'été, les McDo d'Avignon, les écomusées de toutes les provinces et les Novotel de toutes les désolations fassent leur plein de clients. Lever les barrages pour que reprennent les fêtes de la passivité. Lever les barrages pour que s'avance dans ses atours la vie nulle du troisième millénaire. Lever les barrages, enfin et surtout, pour que le spectacle puisse partir en vacances, donc avoir une chance aussi d'en revenir. Oui, ça urge. Il faut lever les barrages.

1992

En attendant Arte

Ce n'est pas parce que je n'ai rien vu, au mois d'août, de ce qui se passait à la télévision que je ne peux pas en parler. On n'a pas besoin d'avoir un petit écran sous la main pour deviner ce qui s'y déroule. C'est sans effort que les images continuent à filer toutes seules, dans votre tête, leur mauvais coton. Cet été, donc, dans un Sud parfait, sous une lumière d'un bleu admirablement chauffé et nuancé, j'ai entendu, de loin, aboyer la meute enragée dans la boîte aux merveilles. Inutile d'avoir un téléviseur pour voir comme si j'y étais, par exemple, ces camions fantômes venus de Bavière décharger en France leurs vieilles seringues et leurs poches de pus ; ni l'effrayante Ségolène Royal faisant semblant de barrer la route à ces ordures symboliques ; ni les images de guerre de l'ex-Yougoslavie ; ou encore les appels des pires pitres du Show (Lang, Bruel, Tournier, Duras, l'abbé Pierre) en faveur de la plus purulente des fausses bonnes idées dont on a jamais gratté le furoncle : l'Europe de Maastricht.

Rien de mieux, cela dit, que de se trouver quelques semaines très loin, sans télécommande à portée d'index, pour se rendre compte que le spectacle n'en finit pas de ne pas savoir qu'il n'existe pratiquement plus. D'ores et déjà, c'est le feuilleton à rebondissements de sa débâcle dont on pressent qu'il va constituer tout le sel des programmes à venir, et dont on se dit qu'il sera passionnant de tenir la chronique. Si la critique de télé est, comme on sait, quelque chose de pratiquement impossible, et pour d'excellentes raisons, le commentaire instantané de son déclin et de sa chute, en revanche, peut avoir quelque chose de palpitant, même si personne ne veut y croire. La mort de la télé est un dossier qui ne risque pas d'être divulgué avant des éternités. Il y a des secrets-spectacle cent fois plus explosifs, croustillants, que tous les secrets-défense réunis.

À la fin de l'Histoire, les médias, qui en étaient devenus

le simulacre presque parfait, commencent à s'effriter, leurs minables prestiges tombent en loques, leur agonie devient incontrôlable. Qui croit encore à leur avenir? Les directeurs de chaînes? Les responsables de programmes qui s'avancent, comme chaque année, exhibant leurs consternantes grilles de rentrée, ces barreaux derrière lesquels ils espèrent bien, une fois de plus, vous incarcérer? Ah! ces grilles de rentrée par lesquelles ils croient peut-être échapper à leur destin! Ce rituel de présentation des nouvelles émissions et des tendances de l'automne, presque aussi désopilant que celui des romans de septembre! Tous ces vieux pistons archi-exténués qu'on va essayer de faire rebander pour donner l'illusion que tout continue! L'« insolence » et l'« agressivité » dont on annonce qu'elles vont monter très fort; le « désintéressement » et l'« altruisme » qui seront de la fête, eux aussi, au cours de grandes soirées de bonté hebdomadaires (la télé s'imagine encore que la charité est un problème de télé alors que c'est elle qui commence à faire pitié) ; les reality-shows, enfin, qu'il ne faut plus appeler que reality-chocs, paraît-il, peut-être dans l'espoir de masquer qu'il ne s'agit jamais que de la version suave et soft de ces pornos clandestins avec morts réelles dont on parlait naguère et dont on ne parle plus, mais qui doivent bien continuer à circuler ici ou là.

Et puis Arte, bien sûr. Le seul vrai événement, on s'en doute, de cette rentrée. Arte, ce pansement sur le trou noir de la Cinq, ce cautère franco-allemand sur la jambe de bois des médias. Arte, la télé de la Culture, cette arme absolue de l'obscurantisme en folie. La chaîne dont un disc-jockey est le roi, et qui n'a même pas besoin d'exister encore pour qu'on se pourlèche déjà à la perspective de tout le mal qu'il y aura à en penser.

1992

À la niche les approuveurs du monde

Ah ! la télévision en a mis un furieux coup, elle s'est bien dépensée pour que continue encore un peu de temps sa domination ! Ça ne lui avait pas échappé, à elle, que le « non » à Maastricht avait monté tout seul, silencieusement, teigneusement, dans les sondages comme dans les cœurs, durant l'été, c'est-à-dire loin de son contrôle, pendant la période où l'hypnose médiatique perd toujours plus ou moins un peu de ses pouvoirs. Elle a bien repris les choses en main dès les derniers jours du mois d'août. Tout le reste a pâli devant ce feu d'artifice, toutes les pseudo-nouveautés de la rentrée ont rasé les murs. C'était sa peau qu'elle défendait. Elle a férocement travaillé, pendant un mois, jour après jour, de débats en reportages, à faire passer la bonne parole. C'est elle la gagnante de ce référendum dont j'ai déjà tellement de mal à me souvenir, d'ailleurs, à l'heure où j'écris, puisqu'il s'agissait d'un événement médiatique, donc instantanément dégradable. Si le résultat est positif mais minable, ce n'est pas sa faute. On voulait tester le degré de soumission des populations, leur taux d'approbation de l'ordre nouveau du monde ? C'est fait. On connaît la réponse : 51 %. Pas une courbette de plus. Et après quelles suées d'angoisse ! Après quels efforts !

La pastorale de Maastricht fait tellement partie intégrante de la dramaturgie médiatique, et toutes deux se sont si parfaitement identifiées à ce qui leur paraît le plus niaisement désirable (le Bien, la Jeunesse, le Taux de Croissance, la Paix), que l'une et l'autre sont indécollables. Le plus fin scalpel ne les détacherait pas. Il faut prendre tout ça en bloc, en tas, sans faire le détail. On y retrouve les mêmes traits saillants, le lyrisme miteux, le modernisme en toc, l'utopie boy-scout, la philanthropie débile, le chantage au cœur, l'arnaque à l'avenir et la culpabilisation pseudo-culturelle.

C'était un régal de voir les chiens de garde de l'euroconsensus traiter de demeurés ceux qui risquaient de voter non, alors que s'étalait sur les murs le dernier produit de leur érudition et de leur raffinement intellectuel, je veux parler de ces affiches par lesquelles les deux chaînes publiques annonçaient en langage babouin qu'elles avaient rajeuni : « Miam miam double télé ! » C'était une jouissance, cet éloge hagard du « changement » dans la bouche de ceux qui veulent que rien ne change à leur domination. C'était un plaisir d'entendre l'« élite » des incrustés du Show, déjà tremblotants de peur de se faire débarquer par les spectateurs, traiter de frileux les réfractaires. C'était une joie, enfin, le soir du dépouillement, d'assister à la poussive fiesta des nains de jardin, sur TF1, sur France 2, applaudissant à la victoire mitigée de leur euro-political correctness de rêve.

La « France qui gagne » a gagné ? La France clean des cadres à gueule de voie piétonne ? Ça des surdoués ? Toute cette horde domestiquée, déodorisée, de crétins du business à attaché-case entre les dents, dévots de l'ordre du monde et délirants de panique à l'idée de ne pas être dans le coup ? La voilà, en réalité, la nouvelle France qui *croit*, c'est elle qui s'est mobilisée (les églises, d'ailleurs, ne s'y sont pas trompées), la France qui gobe le télécatéchisme du Bien et toutes les balivernes en couleurs du spectacle. La nouvelle religion a pu compter son peuple de fidèles et l'allergie à Maastricht n'a pas été baptisée pour rien « euroscepticisme ». C'est un avertissement : que les athées se le tiennent pour dit, ils n'en ont plus pour longtemps.

1992

Un mausolée nommé Arte

Je suis très déçu par Arte, j'espérais plus d'arrogance. Pour le moment, cette chaîne n'est qu'un tout petit ennui qui se traîne et dont il serait superflu de chercher à s'indigner. Son apparition s'annonçait comme le télé-événement le plus ringard de l'année, ce n'est qu'un épisode de plus de la dégringolade feutrée du spectacle décidément touché à mort. Par où agripper toutes ces vieilles choses lentes et grises, ces documentaires de patronage, ces soirées diapos, toute cette poudre aux yeux de fausse créativité, tout ce pénible moulin à prières et à contre-emploi, toutes ces litanies franco-protestantes où marmonne, à longueur de soirées, la bien-pensance culturelle la plus confite en dévotions ? Comme ces maisons, comme ces lieux que le ministère de la Culture classe à tour de bras et qui, dès lors, sont morts, enterrés, fossilisés à jamais, Arte est une chaîne *classée.* Ses programmes sont classés. Son personnel est classé. Ses débats sinistres s'égrènent dans la plus grande torpeur. Et rien ne définit mieux la vulgarité de son esthétique sophistiquée que le film magico-sentimental de Wim Wenders, *Les Ailes du désir,* qu'elle a choisi pour se lancer. Arte affaire classée. De toute façon, plus on fait de la Culture et plus elle vous fuit. C'est comme le sucre et la poésie qui, disait Gombrowicz, ne sont supportables que mélangés à autre chose. Qui aurait envie de se voir offrir une assiette de sucre ?

Arte, dont la vocation glaçante est de faire régner le chantage à la Culture sur le réseau hertzien, n'a d'intérêt que si on se souvient encore de ce qu'elle est venue boucher et pourquoi. En fin de compte, c'est comme mémorial dénégatif que cette chaîne prend ses vraies dimensions. La disparition de la Cinq paraît déjà si lointaine que tout le monde l'a oubliée. La télé, avec cet effondrement, nous a pourtant donné la preuve qu'elle n'était pas moins mortelle que les civilisations qui l'ont précédée. De là peut être daté le premier coup d'arrêt à un expansionnisme qui paraissait d'autant plus irrésistible qu'il avait l'air naturel. Une brèche s'est creusée dans le « paysage audiovisuel », aussi formidable dans son genre que si un Boeing Cargo 747 l'avait percuté. Un accident a eu lieu. Un engloutissement. Un glissement de terrain. Et ce n'est pas parce que la Cinq était répulsive que le faux bon goût de la lanterne magique qui lui succède en devient plus pardonnable.

Il est instructif, en tout cas, que notre société supermédiatique n'ait rien trouvé de plus efficace que cet emplâtre de Culture pour colmater ses fuites. Jusque-là, c'était un honneur réservé aux anciennes prisons, aux usines désaffectées ou aux gares abandonnées, élevées l'une après l'autre à la dignité de musées ou de centres d'art contemporain ; ou encore à certaines villes sinistrées, comme ce patelin de Sicile, récemment dévasté par un tremblement de terre, où on a décidé d'ériger sur les ruines un gigantesque Centre de Culture avec Opéra et tout le pénible bataclan habituel. Eh bien Arte c'est ça aussi : une Salle des Fêtes à la hauteur du désastre. Une chapelle ardente. Un truc funéraire ou expiatoire. Une sorte de monument élevé au Spectacle Inconnu. Avec quelque chose dessous : un trou noir dans le fond duquel on entend gémir des fantômes de majorettes. On a coulé Arte comme une chape de béton muséologique sur le télétetchernobyl de l'explosion de la Cinq. Et, depuis, on voudrait bien faire croire que la première bataille perdue du spectacle n'a jamais eu lieu. Attendons les fissures.

1992

Toute la ville en tremble

Une pelleteuse hydraulique de treize tonnes et demi est-elle capable de déposer un morceau de sucre puis une petite cuillère dans une tasse à café ? Cette question, comme tout le monde j'en suis convaincu, je me la posais depuis des années. Eh bien ça y est, j'ai la réponse, et cette réponse, au cas où vous auriez raté « Toute la ville en parle », la nouvelle émission de Guillaume Durand, c'est oui.

« Toute la ville en parle ». Tu parles ! Encore un titre qu'il faut entendre comme une dénégation ou comme un pur et sourd cri de panique. La ville parle de tout ce qu'on veut, mais pas de ça. Et la télé le sait bien. Et elle est furieuse. Elle est en train de se douter qu'une vie vivante, malgré tous ses efforts, se reconstitue peu à peu dans son dos. De plus en plus de secrets lui échappent (d'où sa frénésie à faire parler les gens, lesquels ne lui disent plus que ce qu'elle sait déjà, pas si fous). Cocue mais pas du tout contente, elle devient méchante. On oserait lui préférer autre chose ? Le Show serait en train de perdre les masses, comme l'Église jadis ? Les médiateurs en claquent des dents. Ces bons chanoines fourrés d'images qui avaient vocation de se substituer au monde, voilà qu'ils commencent à se couper du monde. Ils ne seront plus, bientôt, qu'une troupe infime d'occupation au milieu de populations indifférentes, ou trop prises par leurs plaisirs clandestins et leurs pensées secrètes pour faire autre chose qu'enregistrer, de loin, de plus en plus loin, leur existence de moins en moins divertissante.

Comme nous n'en sommes, hélas, pas encore tout à fait là, j'ai voulu, l'autre semaine, me tenir au courant des dernières tendances de la télé dans les affres de son copieux trépas. Je n'ai pas été déçu. « Toute la ville en parle » est une émission de paris imbéciles sur des exploits soigneusement sélectionnés à partir de critères d'inintérêt extrêmement stricts. Un chien va-t-il réussir à crever en deux minutes cent cinquante ballons ? Cinquante enfants de neuf à quatorze ans parviendront-ils à sauter à la corde quarante fois et tous ensemble ? Des choses de ce genre. Le Show ne sait plus où donner de la connerie pour essayer de retenir ses derniers spectateurs. Maintenant, il s'affole carrément. On le voit, là, en couleurs, tous les jours, perdre les pédales. Même en faisant n'importe quoi, ça ne rend pas, ou presque pas. Le poisson du spectacle pourrit de partout en même temps, par la queue comme par la tête (et ce n'est pas pour rien que Guillaume Durand, à ses heures perdues, est aussi le défenseur zélé de l'art contemporain, lequel vit également et solidairement ses derniers jours de Pompéi).

Mais le plus beau, bien sûr, c'est quand même la pelleteuse. Avec cette pelleteuse et cette tasse à café, me suis-je d'abord dit, la télé a fait un grand pas en avant : elle a inventé la machine à enculer les mouches avec des gants de boxe. Mais il n'y a plus de mouches, il n'y a plus rien que des choses qui ne marchent plus (les affaires, la machine industrielle, la croissance, l'Europe) et qu'on fait semblant de « relancer ». Que signifie donc cette pelleteuse ? me suis-je alors demandé. Que signifie ce brontosaure rigide et nul, cette colossale menace pathétique et hydraulique que le Show semble brandir comme son ultime argument ? Que signifie cette espèce de maladie de croissance monstrueuse et mécanique ? Une menace, oui, sans doute, un avertissement disciplinaire et mégalomane (regardez bien cette machine, elle a le bras long et entre ses dents vous ne pèserez pas plus lourd que ce morceau de sucre !). Et puis je me suis souvenu du cadavre qui n'arrête pas de grandir dans une vieille pièce de Ionesco, *Amédée ou Comment s'en débarrasser.* Et j'ai compris alors que le spectacle, à sa façon involontaire et symbolique, nous offrait un apologue sur sa propre disparition. Histoire de nous dire, en somme, que son cadavre bouge encore, lui aussi, malgré les apparences, et même plus que jamais depuis que c'est un cadavre, et qu'on n'a pas fini d'en baver à le voir croître et embellir.

1992

La télé mise à nu par ses télécrates mêmes

L'événement, ces jours-ci, ce n'est bien sûr pas le ridicule débarquement « humanitaire » en Somalie, avec son pêle-mêle grotesque d'hélicoptères, d'hommes-grenouilles, de flashes de CNN, avec son chaos indémêlable de petits soldats camouflés et de présentateurs de télé, avec son bordel stratifié de marines, de jeeps, de Nagras et de médecins sans frontières, tous fondus, carambouillés, éclairés, mis en scène dans la plus grande expédition tartuffesque américano-mondiale à visage enfin découvert du siècle.

Ce n'est même pas que cette opération sans risques ait pour but, au nom du nouvel ordre mondial, c'est-à-dire du Bien cannibalisant, la domestication, l'hygiénisation, l'occidentification d'une des dernières délinquances encore un peu prospères (l'Islam), afin que règne enfin sur le globe entier, sur la planète épurée de ses dissonances, la paix funèbre d'une humanité tolérante unifiée unisexe et no smoking.

Non, l'événement, le seul, le vrai, c'est que cette escroquerie ait été tout de suite, à la minute pour ainsi dire, dénoncée comme escroquerie par ses promoteurs mêmes. L'événement, c'est que, pour la première fois, ceux qui vivent de la médiatisation de tout aient incriminé avec frénésie, et dès les premières secondes, la médiatisation totale de l'affaire.

D'un bout à l'autre du cirque, on a crié au cirque. Au scandale. À l'« obscénité » médiatique. À la « farce ». Au « supershow ». À l'Audimat. Les journaux télévisés se sont provisoirement transformés en pamphlets hystériques contre l'info télévisée. En laboratoires de démystification. En stations de dépistage de l'imposture du Show. En téléchaires de vérité. Et personne, à ma connaissance, ne s'en est étonné. Jusqu'à ces derniers temps, on nous fournissait le mythe, puis on le démolissait dans la foulée (Timisoara, la « guerre » du Golfe) ; cette fois, on nous a emballé les deux ensemble. La démystification a même précédé d'une très courte tête l'événement mythifiant. Dès vingt heures, le jour du pseudo-débarquement, sur tout le front du spectacle on a crié au spectacle. « Attention simulacre ! Leurre ! Hollywood ! Jeux de miroirs et illusions ! Ce débarquement n'est pas un débarquement, mais restez avec nous sur l'antenne ! »

La télé mise à nu par ses télécrates mêmes ? Le faux dévoilé par les faussaires mêmes ? Ce serait joli, ce serait rigolo si tous les lemmings du Show à l'agonie décidaient de se suicider après avoir fini en beauté en déchaînant contre le Show des flots d'imprécations. Mais nous n'en sommes pas là. Si la mode maintenant, dans les médias, est d'insulter les médias, c'est que les médias n'ont plus que cette parade. Puisque le charme est rompu, autant l'achever soi-même. La théorie du monde comme spectacle a dégringolé dans le domaine public, et les employés du spectacle l'ont apprise par cœur. C'est comme ça que les meilleures choses, d'ailleurs, se dégradent. Le freudisme, naguère, a perdu son intérêt lorsque n'importe qui a été capable de repérer un lapsus. Tout ce qui se diffuse meurt. Les pires ennemis de la pensée anti-spectaculaire se cramponnent à celle-ci, désormais, comme à une bouée de sauvetage. Ils ne veulent même plus vous laisser le plaisir de leur cracher dessus. C'est d'eux-mêmes, de leur plein gré, qu'ils cassent leur propre baraque en vous répétant que c'est fini, terminé, plus personne n'est dupe. On va les voir s'acharner à démonter le décor, révéler les rouages affreux de la grande Machine, dévoiler ses plus noires coulisses, montrer du doigt tous les bluffs, entreprendre un type absolument inédit de bourrage de crâne, le gavage à l'incrédulité, l'intoxication au décodage. Le maintien de leur pouvoir précaire passe par la dénonciation de ce pouvoir. Il faut que très vite un nouveau consensus se crée autour du fait que tout n'est qu'illusion. Devenir plus spectacularistes que le roi, c'est le seul moyen pour eux d'espérer durer encore.

1993

Critique de la télé pure

Depuis qu'elle crache dans sa propre soupe, la télé devient plus amusante. En organisant elle-même son propre démontage, sa propre dénonciation, en allumant partout ses contre-feux, elle croit avoir trouvé la parade, le remède, la solution miracle qui la sauvera du désastre. Elle sait bien que nul n'est mieux placé qu'elle pour discréditer avec lyrisme l'enfer asphyxiant sur lequel elle croupit C'est ce qu'elle vient de faire dans « L'audience à tout prix », une longue séquence d'« Envoyé spécial » où on a vu les télécrates s'en prendre coléreusement et vertueusement à la dernière-née de leurs inventions : les reality-shows.

Tout s'use vraiment de plus en plus vite. Il y a quelques mois, ces même reality-shows étaient les ultimes renforts providentiels d'un univers médiatique en train d'agoniser derrière les feux d'artifice de son triomphe pouilleux. N'avaient-ils pas sauvé de la débâcle de grandes chaînes américaines ? N'étaient-ils pas, surtout, un comble de philanthropisme ? Le devoir d'ingérence humanitaire appliqué à la vie de chacun ? Sur le passage de « Perdu de vue », ou de « L'amour en danger », les miracles se multipliaient, les aveugles retrouvaient la vue, les paralytiques recommençaient à marcher, les sourds-muets étaient guéris, on faisait du bon audimat avec des bons sentiments, des taux d'audience flamboyants avec des causes justes, tout était parfait.

C'est fini tout ça. Il est bien trop tard pour se plaindre ou pour se féliciter de ce que le téléspectateur soit passé de l'autre côté de l'écran, dans la stupidité virtuelle des images. Le spectateur y est, désormais, de l'autre côté, c'est fait, il n'existe plus que là, dans cette quatrième dimension irradiée de l'interactivité radicale. Et les démythologiseurs en sont pour leurs frais. Leur boulot, maintenant, la télé s'en charge, elle le fait mieux qu'eux. Le temps de sa pseudo-autocritique est arrivé. Comme Saturne, elle mange ses propres enfants. À intervalles de plus en plus réguliers, on va la voir foutre le feu à ses tréteaux. Comme il n'y a plus de réalité, elle est obligée de fouiller dans sa propre plaie pour retenir la clientèle. Quand on entend la télé se demander à haute voix si la télé rend fou, ou si l'émotion sponsorisée des reality-shows n'aurait pas dévoré les émotions « vraies », les chagrins « vrais » et les joies « vraies », il faut comprendre qu'elle entre dans une nouvelle phase de sa domination, ou qu'elle s'y efforce à coups de larmes de crocodile. « Démagogie », « populisme », « voyeurisme » : dans l'émission que j'évoque, aucun des stéréotypes habituels n'était oublié, les souteneurs du Bien accusaient les chaînes de « faire le trottoir », c'était complet, rien à ajouter.

C'est en quelques petites années qu'on aura pu voir la télévision, à sa manière tragico-farcesque inimitable et gaffeuse, boucler le parcours qu'il fallut mille ans à l'art et à la littérature pour accomplir, allant de la transposition des choses et des êtres à la conquête de son autonomie par l'invention d'un autre monde et la fabrication de sa propre transcendance. À toute allure, la télé en arrive maintenant à son ère critique, à son âge du soupçon, à ce moment inévitable et nihiliste où les sujets qu'elle traite ne sont plus rien parce qu'elle est devenue tout. Dix ou quinze courtes années lui ont suffi pour se débarrasser de l'Histoire, de la société et même des êtres humains, et commencer à naviguer dans les hautes eaux de son propre commentaire perpétuellement répété et mis en abîme. Ce qu'elle est compte désormais bien plus que ce qu'elle raconte. Le réel? On l'a en boîte, pas de problème, comme les rires et le reste. La télé ne se nourrit plus que de la télé. Ses propres programmes ne lui servent plus à interroger le monde, mais à s'interroger elle-même. « Perdu de vue » ? « L'amour en danger » ? « Mea culpa » ? « Bas les masques » ? Mais c'est de la télé sur la télé, rien d'autre, du spectacle dans le spectacle, et qui ne parle que de lui-même, jusque dans les titres apeurés de ces émissions. Il fallait bien qu'on y arrive, à ce moment vertigineux où la télé se regarderait faire de la télé, faire de la télé, faire de la télé, faire de la télé, jusqu'à en mourir.

1993

L'homme télédimensionnel

Seuls des niais s'insurgent encore de voir les flots de boue noire de l'obscurantisme engorger les égouts de la télévision, toutes chaînes confondues. Pourquoi ces clameurs et ces indignations ? Comme si le reste n'était pas aussi écœurant ! Comme si les émissions « culturelles » momifiantes n'étaient pas mille fois pires que ces déballages de pauvres rêves mystagogiques ! Les bien-pensants lamentables et les fervents d'Arte refusent de voir que les « sciences occultes » (un mensonge par mot) font partie, et de plein droit, du programme de réembellissement général entrepris par les médias. Oui, au même titre que les faux débats, les jeux tristes, les cercles de minuit et les bouillons d'onze heures du catéchisme de la Culture.

L'Invisible de pacotille prête trop le flanc pour être vraiment antipathique. Inutile d'ironiser sur tous ces malheureux saisis par la débauche de la métempsycose, à l'émission de Mireille Dumas, « Bas les masques ». Comme on les comprend, d'ailleurs, d'être plus sûrs d'avoir vécu sous les Stuarts que d'exister ici et aujourd'hui, en même temps que Mireille Dumas ! Ces vaillants acteurs du paranormal vont se multiplier. La télé fout tellement le camp de partout, et si crûment désormais, que ses souteneurs et souteneuses doivent en mettre un coup terrible pour retenir les otages. Le spectacle racle les fonds de cuvette de la grande foire aux phénomènes. La magie fait partie de son racket. Messianisme, prophétisme de bouts de ficelle, christologie démente, apocalyptisme ridicule, chamanisme de banlieue, réincarnationnisme analphabète, vidéo-nécromancies, misérables miracles. Le réenchantement du monde est en marche, rien ne l'arrêtera. Allez ! Foncez ! Délirez comme vous voudrez ! N'hésitez pas ! On n'a qu'une vie ! Déconnons-la au maximum !

Le but ? Redonner des saints, des héros, des élus à l'univers en naufrage ? Y a-t-il des Inspirés sur le plateau ? Y a-t-il des docteurs de la foi dans la salle ? De Grands Initiés ? Ce Suisse de « Bas les masques », par exemple, venu raconter qu'il a été pris en chasse, un jour, par une boule lumineuse, et qu'on lui a confié de terribles secrets, une mission ultra-périlleuse en vue de sauver l'humanité ? Pourquoi pas ? Ou ces morts et ressuscités de « Savoir plus », le magazine de François de Closets, ces expérimentateurs touchants du Grand Saut et des NDE *(Near death experiences)*, visionnaires de leur propre décorporation, arpenteurs de la longue agonie et de ses corridors lumineux tapissés de perceptions subliminales et de révélations spirituelles ?

Faudra-t-il aller chercher plus loin, dans les étoiles et dans les nuées ? En appeler aux nébuleuses ? Hurler aux petits hommes verts de partout que ça suffit, leur silence, qu'il faut qu'ils se manifestent une bonne fois, qu'ils appellent, qu'ils fassent péter, à la fin des fins, le standard de SVP ? L'homme télédimensionnel n'est pas obsédé pour rien par les « Envahisseurs » des autres galaxies : il sent bien qu'il leur ressemble de plus en plus. Hanté par les disparus, par les perdus de vue, par les recherchés, le Show en perdition, dans sa mégalomanie justifiée (il n'y a plus que lui en piste, il doit se charger de tout, et pas seulement des petits crimes d'ici-bas jamais élucidés ou des vieilles erreurs judiciaires), va étendre son flicage à tout ce qui n'existe pas. Son bras, maintenant, s'allonge plus loin que notre pauvre globe. « Bas les masques » devient « Haut les mages ». Embarquement immédiat ! Porte numéro zéro ! Appel à témoin à travers les sphères ! Les muets ont toujours tort ! Que les Martiens, les Vénusiens, et autres usagers des soucoupes volantes se le tiennent pour dit !

1993

Pendant l'hébétude, le spectacle continue

Il n'y a pas de « cohabitation » ; c'est autre chose. Il y a, depuis trois semaines, une espèce de complicité générale moite, un engourdissement, une sorte d'hébétude. L'infecte soumission consensuelle vient de trouver sa nouvelle vitesse de croisière. On a vu ça à la télévision, le soir du deuxième tour des législatives, quand tout le monde, de droite comme de gauche, s'est mis à écouter religieusement la leçon de philanthropisme transcendant chevrotée par l'abbé Pierre : tous fusionnés soudain dans ce sirop sacré. Tous perfusionnés de bienfaisance. Un nouveau chapitre de l'Histoire sous hypnose était en train de s'ouvrir, là, sous nos yeux.

Mais ce n'est qu'un début, continuons le coma.

À propos de coma, justement, un grand artiste de la chose est Guillaume Durand. En voilà un, au moins, qui n'a pas la prétention de faire du travail propre, digne, de la télé informante comme Cavada, du spectacle authentique et de bonne compagnie. Les sujets dont il s'empare sont toujours les plus éculés, mais par-dessus le marché aussi les plus passionnants. Une semaine les célibataires, une autre l'infidélité, dernièrement la jalousie. Il faut voir comment il taille là-dedans, ce boucher, jusqu'à atteindre les meilleurs morceaux de la question. Voilà quelqu'un qui sait aller au fond des choses pour n'y trouver que du brouhaha. Parvenir en deux heures à rendre aussi minimales, aussi fictives, aussi nulles, toutes ces passions, situations, faits et gestes de la vie intime qui n'ont cessé de nourrir la littérature du temps où elle était vivante, tel est son exploit.

Je raffole de ces faux cours du soir bâclés, de ces séances de rattrapage lamentables où on apprend, par exemple, que tout le monde est un peu jaloux de nature mais que quelques-uns le sont plus que d'autres, que le sentiment de possession est naturel mais qu'il ne faudrait pas pousser, qu'il existe des belles-mères jalouses de leur belle-fille, des maris jaloux de leur femme, des pères jaloux de leur dernier-né et que tout ça est compliqué mais enfin pas tellement.

Balzac, aujourd'hui, c'est avec jubilation qu'il regarderait « Durand la nuit », ce massacre bouffon et radical des mœurs, cette euthanasie de toute comédie humaine, cette liquidation de la psychologie et de la sociologie les plus élémentaires. Et il trouverait le moyen de montrer que puisque Guillaume Durand parle si bien des questions de société c'est qu'il n'existe plus de société. La télé est toujours captivante dès qu'elle traite ce genre de sujets sur lesquels la plupart des auteurs de maintenant ne sont même plus capables de cochonner cent cinquante pages sans montrer leur insignifiance de sensibilité et de vision. Ils croient encore que ça ne se voit pas, dans leurs phrases, qu'ils ne savent pas que la télé existe et qu'elle a tué depuis longtemps l'ancienne réalité dont ils se gargarisent.

Sur les plateaux de « Durand la nuit », l'ignorance de tout est cultivée comme essence de la domination, le non-savoir intensif concentre en lui des pouvoirs que le savoir n'a jamais eus. Les balbutiements énergiques de l'animateur sont au diapason de l'inertie bavarde de ses invités Rien n'y est vrai, tout est tissé de l'étoffe dont sont faites les féeries médiatiques. Les couples ne sont là que pour maintenir la fiction du couple ; la charmante jeune fille sado-maso est là pour maintenir la fiction du vice ; les littérateurs sont là pour maintenir la fiction de l'édition ; et tous ensemble, animateur, invités, la fiction de la société dans la télé et de la télé dans la société.

Dire qu'il y a des gens qui le jugent vulgaire, cet équarisseur inspiré ! Moi, je ne m'en lasse jamais. Pour l'entendre dire « bouquin », par exemple, quand il présente le dernier livre d'une de ses vedettes de prédilection, je reviendrais de loin. « Bouquin », dans sa bouche, a une densité, un poids de graisse inédit. Quel liquidateur-né ! Quel virtuose des abattoirs ! Il n'y a pas mieux que lui, d'ailleurs, pour achever d'aider à s'avilir les artistes ou « écrivains » déjà très abîmés qui viennent se vautrer dans les épluchures multicolores de son théâtre de velours glauque : rien que pour ça, il a droit à notre reconnaissance.

1993

J'ai confiance en la télé de mon pays

Avec le recul, avouons-le, les images commencent à s'embrouiller, à se chevaucher. Il ne suffit que de quelques semaines pour qu'on ne sache déjà plus qui a fait quoi. Est-ce un ex-Premier ministre français qui s'est suicidé à Waco ? Sont-ce les hommes du FBI qui ont liquidé, à Nevers, un martyriseur de bébés ? Ou ceux du RAID, à Neuilly, qui ont réglé en virtuoses le sort du « Christ » des Davidiens ?

Il doit pourtant être possible de trouver un fil, une direction, une morale dans tout ce chaos. La première scène, au Texas, dans la grande prairie américaine, ce Fort Chabrol illuministe sous les projecteurs de CNN, est facile au moins à déchiffrer. Un pareil « Messie » de pacotille tombait à pic dans la campagne que mène l'Empire-médias contre les sectes parce qu'il ne saurait tolérer d'autre Église universelle que la sienne. Le conditionnement des esprits, le fanatisme, l'irrationnel sont les exclusivités des Adventistes du Prime-Time. Qu'on se le tienne pour dit. Et malheur à qui, désormais, osera faire au Roi Show la moindre concurrence déloyale !

Malheur également à qui le Show coupera le robinet à images : telle pourrait être la leçon morale du coup de pistolet de Nevers. Là aussi, tout a été ressassé, commenté, analysé ; mais nul, sauf erreur de ma part, ne semble avoir noté l'absence totale d'images précisément, la pénurie absolue à l'écran de la moindre petite séquence, du plus minuscule bout de film de FR3 accompagnant les dernières heures, la dernière journée officielle, le dernier 1er mai de l'ancien Premier ministre. *Personne ne s'était déplacé*, pas un seul caméraman, et il a fallu attendre trois jours les quelques secondes sautillantes d'une vidéo amateur pour combler *in extremis* cette absence béante, flagrante, et finalement bien plus éloquente que toutes les explications.

Mais depuis la télé s'est rattrapée. Les écrans ont eu leur « forcené », leur criminel idéal, leur vrai méchant sur mesure, leur coupable condamné d'avance : « HB » ! Quel festival ! Un bouquet ! Une véritable perfection ! S'il n'avait pas existé, il aurait fallu l'inventer ce terroriste expiatoire, ce preneur d'otages au berceau, ce vampire des maternelles. On peut dire qu'en s'attaquant à la religiosité la plus incrustée, il n'a pas mis la main à côté, celui-là. Son défi ridicule arrange tout le monde. Le nouveau pouvoir déjà suspect de « bavures » se remoralise haut la main. Les troupes d'élite se couvrent de gloire. La télé enfin, toutes chaînes confondues, regagne la confiance du public. On l'entoure de mille éloges. On la félicite de son savoir-vivre, de son bon usage d'elle-même. Voyez ce tact. Cette délicatesse. Cette haute conscience de sa mission. Ah ! les braves gens ! Avec quel goût, quelle maîtrise impeccable ils ont su, en cette occasion si délicate, si périlleuse, concilier indépendance et responsabilité ! Avec quelle sobriété ils ont négocié le difficile passage du pertuis toujours si difficile entre information et abus de pouvoir !

Bref, voilà le miracle de Neuilly, un grand coup de Vertu hallucinatoire, un grand frisson médiatique et un grand bond en avant de l'ordre télévisuel mondial plus que jamais fondé intimement sur ce qu'Althusser appelait jadis (avec imprudence) la « voie stupide de la lapinière et de la gargote ». Qui pouvait mieux collaborer à cette soudaine renaissance que le dérisoire preneur d'otages de Neuilly, cet Éric Schmitt lamentable, ce triste « HB » au chômage, *Human Bomb* dérisoire du néo-big-bang consensuel et des médias en majesté qui a fini son existence dans la peau trouée d'un baby-sitter de cauchemar ?

Moralité : plus que jamais, il est urgent de filer doux ; et même de pousser en chœur le cri du cœur de cette jeune femme, l'autre jour, sur le plateau de TF1, à « Témoin n° 1 », qui répétait avec énergie qu'elle avait confiance en la télévision pour éclaircir je ne sais plus quel vieux ténébreux fait divers. Oui, j'ai confiance ! Oui, tu as confiance ! Oui, ils ont confiance ! Oui, vous avez confiance ! Oui, nous avons tous confiance en la télé de ce pays !

1993

Sous l'œil des vigilants

Il n'y a plus grand-chose à dire de la télévision elle-même. La critique de ses programmes inapprochables, de ses émissions atroces et de ses vedettes éculées a fait son temps. Qu'il existe encore quelque chose, sur l'écran, lorsqu'on appuie sur le bouton, est déjà presque une surprise en soi, une découverte insolite et cocasse. Toujours là, alors ?...

Mais oui, c'est la rentrée, les chaînes se rouvrent comme des rideaux de fer qu'on relève, les écrans se rallument, tout un petit peuple oublié d'animateurs et d'animatrices se presse aux vitrines dont on vient d'enlever la poussière en hâte. La vie de la télé continue. Ou du moins on voudrait s'imaginer qu'elle continue. D'où l'apparition en scène des patrons de chaîne, et leur rituel saisonnier de présentation des nouveaux programmes, cérémonie destinée à faire croire à la continuité du monde, à la santé de l'Histoire et au devenir de la télé.

L'année dernière à la même époque, on claironnait une montée en puissance de l'agressivité. C'était l'apothéose de l'insolence bidon, l'avenir souriait aux effrontés en simili et aux ersatz d'impertinents. Cette année, c'est terminé. On fait tout le contraire, ce qui donne l'impression, pendant cinq minutes, qu'il va y avoir du nouveau. Plus de coups d'éclat, plus de provocations, plus de « mauvais goût », plus de méchancetés. Même plus de surprises. Nous voilà avertis. Place au « rêve ». À l'« émotion ». À la « nostalgie ». Au sourire niais à toutes les sauces. Et au retour convivial, par la même occasion, des vieux chevaux de cirque les plus exténués (Bellemare, Tchernia, Bourret, Sébastien, etc.). L'avenir est aux comiques sirupeux, aux intentions bouffies de gentillesse et aux veillées scouts dénicotinisées. Sans même parler des sinistres programmes éducatifs que l'on se promet d'accrocher à la queue d'Arte, la chaîne paranormale qui compte les moutons sur la planète Mars.

Bref, cette année on racole avec du Bon, du Bien, du Bonnet. Là comme ailleurs, il est donc urgent d'accélérer la disparition des derniers empêcheurs de conniver en rond sur le silence d'une masse définitivement télédomestiquée, rentrée pour toujours à la maison, dans toutes les maisons, dans toutes les niches et tous les terriers. La Vertu fait le trottoir. Les images se mettent à l'heure du gardénal général et des patrouilles de vigilance. La purification éthique bat son plein. À la télé aussi, à la télé d'abord, la grande croisade pour l'alignement des provinces et le désarmement des tireurs isolés s'accélère. C'est l'opération « Mains propres » au petit écran. Tout ce qui ne carbure pas au coma approbateur, tout ce qui ne roule pas au super sans plomb de l'apathie unanime sera combattu sans défaillance. La paix des télécimetières est à ce prix.

Cette paix n aura pas lieu. La non-télé de demain (les « médias interactifs » dont se gargarise la presse depuis quelque temps) s'annonce, et la télé du bon vieux temps, avec sa poignée de chaînes généralistes, ses pauvres stars, ses programmes miteux et ses grilles déglinguées, va disparaître. Pour se cramponner à la surface, elle n'a déjà plus que le Bien, triste structure gonflable percée par les siècles.

1993

Durassic flaque

Ce qui fait toute la force austère, à vrai dire, d'une émission comme « Sophie sans interdit », sur TF1, le formidable côté sanitaire, hygiénique même, de ce « magazine de charme », réside dans la capacité de dissuasion sans bornes de son animatrice. La regarder cinq minutes, l'écouter surtout, et ça y est, c'est terminé, on a oublié jusqu'à ce qui restait de sens au mot volupté. Deux phrases d'elle en font plus pour vous convertir à l'abstinence que toutes les lourdes et lentes campagnes d'information possibles et imaginables. Une telle niaiserie pétrifiante a quelque chose de miraculeusement prophylactique et humanitaire. La moindre de ses remarques vous glace le fantasme. En nos temps de virus meurtrier, on devrait la montrer tous les jours, Sophie Favier. Ce n'est pas qu'elle soit pénible à regarder, bien au contraire, elle est plutôt alléchante, comme ça, en péplum, avec sa torchère blonde allumée au-dessus de la tête, ou en collant de danse en train de mimer péniblement, avec je ne sais plus quelle chorégraphe, une « leçon d'érotisme » sous vide. Mais tout ce qu'elle fait ou montre n'éveille jamais rien en vous qu'un vague effroi, et en tout cas pas le moindre souvenir de ce qu'ont pu être, jadis, il y a très longtemps, les plaisirs de la chair. Aucune hostilité non plus. On en sort, hébété, comme après une visite morne dans un écomusée lamentable, une espèce de Disneyland en ruine, un conservatoire analphabète des arts et traditions sexuels disparus. Comme le reste, à la télé, le sexe a l'allure de ces manifestations dispersées depuis des éternités et dont il ne subsiste plus, sur place, que des banderoles abandonnées avec leurs slogans indéchiffrables.

Si, d'hébétude en hébétude, on glisse vers France 2 et qu'on a le malheur de tomber, le même soir, et pratiquement sans transition, sur Marguerite Duras en train de gargouiller au « Cercle de minuit », on se rend compte tout de suite que le même combat se poursuit, la même dissuasion, la même entreprise de liquidation sanitaire et crépusculaire. Avec Duras, c'est au tour de la littérature de reculer en tâtonnant vers le fin fond de l'oubli, dans l'Empire englouti des choses désaffectées. N'ayant plus rien lu d'elle depuis mille ans, j'avais l'esprit frais pour écouter cette Bouche d'Ombre de l'Écrit Primal, et entendre comme il le mérite son discours sans bords, ce cataclysme verbal de cyclope haché de silences brumeux comme des pubs entrecoupées de neige électronique, ces infra-phrases se multipliant par elles-mêmes dans la bouillie de leur cauchemardesque génération spontanée, ces confettis de rien perpétuellement imposés comme un mystère profond, ces vagues lourdes et noires d'inepties (« On vit dans un bruit d'automobiles, à Paris, est-ce que vous savez ça? »), cette nuit sans rivages, ces remarques préhistoriques (« Le son des mots c'est la voix »), ces insultes sans risques (« Vous avez vu la tête qu'il a, Balladur? Il est toujours à se lécher, c'est pas possible, on dirait une vache, une petite vache. Il est pas grand. Il est pas méchant non plus »), ces coups de pied de l'âne roublards (contre Robbe-Grillet), ces scoops infantiles (« Je suis mitterrandienne, tout le monde le sait; lui, il est durassien »), ces diagnostics écœurants (« La droite est atteinte d'une faiblesse du sang »), ces brouillons de néant, cette chose informe et sans âge progressant reptiliennement dans des ténèbres de fin de monde vers la patrie inaudible du Volapük chuchoté et pythonnistique. Bref, la littérature en personne. Littéralement et dans tous les sens. La littérature selon la télé. Comme Favier c'est le sexe selon la télé. Toute la littérature, rien que la littérature après la fin de la littérature. La littérature en chair, en os et en patois inspiré. La littérature en train de retourner à la nature, d'y rejoindre le sexe et bien d'autres choses, dans le grand cimetière œcuménique, lumineux et fœtal, où la civilisation hertzienne accueille les religions défuntes dont la célébration inoffensive redore un instant son blason.

1993

La beauté du diable

La télévision ne consent plus à exhiber que ce qu'elle a fait disparaître corps et biens. Arts, civilisations, écrivains, chanson, cinéma, musique, on n'en finirait pas de dresser le répertoire complet de ce qui n'est plus · c'est tout ce qui monte jusqu'aux écrans. Et tout ce qui est encore un peu vivant, vous n'en verrez pas l'ombre. Mourez, nous ferons le reste, tel est le slogan des médiateurs. Ces croque-morts ne flairent que ce que leur règne a suffisamment effacé pour qu'ils se mettent à le promouvoir. Quand TF1 choisit le Grand Louvre pour l'ouverture de son Journal plutôt qu'un match de foot, c'est qu'il n'y a vraiment plus aucune différence entre les troupeaux encultурés qui vont piétiner religieusement sous la Pyramide et la horde des supporters qui s'entretuent dans les stades : la même gaieté hagarde d'après l'Histoire, le même enthousiasme passif rythment ces mêlées mornes que brassent le vent de l'ennui et la tempête des bonnes intentions. La peinture rejoint le sport, cette distraction suprême d'après l'apocalypse invisible, dans le Conservatoire hertzien où toutes les commémorations ont la même couleur jeune, fervente, stupide et frétillante.

Il a suffi que le sexe ait déserté les vies privées pour qu'on se mette, lui aussi, à l'inviter sur les plateaux. Tout ce qu'on ne peut plus vivre, il faut le voir. Au même titre que l'art, le sexe est un disparu de choix. Ils avaient d'ailleurs la même cause, l'art et le sexe, le même nerf sombre, vivace, désordonné, irritant pour les familles ; les mêmes racines ténébreuses et irréconciliables. Mais la miséreuse famille médiatique qui succède aujourd'hui à toutes les familles ne se croirait pas triomphante si elle n'était capable, à tout moment, de montrer ces « ténèbres ». Pour nous assurer qu'elle est le Bien universel et définitif, la télévision a besoin d'exposer ses diables. C'est exactement ce qu'elle faisait, l'autre jour, sur TF1, en invitant l'intéressante Madame Claude, survivante élégante et plutôt brillante d'un autre âge (« grande prêtresse de la prostitution de luxe », comme l'annonçait le redoutable présentateur à houppette de Tintin de « Tout est possible »), à traverser son bordel aseptisé de gentillesse où seules les âmes sont prostituées.

Qu'est-ce qu'on avait à lui demander, à Madame Claude ? Rien de notable. Elle était venue pour être montrée. On aurait dit un remake idiot de Peter Ustinov faisant parader Lola Montès dans le film de Max Ophuls. Regardez-la ! Jouissez-en ! Contemplez l'Entremetteuse dans sa cage de verre ! Celle par qui le scandale est arrivé ! En chair et en os ! Vous n'en verrez plus souvent des comme ça ! Dans le monde retourné de la télévision, ce n'est plus le Mal qui menace le Bien, c'est le Bien qui fait la publicité du Mal pour se féliciter de l'avoir fait disparaître.

C'est que, dans le sexe, il n'y a pas que le « charme », et les éprouvantes émissions qui vont avec ; il y a aussi le Mal, cette expression de la liberté individuelle tortueuse que les honnêtes gens, c'est-à-dire la télévision, ont entrepris de liquider au profit de l'Harmonie, de l'Ordre et de la Plénitude. Grâce aux télécrates, la méchanceté devient du passé (peut-être même l'essence du passé), le Bien cesse d'être le protagoniste du Mal, le Oui n'est plus en dialectique avec le Non. Qui n'a pas vu la tête de l'animateur de « Tout est possible » en train de dire à Madame Claude : « La perversion c'est pas très clean », ignorera toujours dans quel abîme de sordide satisfait le Bien est tombé depuis qu'il a définitivement choisi de dénier sa consubstantialité au Mal.

Notre société, qui peut se définir comme l'ambition, sur tous les plans, de survivre à la négativité, n'est jamais plus instructive que lorsqu'elle monte en épingle les vestiges de celle-ci. Quoi qu'il en soit, elle ne s'en est pas du tout mal tirée, Madame Claude. Elle a fait son boulot avec beaucoup de brio. Courtoise, glacée, décidée, nette, allusive, on sent qu'elle a une très vieille habitude de la comédie. Elle parle par petites phrases sèches, préméditées, par chapelets de stéréotypes effilés, parfaitement téléprofilés. Avez-vous bénéficié de soutiens politiques ? lui demande-t-on. « Disons qu'on a toujours besoin de plus grands que soi », répond-elle sobrement. Vous considérez-vous comme une maquerelle ? « Disons entremetteuse. » Pas de danger qu'elle nous compromette en disant aucune vérité. Toujours la réponse la plus rassurante, la plus convenable. Ils sont rares, les êtres qui gardent leur être devant une caméra comme on garde un secret. Par-dessus le marché, elle prend soin de préciser qu'elle ne referait plus ce métier, aujourd'hui, à cause de la drogue et du sida. Les familles peuvent se rassurer : la drogue et le sida ont bien travaillé, ils ont rendu le monde sérieux, prudent, tragique et puritain.

Bref, elle est formidable, Madame Claude. Formidablement antipathique, donc merveilleusement sympathique par rapport à l'infâme sympathie qu'essaie de dégager le Schtroumpf patibulaire qui lui sert d'interlocuteur. Une fois, une seule, en avouant sa haine du mariage et de la ratatouille conjugale, elle a un peu jeté le masque. Il y a eu, alors, un moment furtif de vérité rayonnante, magnifique, rebelle et sans remords. Tout le contraire d'un « moment de télévision ».

1993

Les marches de la honte

L'année monte vers Noël comme à l'échafaud. Tout le monde se croit obligé de gravir en chantant cet escalier de malheur au bout duquel, là-haut, brille le tranchant des « fêtes » que chaque jour affûte. Démarré avec l'horrifiant « Téléthon », ce mois dont profitent toujours les pires spécialistes de la générosité tartuffière pour y engouffrer leurs pleurnichages impunis dans les cerveaux terrorisés ne pouvait se couronner que par « La Marche du siècle » du très regrettable Cavada. Les mois de décembre sont meurtriers.

Je n'ai pas vu le « Téléthon », mais qui a encore besoin de regarder ça pour en dire du mal ? Comme s'il fallait que l'écran soit allumé pour en connaître les horreurs ! La lecture des programmes devrait suffire, désormais. Si j'ai raté Mireille Mathieu dans le train de l'espoir, le boucher-charcutier d'Arles confectionnant le plus grand saucisson du monde (75 m) ou les sourds-muets faisant téléphoner leurs parents pour envoyer des dons, ça ne m'empêche pas d'en savoir au moins autant sur la plus professionnelle entreprise annuelle de fabrication *ex nihilo* d'une bouffée délirante nationale, que sur cet autre Marathon du Cœur, l'émission du confituré Cavada, que j'ai le regret, elle, d'avoir vue.

Oui, la critique de télé est un genre faux parce qu'elle se croit obligée d'attendre les émissions pour avoir le dernier mot. Juger « sur pièces » ? Quelles pièces ? S'infliger la corvée de regarder Michel Serres, Umberto Eco, Élie Wiesel ou Pei en train de cafouiller dans la sensibilité humaniste et le pathos insane ? Rien que le titre, déjà, « Voix d'espoir pour le siècle », en apprenait assez sur la démagogie sucrée des empoisseurs publics qui étaient invités. Ah ! les pères Noël du Truisme ! Ils n'en ont pas loupé un seul ! Du XXe siècle *barbare* à l'avenir *lumineux* qu'il faut souhaiter, en dépit de tout, malgré « ce monde de folie », en passant par le métissage, la tolérance, le nouveau grand système d'éducation dont nous avons bien besoin, le problème de la guerre et celui des droits de l'enfant, ces bons apôtres besogneux de l'intimisme complaisant, ces bienfaiteurs lugubres de l'humanité soucieuse n'ont pas ménagé leurs efforts pour se bousculer dans le sentier battu des plus saturés lieux communs.

Il y a des années que je le sais : à peu près tout, dans l'existence, vaut mieux que de la perdre à lire du Michel Serres ou du Umberto Eco. C'était donc un plaisir de les voir, ces deux affligeants, rivaliser tout au fond de la torpeur générale pour décrocher le Sept d'or de la plus belle platitude de fin d'année. United Colors of N'importe Quoi ! À ce jeu, tout de même, je crois que c'est Serres (« dont on a tous encore en mémoire, d'après Cavada, l'éblouissant message d'espoir en pleine guerre du Golfe ») qui a gagné le gros lot. Umberto Eco (« intellectuel exigeant sur la place de l'image dans la société contemporaine », *dixit* encore Cavada) n'a pas fait longtemps le poids dans cette compétition de charlatanerie philanthrope. La petite musique méridionale de l'académicien aux champs, toute mutine, gentillette, informatico-rurale, fourbue d'optimisme modéré et de ruse alarmiste de bon ton, s'est montrée plus efficace. Surtout quand il a révélé aux populations ébahies qu'entre sa naissance et l'âge de quatorze ans n'importe quel gosse occidental vissé à l'écran a déjà assisté en moyenne à dix-huit mille meurtres ! Et qu'il a appelé les téléspectateurs à éteindre héroïquement leur poste chaque fois qu'ils y verraient quelqu'un sortir un pistolet !

Après cela, comment ne pas se réjouir de l'imminente disparition de l'intellectuel classique, prophétisée aussi par Serres ? Comment ne pas applaudir à l'extinction du penseur individuel, remplacé au XXIe siècle, paraît-il, par un nouvel oiseau rare : « l'intellectuel collectif » ? Ça ne pourra pas être plus tarte. Ce sera même peut-être plus rigolo...

Enfin, il va sans dire que c'était une belle émission bien moche, très lamentable, rebutante de haut en bas, merveilleusement transformée en repoussoir efficace par toutes ces Erreurs de la Culture qui, même pour parler du « cœur » et de l'« espoir », ces choses farineuses (pourtant leur fonds de commerce), ne parviennent plus à s'arracher le moindre cri, justement, du cœur. Avec de tels publicitaires, le XXIe siècle est mal parti. C'est une bonne nouvelle.

1994

Martine Aubry fait concurrence à l'état civil

À moi ce monde, que je comprends !

Balzac

Un bataillon d'agents de développement du patrimoine ouvre la marche, suivi presque aussitôt par un peloton d'accompagnateurs de détenus. Puis arrivent, en rangs serrés, des compagnies d'agents de gestion locative, d'agents polyvalents, d'agents d'ambiance, d'adjoints de sécurité, de coordinateurs petite enfance, d'agents d'entretien des espaces naturels, d'agents de médiation, d'aides-éducateurs en temps périscolaire, d'agents d'accueil des victimes et j'en passe. Ferme le cortège un petit groupe hilare d'accompagnateurs de personnes dépendantes placées en institution, talonnés par des redécouvreurs de l'histoire des villes et des promoteurs des ressources touristiques en direction des pays émergents. Musique. Vers le ciel d'azur, s'envolent des ballons. Un camion-grue déguisé en sapin de Noël s'élance en grondant. La foule massée des deux côtés de l'avenue applaudit sauvagement. Le monde retrouve enfin sa base. Le patrimoine est rassuré. La petite enfance respire. Les personnes dépendantes placées en institution se congratulent. Les détenus ne sont pas en reste. Les espaces naturels non plus. Ni les pays émergents. On déchaîne les fumigènes. Le tissu social en cours de réparation frémit d'aise. Les réjouissances ne font que commencer.

Non, il ne s'agit pas d'une parade des arts de la rue, encore moins d'une évocation du défilé qui accompagna, il y a déjà un certain temps, la princesse de Galles à sa dernière demeure, avec derrière son cercueil des cohortes de victimes des mines antipersonnel, des hommes-troncs dans leur chaise roulante, des malades du sida, des enfants de Sarajevo, des volontaires, des secouristes, des danseurs et danseuses du Royal Ballet, et un nombre impressionnant de délégués d'associations plus ou moins caritatives. Il s'agit du rassemblement imaginaire de tous les nouveaux « emplois-jeunes » de Martine Aubry, tels qu'ils pourraient se présenter, à l'occasion d'une fête géante, vers la fin de ce siècle, une sorte d'Halloween à l'échelle nationale, une Love Parade en plein Paris, une Job Pride, pourquoi pas ? Tout cela pour bien centrer le problème : à l'ère du festif sans limites, il serait pour le moins léger de prétendre aborder n'importe quel sujet en oubliant ce cadrage-là.

Notre époque *s'exprime* par ses fêtes. Elle a inventé, dans le même temps, de transformer ses souhaits en faits. Ces derniers se révèlent bien moins têtus qu'on ne pourrait le craindre lorsqu'on leur administre un traitement massif à base de vœux pieux. L'usage de l'optatif se généralise dans nos contrées. À tous ces agents de développement du patrimoine, à tous ces accompagnateurs de détenus, à ces coordinateurs du soutien scolaire et ces adjoints de sécurité, je pourrais d'ailleurs ajouter encore quelques spécialités nouvelles qu'on nous promet pour l'an 2000 : plasturgistes, qualiticiens, veilleurs technologiques, aménageurs de mieux-vivre, sommeliers sur le web, cogniticiens, et autres *postes hyperpointus* dont l'effervescente propagande médiatique ne cesse de nous faire miroiter le proche avènement.

Ce qu'il y a de plus singulier, dans ces appellations nouvelles, c'est qu'elles ne semblent pas se soucier de renvoyer d'emblée à des réalités quelconques. Ce sont des expressions sans objet ; ou dont l'objet n'est pas encore formé. Le sera-t-il jamais ? On sent frémir, par en dessous, des genèses confuses, peut-être grandioses, auprès desquelles le monde pourtant instable dont un Balzac était contemporain donne le sentiment rétrospectif de la pérennité la plus encroûtée. C'est même par là, peut-être, que la question devient intéressante. L'univers de conte de fées, qui remplace peu à peu le vieux réel dont personne ne veut plus, lance aux romanciers d'aujourd'hui un défi sans commune mesure avec ceux d'hier. En sont-ils conscients ? Se rendent-ils compte vraiment de l'ampleur de la tâche ? Qu'est-ce qu'un agent accompagnateur ? Par quel bout ça se prend exactement ? Et un développeur du patrimoine ? Et un coordinateur petite enfance ? Comment décrire avec justesse un coordinateur petite enfance ? Ses pensées ? Ses gestes ? Ses arrière-pensées ? Le surprendre en plein travail, accomplissant sa mission qui consiste, je cite, à « aiguiller les familles vers les structures existantes », sans oublier au passage de « faciliter le décloisonnement entre les différents services d'accueil » ? Ça se peint comment, des choses comme ça ? Des activités de ce genre ? Ça se raconte comment ? Un magistrat du temps de Balzac, un usurier, une femme de chambre, un ancien soldat de l'Empire, on savait plus ou moins ce qu'ils voulaient, ce qu'ils fabriquaient. Leurs histoires, leurs drames, même les plus complexes, sont d'une limpidité, d'un réalisme, d'une palpabilité formidables à côté de ce qu'on peut supposer comme aventures, comme drames, à un agent d'ambiance ou à une adjointe de sécurité. Qu'est-ce que ça peut être, le comportement d'un type en train d'aiguiller des familles ou de faciliter un décloisonnement ? Et qu'est-ce que c'est un faciliteur de décloisonnement qui ne fait pas bien son boulot ? Ça s'attrape par quel bout ? Et un coordinateur petite enfance qui tire au flanc ? Un agent de médiation qui bâcle ? Un accompagnateur de personnes dépendantes placées en institution qui cochonne le travail ? Un développeur du patrimoine qui sabote ? Est-ce qu'il est possible de se révéler mauvais comme agent d'ambiance ? Médiocre accompagnateur de détenus ? Détestable faciliteur de réinsertion à la sortie de l'hôpital ?

Et que se passe-t-il, en vérité, quand un agent d'ambiance se met en grève ?

Est-ce qu'on peut seulement *saboter* ce genre d'activités ?

Et, sinon, qu'est-ce qu'une activité qu'on ne peut pas saboter, étant entendu que le sabotage est un acte plus ou moins violent par lequel le travail que l'on exerce se trouve certes contesté, mais à la faveur duquel ce même travail reçoit, *a contrario,* son label d'existence le plus incontestable ?

Peuplée d'agents d'entretien polyvalents, sillonnée de coordinateurs petite enfance et d'accompagnateurs de détenus, la France optative devient, il faut le reconnaître, assez mystérieuse. Sans cesser pour autant d'être charitable. Plus les réalités, en effet, se défilent sous nos pieds, et plus le vocabulaire s'efforce de les remplacer. Au fur et à mesure que les désastres s'accumulent, le langage se contorsionne, complique, sophistique pour les camoufler. Il y a aussi, dans tout cela, une sursaturation de bonnes intentions. En même temps, de vieilles réalités du monde d'autrefois (la famille, la scolarité, l'hôpital, la prison) se trouvent vaporisées, recyclées, réhabilitées par la grâce de nouvelles entités linguistiques (médiateur familial, coordinateur de soutien scolaire) chargées de veiller précisément à ce qu'elles ne nous dérangent plus avec leur réalité trop réelle et rebelle. Qu'importe l'ambiance pourvu qu'on ait l'agent ! Si un univers, en résumé, se dégage de ces métiers nouveaux, il est structuré comme une abstraction, dépouillé comme un schéma, déjà stylisé avant d'exister. Les Programmateurs du monde de demain s'engagent dans l'hyperfestif en prenant la route de l'hyperfictif.

Assistant de déchetterie, accompagnateur de personnes dépendantes, agent de convivialité familiale : toutes ces activités, si sympathiques par elles-mêmes, ont néanmoins quelque chose d'inquiétant parce qu'on sent qu'elles ont partie liée avec le positif et uniquement lui : avec la solidarité, la sécurité ou l'humanitaire. Ce sont des *conflits,* d'ailleurs, qu'elles sont chargées de prévenir (conflits familiaux « liés à l'exercice de l'autorité » : c'est le médiateur familial ; conflits entre locataire et bailleur : c'est l'agent de gestion locative, etc.). Classes laborieuses, classes doucereuses ? Le Bien est à la base de toutes ces belles filières. Et le monde qu'il promet ne peut pas rater parce qu'il n'a même pas de contre-pied. La malédiction, le défectueux, le négatif, l'inhumain, la carence, l'échec, l'insuffisance n'ont plus droit de cité. On chercherait en vain la moindre promesse d'écart ou de fiasco. C'est même par là que ces nouveaux emplois vont infiniment plus loin que les « petits boulots » inventés naguère : ils représentent une volonté de réalisation de la positivité qui ira jusqu'au bout de sa mission, et quoi qu'il en coûte.

Le roman contemporain a donc à se mesurer, désormais, avec toutes ces allégories en mouvement. L'essor du négoce et de l'industrie, l'apparition des salariés, le progrès des transports, le pouvoir de la presse, le surgissement des femmes de lettres, la prospérité des bénéficiaires de biens nationaux, l'enrichissement des grands spéculateurs, la déconfiture de l'ancienne noblesse, les demi-soldes et les barons de l'Empire, la multiplication des mariages entre des héritières de l'aristocratie et des représentants des classes montantes, le développement des affaires, les débuts de la publicité, la déconfiture des ultras, les jeunes socialistes utopiques, les mille et une figures nouvelles de la bourgeoisie industrielle et de la bourgeoisie marchande, tout cela, il y a plus de cent cinquante ans, fit apparaître des activités, donc aussi des personnages, jusqu'alors inconnus. Des « filières inédites », pour parler le beau langage de notre temps. Si bien que, pour construire sa réalité romanesque, Balzac n'eut qu'à se baisser et puiser à pleines mains dans ce qui existait. Mais aujourd'hui ? Quand la fiction se transcrit de force dans le réel ? Quand le possible veut être le concret ; et, du même coup, rend impossible l'action de l'imaginaire sur la réalité ?

Bien entendu, Martine Aubry n'est pas en cause personnellement. Pas davantage, en tout cas, que n'importe quel autre *professionnel de l'événementiel.* L'univers s'irréalise depuis tellement longtemps qu'il serait vain de chercher des coupables. D'autre part, je ne veux pas rire. On ne doit pas plaisanter avec certaines choses. L'opinion publique, comme on dit dans les conférences sur l'emploi, attend que les responsables politiques et économiques *montrent leur volonté de se mobiliser contre le chômage et leur capacité d'innover au-delà des modes de pensée traditionnels et des discours convenus.* Tout le monde, par ailleurs, sait qu'il est urgent d'*explorer de nouvelles pistes* et de *faire émerger de nouveaux besoins* encore mal satisfaits parce que mal définis dans la mesure où les *attentes des consommateurs* sont encore *mal cernées* (peut-être même ne sont-elles pas du tout conscientes ?). Je ne songe donc pas un instant à discuter de la pertinence de ces nouvelles filières ; ni même à m'étonner de l'unanimité un peu hagarde avec laquelle, politiquement, elles furent accueillies. Il serait également mal venu d'émettre la moindre raillerie concernant l'espoir légitime que soulèvent ces métiers d'avenir que l'on se propose d'inventer « dans le domaine des services aux personnes, de la qualité de la vie, de la protection de l'environnement, de la consolidation du lien social et de la culture ». Enfin, nul ne penserait à se dilater la rate avec le drame du chômage ou le problème de l'intégration des jeunes dans le monde professionnel. Il ne s'agit pas, ici, de se moquer ; encore moins de se demander comment, ou par quel miracle, on pourrait faire « émerger » trois cent cinquante mille emplois nouveaux quand personne, depuis des années, n'arrive à en créer un seul, nouveau ou ancien. Comme l'a dit si justement Martine Aubry elle-même, ce sont là des raisonnements mesquins, procédant d'une vision *statique* des choses ; alors qu'elle-même s'avance, du moins s'en vante-t-elle, « dans le domaine de l'innovation ».

C'est quoi, ce Domaine de l'innovation ? À quoi ressemble-t-il ? Comment est-il peuplé ? Meublé ? Est-ce que c'est une idée ? Un concept ? Une métaphore ? Un lieu géographique ? Une période nouvelle de l'Histoire ? Est-il, à notre temps, le Domaine de l'innovation, ce que la société de l'Empire ou celle de la Restauration furent pour Balzac ? Je n'insiste tant sur Balzac, on l'aura compris, que pour mesurer toutes les années-lumière qui nous séparent de lui. Si j'y fais allusion, ce n'est pas pour situer quoi que ce soit dans sa « filiation » impossible. C'est arpenter le gouffre, au contraire, entre *La Comédie humaine* et nous, ou plutôt entre les conditions de possibilité de celle-ci et les conditions de possibilité du roman aujourd'hui, qui m'intéresse au plus haut point. Et aussi me demander, tel un Sartre de l'ère hyperfestive, « ce que peut le roman », avec les êtres de maintenant, dans le monde de maintenant, quand les vœux pieux sont transformés en faits, quand de pures et simples affirmations deviennent des évidences de nature sans que nul ne semble plus jamais songer à s'en étonner.

Les métiers d'autrefois avaient une histoire, un passé, un poids, et je ne parle même pas de leur utilité. Dans le Domaine de l'innovation, les métiers s'avancent légers. Ils ne pèsent rien. Ce sont des professions sans emploi, si je puis dire. Des mots sans engagement. Des vocables à durée déterminée. Des expressions sans conséquence. Il est si clair que nous ne sommes plus dans le concret, avec l'apparition de toutes ces activités tombées du ciel, et qui flottent à l'intersection de réalités indécises (sécurité, animation, loisirs, tourisme, patrimoine, gardiennage, médiation culturelle, accompagnement en randonnée, recherche des voies de réutilisation des déchets), toutes ces besognes étranges que les experts baptisent *postes d'intermédiation*, mais que Marx aurait sans doute préféré grouper sous la rubrique « robinsonnade », il est si clair, disais-je, que nous ne sommes plus dans la réalité, que très peu de commentateurs ont songé à les rapprocher des ateliers nationaux de 1848, créés en février pour donner du travail à tous les chômeurs, et dont l'organisation humiliante (on les occupait à des tâches sans utilité) conduisit bientôt à leur fermeture, ce qui déclencha l'insurrection de juin et sa répression par Cavaignac. L'inessentialité programmée de ces « emplois du troisième type » désarme tous les esprits, même les plus hostiles. Balzac aurait du mal, comme de son temps, à étudier les hommes d'après la place qu'ils tiennent dans la société. Le problème des rapports du « réalisme » et de la « réalité » ne se pose même plus. Ou se pose autrement. Si Martine Aubry substitue avec brio la carte au territoire, c'est-à-dire le Domaine de l'innovation à la société dite jusque-là concrète, et si ce Domaine de l'innovation remplace réellement la réalité, alors la littérature se retrouve affrontée à la tâche surhumaine d'explorer quelque chose qui, par définition, n'existe pas encore. Comme dit le Robert, *innover* consiste à introduire dans une chose établie quelque chose d'encore inconnu ; et, bien entendu, cet inconnu modifie du tout au tout ce qui était établi. À côté de ce Pays des merveilles, à côté de ce royaume instable de l'innovation, même la « révolution permanente » des bons vieux temps du communisme prend des airs de divertissement pour le troisième âge. Comment déchiffrer ou raconter quelque chose que, par définition, l'on ne peut pas connaître ? La réalité, au temps jadis, dépassait la fiction ; mais quand la réalité se présente sous l'aspect de l'inconnu perpétuel, il devient ardu de s'y retrouver. Sans compter que cet inconnu perpétuel est lui-même perpétuellement précédé, transposé, présenté, commenté par l'information. Ce n'est même plus une version de la néo-réalité à laquelle on a affaire, mais une version de l'innovation. Introduire la moindre distance au milieu de tout ce fatras relève de l'exploit. Baudelaire voulait plonger au fond de l'inconnu pour trouver du nouveau ; le romancier d'aujourd'hui est forcé de plonger au fond du médiatique pour trouver le concret que ce médiatique même n'a de cesse de falsifier.

Bien entendu, on pourrait s'en tirer autrement. S'il ne s'agissait que de plaisanter, on pourrait en inventer d'autres, des nouveaux boulots destinés à combler des « besoins sociaux non satisfaits » et « améliorer la vie quotidienne des Français ». Un romancier un peu extrémiste, par le biais de la farce, chercherait à rendre la question encore plus inintelligible en proposant des emplois destinés à l'améliorer *vraiment*, la vie des citoyens. Fracasseur de transistors, par exemple. Ou restaurateur du négatif. Dissuadeur de touristes dans les aéroports. Décourageur d'artistes contemporains. Entraveur de randonnées. Aggraveur de l'exception française. Décoordinateur polyvalent. Mais je ne veux pas rire, je l'ai déjà dit. Le concret, de toute façon, est devenu suffisamment invraisemblable pour qu'on désespère de l'aggraver encore. C'est la parade qu'il a trouvée : se rendre le plus grotesque possible pour décourager les esprits critiques. La nature imitait l'art? Elle surpasse désormais le romanesque le plus cinglé. Faire le choix du « réalisme » contre l'idéalisme (ou contre le fantastique) n'est donc plus si simple. La question de la réalité a toujours été l'enjeu autour duquel se sont affrontées les successives époques de l'art romanesque. Un roman qui n'opère pas une trouée à travers toutes les couches de propagandes diverses accumulées pour empêcher que soit saisie, comprise, décrite la vie « véritable », on se demande à quoi il sert. Quelqu'un a pu dire que les fictions de Balzac sentaient le réel comme une barque sent le poisson. Qu'est-ce que peut sentir, de nos jours, un roman *exact*? Il est loin, le temps naïf où c'était la réalité qui commandait au romancier, et où celui-ci s'en estimait le greffier, s'en voulait le copiste, parfois même l'esclave. « Copier » le réel, maintenant, si tant est que ce ne soit pas une utopie de plus, c'est copier l'idéalisation institutionnelle autant qu'obsessionnelle à laquelle le réel est en proie et qui est devenue le réel; et aussi le langage avec lequel tout cela se chante (« Il y a peut-être un peu trop de jargon, a reconnu délicieusement Martine Aubry, mais l'important c'est que ce sont de vrais métiers »). Traduire littéralement l'humanité d'aujourd'hui, c'est aussitôt, qu'on veuille ou pas, faire acte de fantastique (et aussi de comique). L'ère hyperfestive est créatrice de fables et de contes de fées : c'est la *matière première folklorique et actuelle des romans de demain.* Imagine-t-on ce que peuvent donner les aventures amoureuses d'un jeune agent de développement du patrimoine avec une coordinatrice du soutien scolaire ? Surtout si un développeur de nouvelles techniques vient s'en mêler. Ou une sensibilisatrice à l'environnement dans les entreprises. Et ce ne sera pas triste non plus si un agent d'entretien des espaces verts ou une accompagnatrice de randonnées mettent leur grain de sel dans cette affaire. Et tout cela se terminera par quoi, après bien des péripéties, bien des aventures ? Par une grande fête, évidemment, où nous retrouverons quelques-uns de nos protagonistes, cinq ou six agents de gestion locative, des adjointes de sécurité, quelques agents d'entretien polyvalent, des coordinateurs petite enfance, des assistants de déchetterie, des agents de convivialité familiale, des agents d'accueil des victimes, des accompagnateurs de personnes dépendantes, et encore tant d'autres habitants du Domaine de l'innovation, ce pays où il suffit de croire aux noms de métiers qu'on invente pour discerner des professions au bout des formules.

Tout cela pour constater, une fois de plus, que l'humanité hyperfestive poursuit sa marche tambour battant. Avec, comme objectif essentiel, l'effacement des frontières entre le conte de fées et la réalité.

C'est-à-dire aussi l'effacement du roman : le seul monde où l'on n'ignore pas que l'effacement des frontières entre le conte de fées et la réalité ne s'accomplit que dans la mort.

1998

L'an 2000 tombe mal

L'an 2000 tombe mal. On n'a pas idée, quand on est un événement aussi prestigieux, de coïncider avec une humanité aussi ridicule. C'est catastrophique, je trouve, pour un nouveau millénaire, d'être obligé de se compromettre avec nos sociétés actuelles en état de pacification dépassée, de lyrisme rageur, avec tous ces individus des deux sexes rongés de prévention, obsédés de sécurité, persécuteurs des derniers plaisirs en circulation, et qui ne trouvent un regain d'énergie que pour réclamer des renforcements de législation grâce auxquels la vie intime, l'existence privée, ne sont déjà plus que de lointains souvenirs.

L'an 2000 est mal parti. Il ferait mieux d'attendre. De rester encore un peu dans le ventre du Temps. C'est le premier millénaire, d'abord, qui va arriver alors qu'il y a la télévision. Ça ne s'était jamais vu, dans les âges passés, une malchance pareille. À l'an 1000, au moins, une telle épreuve fut épargnée. L'an 1000 est un ancêtre heureux de l'an 2000. Il n'a pas connu notre présent, lui, ni les médias totalitaires et publicitaires, ni la fin de l'Histoire, ni tous les menteurs qui disent qu'elle continue, ni le silence, après minuit, quand les derniers feux d'artifice sont retombés, des grands parcs de loisirs sous la Lune. Si j'étais l'an 2000, j'aurais honte d'être le fils lointain de l'an 1000. Je ne me sentirais pas à la hauteur de ce grand-père féroce qui sut déchaîner, par toute la chrétienté, des épouvantes légendaires, des représentations terrifiées et des épidémies de pénitence collective qui poussaient en vrac les populations vers les églises archicombles où se relayaient à la chaîne des prédicateurs hallucinés. Pour qu'il y ait des épouvantes populaires, il faut qu'il y ait un peuple, et il n'y a plus de peuple, il n'y a plus que des *people.* Par-dessus le marché, l'an 1000, astuce suprême, n'a même pas existé, ce qui devrait être pour l'an 2000 une raison de plus d'en faire autant. La Grande Peur de l'an 1000 non plus n'a pas eu lieu, mais ce n'est pas ici, en quatre mille deux cents signes, que je vais le développer (tout est dans Georges Duby).

Si j'étais à la place de l'an 2000, je demanderais qu'on retarde les pendules d'encore un siècle au moins, dans l'espoir de cohabiter avec des gens plus présentables que ceux de maintenant. Peut-être qu'il aurait une chance, alors, de ne pas être célébré par des jeunes grimpés sur des rollers, des plus jeunes en train d'essayer de retourner sous eux leur planche à roulettes, et des quadragénaires qui se cramponnent à leur portable au milieu du trottoir ?

C'est ça qu'il veut, l'an 2000 ? Être fêté par ces gens-là ? Au son de la *techno créative*? Se retrouver acclamé, un 31 décembre, par des dizaines de milliers d'ahuris en tout point semblables à ceux que l'on nous montre, chaque année, fêtant la Saint-Sylvestre sur les Champs-Élysées ? S'il avait la moindre dignité, il se déroberait. Il en a encore la possibilité. Ce n'est pas comme la Révolution française qui fut contrainte de subir, il y a déjà quelque temps, un tourment célébratif si dégradant que le spectacle, je pense, en est encore dans les mémoires. C'est ça qu'il souhaite, l'an 2000 ? Se retrouver transformé en course en sac ? En défilé de lapins Duracell ? En citrouille imbécile d'Halloween ? Il ne sait pas, l'an 2000, que l'homme contemporain ne célèbre et ne commémore que pour mieux effacer ce qu'il célèbre ou commémore (et ce qu'il ne commémore pas, *il le juge*) ? Il veut être absorbé, lui aussi, l'an 2000, par sa propre célébration, par cette corruption vertueuse et bruyante que notre civilisation hyperfestive n'a inventée que pour planquer la vérité de sa propre débâcle ? Il la veut, l'an 2000, sa parade géante coordonnée par des spécialistes de l'« événementiel » ? Il la veut, l'an 2000, sa *Millenium Pride* ?

Oui, l'an 2000 tombe mal. Mais encore plus pour nous que pour lui. Comment lui échapper ? C'est la seule question, pour ce qui nous concerne. À quel refuge se vouer, sur la planète mondialisée ? L'an 2000 est inéluctable ? Il est donc inadmissible.

1997

Épilogue

Les dangers me sont des appas,
Un bien sans mal ne me plaît pas.

Malherbe

Ce monde a quelque chose de bon : il suffit de le considérer pour être aussitôt guéri de l'antique peur de le perdre.

Bien entendu, je ne parle pas ici du monde en général, du monde comme « habitation de l'être » ; je ne parle pas de la vie, de la merveilleuse, de la lumineuse vie vivable et vivante de toujours ; je ne parle pas du doux royaume de l'imprévisible, de l'empire des conflits et des divisions, du territoire sans fin des coups de théâtre, des surprises, des ambivalences et des renversements. Je ne parle pas de la vie ; je parle de ce qui l'a tuée et qui se dit maintenant la vie, à sa place, sans risque jamais d'être contredit.

Cette planète reformatée a au moins réussi un exploit, celui de vous ôter toute peine d'en être un jour séparé. Ce qui rendait le risque de mort désagréable, c'était la crainte d'être privé du risque, justement, inséparable de la vie. Mais le risque lui-même est éradiqué, et avec lui toutes les contradictions, toutes les divisions, toutes les duplicités, toutes les négativités, tous les délices. La réconciliation de l'apparence des choses et de leur essence, la fusion officielle des intentions et de la réalité, le mariage institutionnel des signes et du monde concret, ou de la vertu et du pouvoir, accompagnent la disparition de l'Histoire comme devenir du négatif, sous l'enseigne de la Bonne Cause, et dans la transparence funeste de l'Homogène planétaire.

Pour en finir avec la peur de la mort, il suffit de penser à ce qu'est devenue la vie; et de regarder ceux qui la peuplent avec cette espèce d'enthousiasme noir, mélangé d'épouvante informulable et de quiétisme asexué, qui donne sa couleur à toute notre époque. La grande voie piétonne de l'ère contemporaine, où les dernières vagues d'après l'Histoire viennent jeter pêle-mêle des jeunes à rollers, des parents à poussette, des femmes à sacs à dos, des individus avec portable et des voyageurs sur le web, ne se laisse plus entrevoir qu'à travers le brouillard d'irréalité et de puérilité qui est comme sa musique d'ambiance. La coalition du Bien et de la Culture a tari les dernières sources de l'énergie, c'est-à-dire de la contradiction. D'imbéciles impératifs d'« honnêteté » ou d'« authenticité », qui ne sont que le jargon dans lequel se parle le nouveau totalitarisme informe, informatique et infantomaniaque, se présentent comme le comble d'une « modernité » à laquelle il serait hors de question de se dérober : ils ne sont que les commandements de la nouvelle religion, cet ahurissant intégrisme de l'*enfance absolue* qui a supplanté toutes les divinités abattues au fil des siècles, et qui dresse les seules idoles possibles de l'âge post-historique. Il devient de plus en plus difficile de trouver des motifs de satisfaction. Si je regarde en moi et autour de moi, je n'en vois pas beaucoup; sauf celui d'avoir échappé, naguère, au devoir de reproduction, c'est-à-dire à l'ultime activité fédératrice que se connaisse encore une société auto-torpillée. Je n'ai pas attrapé cette maladie sexuelle, transmissible entre toutes. Sur ce point délicat, je me trouve en accord avec Cioran, qui écrivait en 1962 : « La seule chose que je me flatte d'avoir comprise très tôt, avant ma vingtième année, c'est qu'il ne fallait pas engendrer. » Jeune aussi, j'ai eu la chance d'abominer de bon cœur la vénération qui s'esquissait alors pour la jeunesse et ses prestiges sucrés. Il faut en finir jeune avec la jeunesse, sinon quel temps perdu. Il faut liquider en deux lignes les jeux de l'enfance, laquelle n'est tellement appréciée que parce qu'elle est l'instant où tout le monde se ressemble. Ce n'est même pas l'« innocence » supposée de ce moment que l'on aime ; c'est la période de magma égalitaire et de similitude enragée que celui-ci représente. « En reconnaissant les amusements de mes premières années, écrit Chateaubriand, je me demandais pourquoi je me rapprochais si fort de ces enfants dans mon enfance, et pourquoi dans mon âge mûr j'avais si peu de rapport à ce qu'ils seraient un jour ? Frères d'une grande famille, les enfants sont instruits par leur commune mère, la nature ; ils ne cessent de se ressembler qu'en perdant l'innocence, la même en tous pays, et le signe primitif de l'homme. »

J'ai vu se délabrer si vite, dès mes premières années, la « fonction paternelle », que je n'arrive plus à me souvenir aujourd'hui qu'elle ait pu exister. Sa disparition a entraîné l'effondrement de toutes ces protections de l'individu que l'on regroupait encore sous le nom d'*intimité*; tandis que, dans le cimetière des pères, s'organisait la ronde sans fin, désormais, des fils et des filles débarrassés de leur antique sujétion, ne se connaissant plus d'autre espoir de survie que dans cette *entraide* inconditionnelle qu'ils parent du nom de « solidarité », quand ce n'est pas de celui de « communication » ou d'« interactivité », pour ne pas savoir qu'ils y ont déjà abdiqué toute liberté de pensée, toute possibilité de vie privée.

À la maison, en revanche, les choses allaient au mieux. Je n'entendais parler que de littérature. Le reste était considéré comme plutôt insensé. Même les soucis d'argent se trouvaient discutés à coups de citations. Je n'ai pas détesté, non plus, être né « mâle », ou « catholique ». Je n'ai rien rejeté de ces données parce que, au temps où je les découvrais comme propriétés objectives de ma personne, elles étaient en train de devenir, justement, ce qu'il pouvait se trouver de plus méprisé et de moins défendable. De la même manière, la littérature n'a pas tardé à m'apparaître comme un ultime point d'attraction aussi délaissé que les précédents, ou du moins en cours de méconnaissance accélérée, donc désirable au plus haut degré. Ainsi ai-je vite jugé qu'on ne pouvait plus écrire autrement que dans le sens contraire des aiguilles du monde ; et, comme Nietzsche, que penser n'avait de sens qu'à fouiller « tous les recoins où l'idéal va se nicher ». Ce qui implique que la littérature a bel et bien un objet : le sacré des autres, ces innombrables dévotions de substitution par le biais desquelles ils ne cessent d'essayer de se reconstituer comme autant de queues de lézards brisées.

De tels aveux, dans le monde d'aujourd'hui, ne seront guère appréciés ; mais le monde, aujourd'hui, est une question réglée. Ce n'est pas tant sa fin qu'il nous montre, ni même son écroulement, que son irréalisation. Le vrai péché serait de redouter encore les jugements lamentables qu'une humanité en pleine bouffée d'abstraction volontaire peut porter sur ce qui lui déplaît, comme de craindre l'arsenal de sanctions qu'elle a à sa disposition. Elle ne connaît même pas l'idéologie toute nouvelle par laquelle elle nuit. Elle serait incapable de la détailler Aussi sanctionne-t-elle à tort et à travers. Même ses basses besognes de police sont incohérentes. Quelques blâmes significatifs que s'est attirés mon premier volume d'*Exorcismes* ont achevé de m'éclairer à cet égard. Dans une telle occasion, j'ai pu vérifier qu'existaient bel et bien ces « surveillants qui nuisent en troupeau » dont je parlais dans ma *Préface*, et que j'avais baptisés les matons de Panurge Deux ou trois Vigilants assermentés, porte-flingues d'associations persécutrices, se sont chargés de prononcer d'aigres jugements. Ils m'ont critiqué à côté de la plaque. L'un de ces prédicateurs approximatifs, sans doute égaré parce qu'il avait mon style dans l'œil comme on a le soleil, m'a traité de « conservateur ». Le diable en rit encore. Que pourrait-on vouloir conserver d'un monde qui est maintenant bien au-delà de toute décomposition ? Si j'ai jamais souhaité « conserver » quoi que ce soit, ce n'est que l'esprit critique, ainsi qu'un minimum de rationalité. Quand les professeurs de vertu rétrospective et anhistorique racolent dans les médias ; quand la réprobation du cours des choses est devenue l'ordre du monde ; quand il n'y a plus rien à « dépasser » parce qu'on ne dépasse pas les Dépasseurs professionnels ; quand n'existe plus d'ardeur que pour ce qui relève de la noyade dans l'indifférencié (Nature, sacré archaïque, féminité cosmique, etc.) ; quand la religion culturelle ne connaît plus les arts respectifs que dans la mesure où elle peut les amputer de leurs origines discordantes pour les forcer à incarner le collectif euphorique, alors il est nécessaire de reprendre à zéro toute la critique d'une époque si pénible. La plus rude bataille, comme disait l'autre, contre qui doit-on la livrer ? Contre tout ce qui fait de vous un enfant de son siècle : on ne peut penser clairement que ce qui tente de vous rejeter ou de vous dénoncer.

Février 1998

DU MÊME AUTEUR

CHANT PLURIEL, roman, Gallimard, 1973.

JUBILA, roman, Le Seuil, 1976.

CÉLINE, Le Seuil, 1981, et Denoël, collection Médiations, 1984.

LE XIXe SIÈCLE À TRAVERS LES ÂGES, Denoël, 1984, et Gallimard, collection Tel, 1999.

POSTÉRITÉ, roman, Grasset, 1991.

L'EMPIRE DU BIEN, Les Belles Lettres, 1991 (1re éd.), 1998 (2e éd.).

ON FERME, roman, Les Belles Lettres, 1997.

EXORCISMES SPIRITUELS I, Les Belles Lettres, 1997.

EXORCISMES SPIRITUELS II, Les Belles Lettres, 1998.

APRÈS L'HISTOIRE I, Les Belles Lettres, 1998.

APRÈS L'HISTOIRE II, Les Belles Lettres, 2000.

Composition Euronumérique.
Impression CPI Firmin Didot
à Mesnil-sur-l'Estrée, le 2 septembre 2010.
Dépôt légal : septembre 2010.
1er dépôt légal : février 2000.
Numéro d'imprimeur : 101599.

ISBN 978-2-07-075702-2/Imprimé en France.

180072